INTO THE
PHILOSOPHY

走 进 哲 学 丛 书

焦虑的启蒙

以《启蒙辩证法》为核心的
启蒙反思

刘森林 著

北京师范大学出版集团
BEIJING NORMAL UNIVERSITY PUBLISHING GROUP
北京师范大学出版社

目 录

启蒙辩证法的先声：早期浪漫派的启蒙批判

一、缘　起

欧美学界对马克思主义哲学的解释模式，从 20 世纪 50 年代末期开始有了一个明显的变化：从纯粹的理性主义模式转变为理性主义与浪漫主义的统一。先前被忽视的浪漫主义维度，已日益奠定了其在马克思主义哲学解释模式中不可撼动的地位。然而，在中国，此前浪漫主义留下的恶名阻碍了我们接受、吸纳这种解释学进步的积极成果，导致我们至今还没有真正接受浪漫主义的积极成果。其中的原因我们会在本文第一部分谈到。这里我们要说明的是浪漫主义解释模式进入马克思哲学解释系统的事实。亚历山大曾说："直到 20 世纪中期，无论是马克思主义者还是非马克思主义者，都广泛接受马克思是一个经济学家的观点；人们一般认为，马克思属于西方思想史中的理性主义传统。随着他的早期著作渐为人知，以及更为一般的思想和政治的背景之变化，这种观点又逐渐被修正甚至被相反的观点所取代……其结果是，马克思思想被视为黑格尔主义传统的激进主义变种。他被看作如果不是浪漫主义的，也是深受浪漫主义影响的——他强调的是资本主义社会中感情上和文化上的基础。"①同时，查尔斯·泰勒也谈到，很多马克思主义者反对对马克思主义进行浪漫主义、表现主义的解释，是有道理的，因为"马克思主义远远地超出了这个传统。但是我仍然认为，如果我们试图抽离这个维度，那么我们便无法理解马克思主义及其影响"②。查尔斯·泰勒进行了深度分析，以证明马克思不仅是激进启蒙运动的传人，也继承和吸取了德国浪漫主义传统的优秀成分。在黑格尔已经以很大的气魄和体系完成了那一代人的渴望——把启蒙理性主义与浪漫主义统一起来的基础上，马克思以更大的气魄继续前进，因为他对黑格尔的综合分析并不满意，认为这种综合分析仍需要继续探索前行。

马克思主义从德国早期浪漫派那里汲取了诸多灵感。德国早期浪漫派对历史唯物主义诸多论题的形成有着内在影响，对此，我已经在《从浪漫派的"存在先于意识"到马克思的"社会存在决定社会意识"》(载《哲学动态》2007[9])、《从"史诗"与"浪漫诗"的对接看马克思对浪漫主义的继承与改造》(载《江海学刊》2008[3])等文章中做了初步探讨，这里不做重复。虽然这里没有必要细述德国早期浪漫派对马克思思想的具体影

---

① [美]杰弗里·C.亚历山大：《社会学的理论逻辑》第2卷，夏光等译，83页，北京，商务印书馆，2008。

② [加]查尔斯·泰勒：《黑格尔》，张国清、朱进东译，840页，南京，译林出版社，2002。

响，但芬伯格对批判理论的如下解释很切中我们的问题，且值得引述。在他看来，批判理论的根本发现是特殊性优于普遍性。"实在、生命和个人在内容上比试图把握它们，并且在社会秩序中有效地把握了它们的形式更丰富。统治存在于用'普遍性'和'概念'对个人的压制中。"①这恰恰就是德国早期浪漫派针对德国唯心主义所发出的、切中时弊的批评的核心所在。这意味着，社会批判理论与浪漫主义具有密切的关联，它继承了德国早期浪漫派对德国唯心主义、启蒙理性主义的质疑与批评。从马克思到法兰克福学派，社会批判理论都无法回避这一逻辑，这一点到了批判理论后期似乎更明显。A. 施莱格尔曾在谈到推崇理智的启蒙运动与推崇想象的浪漫主义的关系时说："它们仿佛永远对立，因为理智绝对强求统一，而幻想则在无限的多样性中开展活动，但它们都是我们本质的、共同的基本力量。"②这些话肯定会得到阿多诺的赞许，因为他都可以接受更为极端的后期浪漫派诗人艾兴多夫的评价，更何况如此温和的、对启蒙运动的评价呢——我们知道，阿多诺力主的"星丛"理论就来自艾兴多夫。

由此，本文试图从浪漫主义批判的角度探讨马克思在波恩大学尊崇的老师 A. 施莱格尔的一篇代表性文章，以避开"浪漫主义对唯物史观的意义"之类太大的题目，从而避免泛泛而论。根据一个文本，我们将立足于马克思在波恩大学的老师 A. 施莱格尔的《启蒙运动批判》一文，着眼于这一文本与霍克海默、阿多诺的《启蒙辩证法》的内在联系，从浪

---

① [美]安德鲁·芬伯格：《技术批判理论》，韩连庆、曹观法译，38 页，北京，北京大学出版社，2005。

② 转引自陈恕林：《启蒙运动与德国浪漫派》，载《外国文学评论》，2001(1)。

漫主义的启蒙批判对唯物史观的重要影响这一角度做出一些概况性分析。

二、浪漫主义的遭遇、定位与新解

长期以来，德国浪漫派一直被视为非理性、感情用事、主观主义的代名词，被认为掀起了反动和复古的潮流。从海涅的《论浪漫派》到卢卡奇的《理性的毁灭》与《德国文学中的进步与反动》，从梅林到科尔纽（的马克思传记），莫不如此。这种极端又偏执的见解并未看到浪漫派早期与后期的区别，以及启蒙运动与浪漫主义的复杂关系，也没有看到德国早期浪漫派内部的思想差异，甚至没有看到现代化不同时期由于面临不同问题和境遇而造成的浪漫派思考问题的过程中所产生的不同意义。他们无视启蒙运动与浪漫派各自内部的明显差异，先把启蒙运动简单化，而后简单地把启蒙运动与浪漫派对立起来，形成对浪漫派的偏见。

不仅如此，改革开放以来，伴随着对中国近现代激进思潮和乌托邦思维的反思，"浪漫主义"在中国人文社会科学领域几乎成了一个贬义词。如果在它的前面加上"政治"定语，就更是如此。（政治）浪漫主义被看作一种以个人心态取代社会现实、以情感之美替代社会之真的激情投射。它的政治化戕害并延误了追求现代化的近现代中国。正如萧功秦的代表性观点所表述的：

> 自古以来，中国文化就是产生各种浪漫主义的沃土。深受传统

压抑的中国知识分子，在一个开放伊始的时代，也许比任何其他民族的知识分子更难拒绝浪漫主义诗情梦幻的诱惑。因为他们有太多的焦虑与愤懑，需要经由某种"登仙般的飞扬感"来释放，来表达他们对公平理想的渴求。他们必然要抓住某些抽象的理念，以亢奋的激情来体现自己的价值。但是，另一方面，一个贫穷、落后、充满历史带来的种种实在的或潜在的危机与创伤的古老民族与社会现实，又最无法承受浪漫主义的政治设计的悲剧性后果。正因为如此，一个有良知的中国知识分子，为了对自己民族负责，更需要拒绝浪漫主义。当我们通过反思，对许多人来说，也许是苦涩的反思，抛弃了政治上的"唯美主义"，而回到现实中来以后，我们获得的决不是一个"灰色的世界"。①

看得出，他对当代中国现代化的"美好"机遇以及利用好这一机遇所必须持有的冷静、策略、智慧充满信心。而信心的背后隐藏着对历史所经历的浪漫主义设计的惋惜以及当下再陷入浪漫主义的敏感担忧。他尤其忧心的是浪漫主义的政治设计所导致的浪漫主义的政治观及其应用的恶劣后果。如果浪漫主义仅仅停留在文学的诗性想象层面上，为不满意平庸、刻板、机械之现实生活的个人提供某种非世俗的人生价值与意义，而不被运用于政治层面，也许就不会引起那么多的批判和否定。浪漫主义的政治化势必导致政治激进主义，导致政治激荡和各种风起云涌

---

① 萧功秦：《与政治浪漫主义告别》，序言 8 页，武汉，湖北教育出版社，2001；另可参见《从政治浪漫主义到政治激进主义》，见《萧功秦集》，265～280 页，哈尔滨，黑龙江教育出版社，1995。

的运动，从而错失发展现代化的数次良机，造成中国现代化"九死一生"。这种看法多少也类似于卡尔·施密特的观点，他把政治浪漫主义只看作政治过程的伴生性情绪反应。在他看来，浪漫主义"想在不必变成能动者的同时成为有创造性的人"，这势必造就了政治浪漫主义的短板，也构成其核心。所以，政治浪漫主义"作为一种主观的机缘论，它没有能力……在理论的、实践的和实质性的思考中，使自己的精神本质客观化"。因而也就"常常表现得十分激动和兴奋，却从来没有自己的决断，从来不承担自己的责任和风险。以这种方式不可能获得政治能动性"。现实受制于各种非浪漫力量的牵制，并以不理睬浪漫主义诗性幻想的方式存在和运行。在这个意义上，越是诗性的浪漫就越容易放弃积极改变现实的政治努力。浪漫主义的政治运用，只能是一个有害无益的事件。[①] 只要考虑到追求自我、自愿互助的无政府主义从独领风骚到毫无用武之地的命运，我们就很难不同意萧功秦和施密特的看法了。

在急迫的现代化意识背景下，我们已经习惯了对浪漫主义的激烈谴责，就像夏尔·莫拉斯在《智慧的未来》中所说的："浪漫派的文学攻击法律或国家、公共的和私人的纪律、祖国、家庭和财产；他们的成功的一个几乎是唯一的条件好像是取悦反对派，为无政府状态工作。"[②]这实际上就是把浪漫主义与极端个人主义、无政府主义混在一起了，是一种夸大的、极端的评价。但是，把浪漫主义用于政治革命，或是用于改革

---

① 参见［德］卡尔·施密特：《政治的浪漫派》，冯克利、刘峰译，153 页，上海，上海人民出版社，2004。

② 参见［法］安托瓦纳·贡巴尼翁：《反现代派》，郭宏安译，144 页，北京，生活·读书·新知三联书店，2009。

与建设，与在理论层面反思问题日渐突出的现代性以及在价值层面反思、矫正现代性的某些延展，毕竟是两回事。同时，以能否尽快促进现代化建设的标准衡量浪漫主义，与从现代性反思的角度审视浪漫主义并对启蒙、现代化的弊端进行纠偏，是根本不同的视角。从后一个角度来说，以德国早期浪漫派为代表的反思启蒙传统，在德国古典研究取得至高成就的基础上，对自罗马帝国延续到近代的世界主义毫无兴趣，却向往和迷恋古希腊，并在如今的确能给反思现代性弊端提供些许启示。在这方面，"对浪漫主义者来说，希腊代表了一种本土的文化。它是纯粹性的象征。古希腊，尤其是雅典，代表了一种与罗马模式所代表的调和主义、文化混同格格不入的自我实现的社会"①。这种倾向在海德格尔那里仍然体现得非常明显。为地方性、民族性、异质性辩护，为本国本地的文化传统辩护的浪漫主义，似乎日益得到了更多当代人的支持。比如，当代研究德国浪漫主义的博雷尔倾向于一种对浪漫主义的正面、积极的评价：（某些）浪漫主义不再是反动的和无理性的，而是一个复杂的、与启蒙思想处于竞争关系的现代性理论，一个提供了反思和批评现代社会的有益理论。也就是说，浪漫主义不仅是矫正、促生、完善启蒙理性主义传统的有益力量，而且本身更是现代性的精髓以及反思现代社会的核心思想。所以，博雷尔在《浪漫主义批评》一书中说道："浪漫主义批评的澄清有助于解释对现代性的一些仍在持续的误解。"②扬-维尔

---

① ［澳］P. 墨菲：《浪漫派的现代主义与古希腊城邦（上）》，罗琳译，载《国外社会科学》，1996(5)。

② Karl Heinz Bohrer, *Die Kritik der Romantik*, Suhrkamp Verlag, Frankfurt am Main, 1989, S. 8.

纳·米勒将其概括为：

> 现代意识一直是完全由浪漫主义、幻想和反讽的伟大创新而形成的。但正是这个意识，越来越与现代性的技术-理性话语相抵触，并由此形成了一个反科学理性的诗意的现代性。……博雷尔把德国浪漫主义"独特道路"的传统理论放在首位：现在，浪漫主义被解读为现代性的精髓，而不是像 19 世纪以前所形成的观点那样，把浪漫主义看成德国意识中无理性的部分，或者甚至像卢卡奇曾说的那样，是法西斯主义的前提条件。①

不管是反省中国近现代思想史上有过重要影响并在现代仍有着不可忽视的深层影响（并未得到很好的重视与研究）的浪漫主义，还是从德国早期浪漫派与马克思社会批判理论的内在联系上来说，抑或从日后社会批判理论（特别是法兰克福学派）与德国浪漫派的内在关系来说，探讨浪漫主义（在这里就是德国早期浪漫派）与社会批判理论的内在关联，都是我们当今不可推辞的重要任务。

三、善服从于功利，真理屈从于自由

如查尔斯·泰勒所说，马克思既不完全是激进启蒙运动的传人，也

---

① ［德］扬-维尔纳·米勒：《另一个国度——德国知识分子、两德统一及民族认同》，马俊、谢青译，235 页，北京，新星出版社，2008。

不仅仅是浪漫主义的传人，他继承了黑格尔的思路，试图以更大的气魄把启蒙和浪漫主义结合起来。"马克思理论的巨大力量来自于他激进启蒙运动的这种冲击力同表现主义传统结合了起来。"[①]抽离掉浪漫主义（表现主义）一维与抽离掉启蒙一维一样，人们都将无法理解马克思的唯物史观。从此而论，昭示双方优缺点的启蒙运动与浪漫主义之间的相互批评，对于马克思来说都非常重要。从大学时期算起，马克思首先经历的思想历程恰恰是浪漫主义对启蒙运动的批判。这种批判能给历史唯物主义提供什么思想资源呢？考虑到我们更为熟悉启蒙对浪漫主义的批评，浪漫主义对启蒙的这种批评就显得尤为重要。对此，我们以马克思在波恩大学的老师 A. 施莱格尔的《启蒙运动批判》一文为文本基础进行分析。

大体看上去，在 A. 施莱格尔的《启蒙运动批判》与霍克海默和阿多诺的《启蒙辩证法》之间，存在着许多相似性和一致性。这能够说明霍克海默与阿多诺仍然继承的是浪漫主义传统吗？如果是，那么他们是在为个体，为那些被边缘化、遭受压制的自我争取坦然生存于世的资格和能力，而不是为启蒙运动普遍主体论遭遇浪漫主义个体论批评而发出的不断回应吗？由此，他们继续沿着早期浪漫派的路子，为不遗余力地代替被启蒙构筑的普遍性构架，为被概念-市场制度系统压抑的存在呐喊，并呼吁它们的解放、自由和被宽容。处在这个过程中间的马克思，以其鲜明的特征和风格，继承并发展了他那属于早期浪漫派的老师的诸多观

_____

① ［加］查尔斯·泰勒：《黑格尔》，张国清、朱进东译，841 页，南京，译林出版社，2002。

点，并在这个进程中起了承上启下的重要作用。

在波恩大学唯一给马克思上过两门课的老师 A. 施莱格尔看来，启蒙运动已经取得了优势，宽容、思想自由、出版自由、博爱等启蒙理想也都得到公认。启蒙要照亮、改造、占领全部领域，包括诗歌与艺术等。启蒙的气魄如此之大，这些目标都能实现吗？

> 启蒙运动具有自己的原则，它提出了种种无所不及的观点，要它们在自身中解决生活的全部事务，如人类自然的关系等等。此外，它力求消除偏见、狂妄和谬误，传播正确的理解。启蒙运动也同社会关系打上了交道。我们常听人谈论开明政府，受到赞誉的启蒙教育不是别的，正是刚才形容过的、已跌落到其真实的价值的教育。①

施莱格尔的质疑由此被引出。

第一，善服从于功利是否会导致崇高价值的丧失？

众所周知，在启蒙主体性的确立史中，认识论意义上的意识自主性是与实践哲学意义上自我保存原则所取得的优先地位同时发生的。意识自主性主要由笛卡尔开始，行为自主性原则的确立主要是霍布斯的功劳：按照亨利希（Dieter Henrich）的看法，现代社会理论的第一个理论家是托马斯·霍布斯。在霍布斯的国家概念中，传统的关于人的学说得

---

① ［德］A. 施莱格尔：《启蒙运动批判》，见孙凤城编：《德国浪漫主义作品选》，374 页，北京，人民文学出版社，1997。

到了根本性改变。人的本质被创新性地理解为对毁灭的危险的抗拒，以及个体生命进一步朝向目标并不受阻碍地不断发展——自身保存。"对于死于暴力的恐惧最深刻地表达了所有欲求中最强烈、最根本的欲求，亦即最初的、自我保全的欲求。"①不仅是人，而且任何生命存在都把自我保存视为一切努力之基础或根本。如同亨利希所说："这样，如同在物理学中一样，于现代开始的形而上学的基础性理论中，自身保存上升为一种根本性概念。"②

自身保存成为一个新思想的基本原则，而理性成为自我保存的手段和基础。这意味着一个重要转折的发生：人生所追求的境界的高度下降了。亚里士多德相信，每个存在者都可以达到本质性的圆满，在这种圆满中，他的本质完全被现实地、纯粹地表达了出来。从那些追求优异性的实现且具有实践智慧的人才能通过裁定手段而获得的优异性的实现中，追求世俗需求的正当满足以及每个人都有能力裁定某种手段才是正当的。这也就必然意味着，世俗需求、感情的正当性的地位得以提高，而约束、节制需求的理性、优异性的地位则下降了。情感先于理性，理性是自身保存的工具；理性只有与情感、激情结合，并效力于最强烈的激情，才能是强有力的。基于欲望不断的、正当的满足成为人的现实权利，以及善成为快乐，并能充裕地为公民提供更多愉悦的事物，即感官快乐的满足，不再是优异性的实现。那么，激情、情感而非理性就构成

---

① ［美］施特劳斯：《自然权利与历史》，彭刚译，185页，北京，生活·读书·新知三联书店，2003。

② Dieter Henrich, *Die Grundstruktur der modernen Philosophie*，Selbstverhaeltnisse, Philipp Reclam jun. Stuttgart，1982，S. 87.

了自身保存的根基。激情、感情便成为根基高于理性且具备现代思想的根本特点的意识。这一点，柏克早已指出过。在霍布斯的逻辑中，理性成了自身保存的手段与工具。理性能给自身提供确实的自我意识，即使仅能够在认识论层面上为知识提供根基，也仍与知识一起，成为在实践哲学层面上构成为自身保存提供工具与手段的意识。这似乎意味着，一旦自我保存作为最基本目标，理性的工具化，即善屈从于功利就将顺理成章地发生。

在自身保存和自我意识成为根基和至上原则之后，自足自立的自我主体的存在就成为至高无上的了。主体的自由取代包括真理在内的一切成为至高价值。如余纪元在比较柏拉图与现代自由主义时所说的，自由取代一切成为最高价值：

> 柏拉图的整体主义理论与当今自由主义价值取向之间的主要冲突在于：柏拉图认为人们应该按真理生活；真理比自由更重要；而真理体现在他所设计的国家体制中。而现代自由主义者认为，因为真理本身无法确认和评判，我们不知道什么是真正的善，国家的存在不是为了发现生活真理，也没有能力这样做。相比于按照真理而生活，根据自己的选择来生活更重要、更现实。而国家应该做的，是尊重并保护每个人所选择的生活方式，只要这种选择保证其他所有社会成员享有同等的自由。①

---

① 余纪元：《〈理想国〉讲演录》，120～121 页，北京，中国人民大学出版社，2011。

对于启蒙来说，"必然是某种别的东西而非真理本身，简言之，是有用和适用"的才至关重要。这一点正是 A. 施莱格尔特别强调的。功利原则的基础地位给意识形态在生活世界中的运作开辟了更大的空间，而这又势必造成人们对真理的无限追求将更受限制。也就是说，启蒙所标榜的可理解性与科学性是矛盾的，偏重前者就势必损害后者。于是，"在这里，使真正的善服从于功利的这种本末倒置的思维方式昭然若揭。所谓功利，是指以促进身体的幸福为目的，我们已经给这种追求排定了很高的座次。谁竟把功利奉为圭臬，必将看到功利由此的结果是感官的享受，说得再清楚、再前后一贯些，他必然是享乐主义的信徒，崇尚感官的神化"①。在 A. 施莱格尔看来，"左右启蒙运动者的乃是经济的原则"，可惜它只能解决尘世间的事务，是一种对事实的判断和认可，却无法解决超验价值的追求的问题。只要我们不认可越来越多元化的事实现状，也就不会宽容到认为多元中的任何一元都等价，从而走向折中的相对主义地步。这就必须在我们的实践追求之中保留一定（哪怕是最低）限度的超凡脱俗的理想价值，对我们的日常实践提供某种范导、约束、规范、要求。A. 施莱格尔看到，在这方面，甚至德行也不得不屈从于经济或功利原则："凡不愿屈就尘世事务的有用性的德行，启蒙运动按照它经济的倾向一律斥为过度紧张和空想。甚至连特殊的奇才也不例外，启蒙运动要把所有人都同样地套进一定的市民义务的牛轭中，套进

---

① ［德］A. 施莱格尔：《启蒙运动批判》，见孙凤城主编：《德国浪漫主义作品选》，376 页，北京，人民文学出版社，1997。

职业的、职务的、然后是家庭生活的轭中。"①如此一来，效益成为首要选择，并成为德行是否被接纳的基准，而那些不具效益的德行的地位就大大下降，甚至被遗忘。比如荣誉，在中世纪与骑士的勇敢和爱情密切相关，象征和决定着中世纪诗的灿烂成就。"但是，荣誉被启蒙运动者当作无聊的幻景受到轻蔑的对待，原因自然是无利可图，因为在这里，荣誉无论如何也不愿与自己的利益趋于一致。荣誉简直就是一种浪漫化了的道德；古代人为什么不知道这个意义上的荣誉，原因就在于此。"②

四、理性的工具化与虚无主义

施莱格尔的第二个质疑是，把一切都理性化会不会导致理性的工具化，并进而导致理想维度的丧失？

A. 施莱格尔像后来的阿多诺一样，对把一切都理性化的做法深感忧虑。他认为这样的理性化必定会造成一种傲慢自负的态度，进而遮蔽、诋毁许多有价值的存在。在他看来，如果像启蒙者期望的那样，"人类的存在和世界也应单纯得像算术例题一样明白晓畅"，一切不合乎理性的东西都被当作非理性的未启蒙状态大加鞭挞，那么，启迪尘世、追求内心光亮，便皆被斥为空想和荒谬。实践中超凡脱俗的价值被视为荒谬和欺骗，这会使得实践中缺失了阳光，实践成了只盯住现实物的

---

① ［德］A. 施莱格尔：《启蒙运动批判》，见孙凤城主编：《德国浪漫主义作品选》，381 页，北京，人民文学出版社，1997。

② 同上书，382 页。

"劳动"："阳光，就是作为伦理运用于实践生活的理性，而我们在实践生活中正是被束缚在现实的条件上。"①一切都是白日下明白晓畅、有形有状、实实在在的东西，给想象留下一点空间的夜色、星空，便都消失在启蒙者的视野之外了。想象与理性是两种具有创造力、威力无穷的东西。可惜，启蒙丢弃了想象，只要理性。这是哲学对诗的胜利，或是摧残："生活的魔力赖以存在的基础，正是一片黑暗，我们存在的根正是消失于其中以及无法解答的奥秘之中。这就是一切诗的魂。而启蒙运动则缺乏对于黑暗的最起码的尊敬，于是也就成了诗最坚决的敌人，对诗造成了一切可能的伤害。"②诗就像语言一样，不可能完全遵守严密的规则，只是遵循习惯法则。

更严重的是，以可理解性作为标准来对待一切存在，认为一切存在都是明白晓畅的，都是没有矛盾的，这最终将导致复杂整体的不可理解。因为永恒的整体恰恰是复杂的、矛盾的，不可能明白晓畅的，存在的无矛盾性只是某些人为事物的特征，是认知在某个层面上呈现出来的特征。一旦上升到足够大的范围，足够高的程度，那种矛盾性就会恼人地呈现出来。弗兰克曾认为，发现存在的矛盾性正是浪漫派的突出思想贡献："用可理解性来解释一切事物，这些做法的不合理性在这里达到登峰造极的地步，因为完全由矛盾组成的人，不跌进不解之谜的深渊，

---

① ［德］A. 施莱格尔：《启蒙运动批判》，见孙凤城主编：《德国浪漫主义作品选》，377 页，北京，人民文学出版社，1997。

② 同上书，378 页。

是不可能洞察无形和永恒事物的。"①其实，启蒙过程的本身就是矛盾的，它的起始点中就蕴含着矛盾，它的目标追求与手段更是如此。《启蒙辩证法》的核心之一就是要告诉人们，启蒙过程就是一个矛盾的过程，没有矛盾就没有启蒙。

在认识论层面上，敌视和消解矛盾的关键就是以理性化解感性、多样性。理性致力于将感性归结到理性层面，而不是远离感性或者不理睬感性。相反，"启过蒙的人们于是自信有权把所有越出他们感官的感受性的限界以外的现象，统统视为病相，并随时都慷慨地以狂热和荒谬的名字相与。他们完全没有看到想象的权利，只要有机会，就把人们从想象的病态中彻底治愈"②。存在成了失去了想象，也就失去了诗性维度，从而失去了理想维度的现实存在。现实就是唯功利是举，就是把一切虚妄都视为神话与迷信。于是，就现实得不能再现实了——想象、象征的空间也将被完全架空："人们把神话打入迷信的层次时，一切虚构的源泉便枯竭了，象征也就从自然中消失得无影无踪。"③没有诗，只有碎片——散文"这种市民的、于所有人有益的语言"。没有崇高、神圣，只有粗陋、视功利为至上的现实。为此，施莱格尔主张保留崇高，并对保留着崇高的古代文化保持敬意："人们一旦在什么地方发现神性，应当立刻以虔敬的态度奔赴彼处，让自身浸透神性；只有先对过去的大师们

---

① ［德］A. 施莱格尔：《启蒙运动批判》，见孙凤城主编：《德国浪漫主义作品选》，382 页，北京，人民文学出版社，1997。

② 同上书，380 页。

③ 同上书，390 页。

表示了景仰，人们才能获得以后指责他们的权利。"①这与《启蒙辩证法》
一样，对功利主义现实的批判性、对待使他们对艺术拯救能力的信奉，
以及坚信过于理性化的现实，使得现代在唯功利是举和造就同一性方面
极端过了头，甚至正如 A. 施莱格尔所说的，"就诗和艺术而言，任何
一个时代都优于我们的时代"②，因为"任何一个时代"的"诗和艺术"里
还保有神圣性存在，还保有理想。于是，与费尔巴哈一样，A. 施莱格
尔也呼吁对神性的追求：

> 描述了欧洲文明在各个细枝末节上的现状之后，剩下来需要回
> 答的唯一一个问题是对未来的展望。目前这种状况是否已经毫无希
> 望地固定不变了？它是否还将跌得更深？抑或是否有返朴归真的迹
> 象暗示出呢？对人的自然做一番广泛的考察之后，可以说是大有希
> 望的。人的自然之中一切本质的和有效的，本是不会消逝的，是永
> 恒的；既然我们的存在者时间中没有偶然的起源，构成我们存在的
> 基础的东西，如道德和宗教，诗和哲学，就决不会没落。③

如何才能从离散的现实中探寻出一个理想的未来？那个超越既定离
散现实的理想能否存在？如果还存在（马克思跟 A. 施莱格尔及费尔巴
哈一样都认为必须保持使理想得以维系的超验性维度，而不能像施蒂纳

---

① ［德］A. 施莱格尔：《启蒙运动批判》，见孙凤城主编：《德国浪漫主义作品选》，
391 页，北京，人民文学出版社，1997。
② 同上书，391 页。
③ 同上书，391 页。

那样在否定形而上维度上走得那么远），在哪里？或者，如何给超越离散现实的超越性维度奠定根基？如何将 A. 施莱格尔所说的"继散文的死亡而来的，将是新的诗"①真正实现出来？把现实的碎片整合并导向可行的诗性维度，是马克思对 A. 施莱格尔的基本思路的继承。关键是，马克思并不同意早期浪漫派那种以个人主体的美学瞬间转换为特征的诗性追求之路，不同意个体自己直接撰写浪漫诗的方案，而是认为它无法触发社会结构的变更，更无法惠及更多劳苦大众。惠及劳苦大众的方案是先在经济生产层面上续写英雄史诗，给浪漫诗的创作准备充足的空间舞台。对我们来说，更重要的是以下问题。

五、浪漫派、马克思与古典

我们感兴趣的第一个问题是，马克思在什么意义上向往古典理想？在什么意义上可以说马克思的理想是古典的现代重现？

德国早期浪漫派尊崇古希腊、中世纪，不像启蒙运动那样把过去说成一片黑暗，只有启蒙才照亮了人类世界。以古希腊哲学为博士论文选题的马克思有很高的古典学修养，这是众所周知的。他虽然坚持进步观念，甚至为此受到一些激进左派的批驳，认为他对资本主义的批判还没有触及"跟以前相比资本主义是一个巨大进步"这个资本主义意识形态的

---

① ［德］A. 施莱格尔：《启蒙运动批判》，见孙凤城主编：《德国浪漫主义作品选》，395 页，北京，人民文学出版社，1997。

核心，但他仍然肯定古希腊相对于现代的崇高性，并以此批驳现代资本主义："古代的观点和现代世界相比，就显得崇高得多，根据古代的观点，人……总是表现为生产的目的，在现代世界，生产表现为人的目的，而财富则表现为生产的目的。……稚气的古代世界显得较为崇高另一方面，……凡是现代表现为自我满足的地方，它就是鄙俗的。"①

既然古典希腊是崇高的，在许多价值领域，它就高于现代。那么，在怎样的程度上可以说马克思向往古典希腊呢？我想，也许只有个人的全面发展，相比于物的人的崇高性，人对自己所创之物的主动性，超世俗价值对世俗的约束，以及人从事的活动应该是潜能的实现和获取幸福与快乐，而不是获得更多货币财富等，才是马克思向往的。但在自由作为现代最高价值方面，马克思明显站在启蒙现代性的起点之上。马克思肯定了"物"相比于"人"的非崇高性，却否认古典思想中高于"人"之上的存在，于是人是最崇高的存在这个现代思想的基本点无疑被马克思所接受。基于内在性自足自立的现代主体，在肯定这种主体的至高无上性及其不依赖于任何他性存在而只是按照自己的内在所有便足以应付一切的自足性（能力），以及与肯定这种存在与其他任何生命存在一样，都具有自我保存的先天权利和基本权利之后，主体之人就成为这个世界上最高的存在。而且，至为关键的是，这个属于最高存在的"人"还具有最高的普遍性，而不像古希腊时期那样，认为并非每个生物学意义上的人都具有诸种优异性。优异性是一个文化、政治、伦理的观念，只有具备一定的文化、政治、伦理品质，才能成为具有这种优异性的"人"。而只有那

---

① 《马克思恩格斯全集》第 30 卷，479～480 页，北京，人民出版社，1995。

些具有实践智慧的人才能裁定通过怎样的手段有助于这种优异性的实现。启蒙运动之后，继承近代启蒙传统的马克思却赞同每个经验主体都具有自主自立品格、权利和能力的思想，因而每个人都（只是潜在地）有独立判断正当与善的能力。在肯定世俗化的背景下的满足世俗需求之正当性的前提下，每个人不但都能裁定何为正当与善，而且更能裁定以何种手段促成这些正当与善才是合理的。这也就必然意味着崇高、善的降低及其向平俗转变的趋势。不过马克思肯定会赞同康德所说的："实用性只能当作阶梯，帮助我们在日常交往中更有效地行动，吸引那些（对至善——引者加）尚没有充分认识的人对它的注意，而不是去左右那些有了认识的人的意志，并规定它的价值。"[①]马克思相信，现代世界虽然鄙俗，却促成了生产力的普遍发展，由此可以"为个人生产力的全面的、普遍的发展创造和建立充分的物质条件"[②]，而这将为实现上述一系列古典理想奠定坚实的基础。显然，这种对古典的向往与德国早期浪漫派是完全一致的。罗尔夫·桑瓦尔德甚至说，希腊古典就是马克思的美学理想。[③]

六、自由理想与浪漫主义

如上所述，自由理想显然是近代启蒙的基点。不依赖于任何他性存

① [德]康德：《道德形而上学原理》，苗力田译，43页，上海，上海人民出版社，1986。

② 《马克思恩格斯全集》第30卷，512页，北京，人民出版社，1995。

③ 参见 Rolf Sannwald，*Marx und die Antike*，Polygraphischer Verlag A. G. Zürich，1957，S. 159-203.

在的自主主体构成其根基。但是，马克思对自由理念的追求也不仅仅来自启蒙传统，也与德国早期浪漫派的主体论密切相关。浪漫派推崇主体自我，认为自身是一种自立自决的、原动的、固有的、独特的、有原创力的源头，所以应该向内看而不是向外看。在浪漫派的逻辑里，自我足以构成一个生发一切的泉源。而艺术根本不是模仿他者，再现外部世界，而是主体的自我确认和展现，是所表现的东西的自我呈现，而不表现其他什么意义。甚至整个世界本来就是一个原我（Ur-ich），被分化与异化后才被弄糟了。体现自我的世界本来是完整和纯洁的。象征着这种纯洁、崇高、自由和个性的原初自我，总是至高无上的，且不能用普遍的存在来压抑它。否则就是异化、疏离、压迫。自我是独创，不是随便可以被模仿和替代的。浪漫主义给个性、自我以更高的地位。

从某种意义上说，浪漫派的自我相比于启蒙运动的主体更加具有不依赖于外部存在的特质。启蒙式的主体更加依赖于对外部客体的统治与占有，外部客体对于启蒙主体来说是唯一展现、检验、证明主体的疆域，被占领的这个疆域越大，启蒙主体的威力和尊严就越大。而浪漫派的主体却不是这样的，他依靠的只是那天才般的反讽的、既定现实的能力，也就是顷刻不为物化现实所累、超越物化现实的能力。这种能力更加不依赖于外部物性存在，却更加注重自我之个性，也就是那种不但异于外部客体也异于其他主体的自我特性。两者的区别在于，早期浪漫派的主体自由依赖于自我的美学反讽能力，而马克思则把它分为两部分，除了跟主体的普遍性直接相关的那种不考虑主体个性维度的普遍自由（这种自由无法摆脱物性的限制与约束）之外，在摆脱了物性限制的自由支配的时间之内，专门为个性的实现开辟出的越来越大的空间就在历史舞台上出现了。也就是说，马克思把启蒙式自由与浪漫式自由内在结合起来，依次排列于历史的发展进程之中。自由王国中（人的各种内在品质之间、人与人之间）的和谐、人与自然的统一、对多元性的宽容与解放、对他者个性的尊重等，都是与浪漫主义相关的价值。这些价值基本上可以说都是启蒙运动力图遮蔽、忽视甚至反对的。

通过对比尼采与马克思自由观的异同，浪漫主义的影响在尼采那里就更加明显了。跟马克思相比，尼采放弃了主体普遍成为自由人的方案，转而走向了让完美自由与少部分天才式人物对接的道路。

鉴于对自由的承诺是启蒙运动的出发点之一，对自由的理解也就构成了对启蒙的理解。罗伯特·瑞斯艾认为："通过其自我反思将启蒙运动彻底化，从一开始就是尼采的筹划的核心。"[1]其实，尼采向往的自由与其说是启蒙式的，还不如说是浪漫主义式的。尼采反对意志自由概念；而仅仅在自由精神中，他才肯定自由。这显然更接近于德国早期浪漫派的思路，而离启蒙思想更远。在尼采看来，使自由精神成为积极自由的便是意志。要有力量能够自我主宰、自我规诫，要能承担严苛、压迫他者、风险等苦行形式。因为"生命就是权力意志"，即"本质上是剥削、侵犯、压倒他人和弱者、镇压、严苛，强化其自身的形式，合并并且至少剥削"[2]。如果害怕这些，就不会成为主人，而必然成为害怕危险和自主的奴隶，"对于那些其力量还不足以承担这种训诫及其分离的

---

① ［美］罗伯特·瑞斯艾：《奴隶，主人，暴君：尼采的自由概念》，见哈佛燕京学社：《启蒙的反思》，269页，南京，江苏教育出版社，2005。

② 同上书，275页。

人来说，虚无主义、遗忘和颓废乃是其结局"①。其实，尼采的逻辑就是，让每个人都成为具有自主性、敢于冒险的精神等上述一系列主人品质的强者并不现实，让那些具有这种能力、素质的人成为承担起上述任务的强者、主人，才是必然的且唯一的出路。也就是说，尼采看到了启蒙的最初梦想如果定位在让所有人成为自主的、承担一系列任务的主体，是不现实的，而且必然导致奴隶道德甚嚣尘上以及大众人格的张扬。现实的做法是，让那些具有这些品质的少数强者成为主体，只有他们才能承担起那些任务来，只有他们才能完成那样强大的目标。不能强迫末人去做超人，不能强迫力量不够的人去做力量足够才能做到的事情。因为，力量的第一原则是"成为强有力的，这必须是必然的，否则绝不会有力量"②。而无力承担的弱者、大众，则顺其自然地让他们做符合他们本性的事。弱者向往的只是他们不可能完全得到的自由、平等、正义，但对强者来说，除了自由，他们更向往优越性——而这是不平等的。"只要人们还没有权力，他就想要自由。如果他拥有了它，他就想要优越性（Ubermacht）；如果他没得到这种优越性（假如他过于虚弱），他就想要'正义'，即平等的权力。"③

在这样的背景下，消极的虚无主义就是那些弱者的结局。强者是不会消极地把虚无看作颓废和无聊的，相反，强者会把正在被消解的价值的虚无化视为创造性空间的敞开，是富有意义的新的精神风格的孕育和

---

① ［美］罗伯特·瑞斯艾：《奴隶，主人，暴君：尼采的自由概念》，见哈佛燕京学社：《启蒙的反思》，270 页，南京，江苏教育出版社，2005。

② 同上书，280 页。

③ 同上书，278 页。

开端。奴隶恐惧权力、个性、独自承担、危险，而只是力求与他人一致、雷同、平庸、遵守规矩、依赖强大的他者，因而不敢去谋求自主、真正的解放和自由，不敢去剥削、侵犯、严苛、压倒一切，只能追求有气无力、松松垮垮、喜气洋洋、没有个性与风格的状态，不敢追求崇高与胜利。如此也就必然陷入虚无主义和颓废之中了。

这样，尼采就提出了一种对启蒙辩证法的崭新理解：

> 作为启蒙运动之出发点的对于自由的承诺——摆脱迷信、以绝对的意志自由为基础的主人和自然的拥有者一样自由行动——现在消逝于无所不包的自然本性之中，对于这种本性来说，意志的自由仅仅是一种迷信，而主宰与自我暴政不可分离。尼采哲学揭露了启蒙运动的某些哲学观中的悲剧性的缺陷，并驱使我们原路折回，以找到走出怪兽之洞穴的出路：寻求光明。①

难怪霍克海默与阿多诺在《启蒙辩证法》中说道："尼采本人就是自黑格尔以来能够认识到启蒙辩证法的少数思想家之一。"②尼采理解的启蒙辩证法就是对大众必然遭受失败和悖谬，而只有对那些强者来说才会继续下去，才会具有成功的希望吗？那样的话，罗伯特·瑞斯艾评价霍克海默与阿多诺把启蒙辩证法理解为启蒙筹划的失败就是似是而非

---

① [美]罗伯特·瑞斯艾：《奴隶，主人，暴君：尼采的自由概念》，见哈佛燕京学社：《启蒙的反思》，280~281 页，南京，江苏教育出版社，2005。

② [德]霍克海默、阿多诺：《启蒙辩证法》，渠敬东、曹卫东译，45 页，上海，上海人民出版社，2003。

的了。

这样，相比马克思的普遍主体解放方案，尼采实际上就更加谨慎和消极，也更加唯物主义一些：主体只有足够的响应能力、资质、身体条件、自然基础，才能追求自由、解放，才能承担一系列崇高价值。并不是一切人都可以成为承担那些美好价值的主体。尼采更加强调承担者所具备的自然品质，并相信这种自然品质是与精神品质相一致的。按照尼采的逻辑，缺乏自然品质的普通民众无法通过社会性的锻炼提升自己。自然品质的缺乏是注定的，是无法根据社会性的补充而改变的。社会性锻炼对那些先天自然基质不够的大众是没有多少效果的。在这个意义上，就像许多研究者指出的，尼采或许比马克思更加唯物主义一些。

尼采更加强调优异性，更加重视个性，并连带着更加重视普遍性，这凸显了尼采与浪漫主义更加接近。马克思对浪漫主义的吸收更多地放在了当下还无法实现的自由王国之中，也就是放在了遥远的未来。而尼采针对马克思指出的是，当下必须认清主体的差别，要针对这些无法避免和忽略的差别来思考主体的解放和自由，思考主体能够承担的美好品质和价值。无视差异的普遍式方案不但注定无法实现，而且注定问题重重。

在这个意义上，启蒙反思的最重要之点也许就是对差异的尊重。而这也就是德国早期浪漫派提出，后来得到阿多诺继续重视的"星丛"原理，这一原理把新启蒙的主要任务理解为更能容纳差异。

七、更能容纳差异的新启蒙

他者、异质性对于浪漫派来说总是一个问题。对内在自我的强调和迷恋，使得浪漫主义对他者、异在异常敏感。他者、异在对于浪漫主义者来说意味着焦虑。这也就构成了浪漫主义与古典主义的一个重大区别：对古典主义来说他者、异在不是问题，因为它总是接纳它们，把它们协调安排在和谐的秩序之中，使它们各得其所。但是浪漫主义者就总是惧怕他者、异在："现代性时代，在相当程度上，总是惧怕他者，因为他者总是意味着另一套准则，意味着他律和彻底变成他者的愿望，因为它是对个人自主性的制约。这种心理与古典主义盛行的 18 世纪大相径庭，后者并不敌视他者，相反，用个更恰当的词来说，他们'接纳'他者，他们想把不同的局部、角色、秉性、特点、形式等因素审慎而协调地'安排'起来。古典主义盛行的 18 世纪的有代表性的'智者'试图寻找'有显著差异的事物之相似点'。他们并不注意事物如何'不同'——如何'不可比较'，而是更关注怎样才会使它们相互同化，怎样才会使截然不同、互不相干、彼此独立的部分汇入一种和谐的秩序——在这'秩序性'中，怎样使每一部分各得其所，并得到表现。"①

古典主义无视他者、他性、异质性，浪漫主义却重视他者、他性、异质性。"浪漫主义观念中的'他者'是意味着对'自我'的威胁的。因为所有未出自自我的法则都是'异化''疏离'之根源。只有让自我与他者在一种无法沟通的差异关系(假如可以用这个词的话)中，才可以避免这种

---

① ［澳］P. 墨菲：《浪漫派的现代主义与古希腊城邦(上)》，罗琳译，载《国外社会科学》，1996(5)。

危险。"①浪漫主义注重每个存在的特质，认为每个自我、每个民族都有自己的特性，即无法用什么"普遍的规则"消解的特性。在这种对异质性存在以及对众多他者特性的尊重和焦虑中，才产生了对异质性他者的解放、宽容等问题。

我们知道，马克思对概念性普遍存在持一种意识形态的见解，认为这其中蕴含着一种维持特种利益格局和社会关系状态的不可告人的意图，有一种意识形态的欺骗性因素存在其中。这样，马克思就把浪漫主义尊重特殊性，尊重概念系统无法覆盖的差异性存在的思想融入过于强调普遍性的启蒙传统之中，在传统启蒙逻辑中插入了一个楔子，凭借它为概念系统不能容纳或遭受其敌视的那些非存在或边缘性存在，得以赢得自己的位置和地位；凭借它，不同于概念或一般性存在的多样性存在都可以逐步被承认，从而为向着对多样性存在更加尊重的新启蒙之路——这正是阿多诺后来在《启蒙辩证法》与《否定辩证法》中努力为之的事业——迈进一步。

伊格尔顿曾在分析启蒙与差异的关系时说过："马克思主义者从来不会张狂得以为整个启蒙思想都陷入了困境，绝不会突发奇想地以为大家都要从 1972 年起开始阅读索绪尔的著作，把行动统一起来。"②这是在讲差异的作用，比如种族、性别和阶级等多种因素的作用，差异不会因为阅读索绪尔就可以被克服并因而被统一起来。伊格尔顿声称："罗蒂

---

① ［澳］P. 墨菲：《浪漫派的现代主义与古希腊城邦（上）》，罗琳译，载《国外社会科学》，1996(5)。

② ［英］特里·伊格尔顿：《历史中的政治、哲学与爱欲》，马海良译，233 页，北京，中国社会科学出版社，1999。

和海恩斯坦·史密斯以及其他大部分自由主义的或激进的批评家似乎一致相信，差异、冲突、多元性、无终结性以及异质性'绝对'地、毫无疑问地是好的。这也是我的一贯立场。"①他把这一逻辑应用于所有问题，比如在历史主体问题上，他主张，没有始终如一的主体在执行行动的功能。行动从来需要实践的政治语境，需要组织和谋略，需要根据不同的境况联系、团结更多的不同的人们。他的前后态度表明，马克思主义赞赏差异，但不至于走到以之取代和否定启蒙的程度。马克思主义是在启蒙的范围内接受差异的。在启蒙范围之内不断容纳、解放差异，使得"差异"构成新启蒙的核心，同时，这一点越来越得到人们的认同。

众所周知，阿多诺向往的和解是能够容纳更多多样性存在（或无法被普遍概念同化的差异性存在），且各种存在能够和谐相处的状态，而这也就是德国早期浪漫派诗人艾兴多夫设想的那种和解："这种和解状态不想借助哲学帝国主义并吞异物，而是幸运于：远处和差别还存在于被保护的近处，存在于异在的对面如同存在于本己存在。"②韦尔施评论说："阿多诺梦想这样的和解，所以他是现代的。他甚至想摈弃浪漫派，因为他认为浪漫派的特点是'悲天悯人'和'因异化而感到痛苦'。他用艾兴多夫关于和解状态的理论反驳浪漫派这种悲天悯人的悲观主义思想。但是，这种和解的理想仍然停留在黑格尔的和与现代完全相容的浪漫派

---

① ［英］特里·伊格尔顿：《历史中的政治、哲学与爱欲》，马海良译，230 页，北京，中国社会科学出版社，1999。

② Theodor W. Adorno, *Negative Dialektik*, Gesammelte Schriften Band 6, Suhrkamp Taschenbuchen wissenschaft, 1997, S. 192.

的思想范围之内。"①不仅《启蒙辩证法》的思想至少超过一半内容在 A. 施莱格尔的《启蒙运动批判》一文中早已存在，而且阿多诺向往的和解理想也仍然没有超出德国早期浪漫派的设想，更不用说后现代思想所谓的创新能在浪漫派面前支撑住多少内容了。

在经济全球化不断延展的背景下，新启蒙不仅指向不同个体的容纳、接受、宽容、尊重和解放，而且也必须以同样的态度面对不同种群、不同文化。A. 托德·富兰克林在《新启蒙：对种群重要性的反思》一文中说得好，新启蒙必须转向面对多元性："从广泛地对普遍性和无偏向性的哲学诉求向对多元性和尊敬的更开明的诉求的转换，前者使种群和其他形式的人类特性边缘化，后者体现了对群体特有差异的政治重要性给予更强烈的敏感。"②这种逻辑，不正是从德国早期浪漫派开始，经由马克思转向阿多诺的启蒙辩证法的反思的核心吗？不正是社会批判理论的一个主要目标吗？

---

① ［德］韦尔施：《我们的后现代的现代》，洪天富译，270 页，北京，商务印书馆，2004。

② ［美］罗伯特·L. 西蒙主编：《社会政治哲学》，陈喜贵译，316 页，北京，中国人民大学出版社，2009。

焦虑：《启蒙辩证法》的主题Ⅰ

一、引　言

　　霍克海默与阿多诺撰写的《启蒙辩证法》一书在法兰克福学派中的重要地位众所周知。阿多诺曾说过，自己以后的大部分著述都将是这本书的附注；福柯说如果早看到法兰克福学派作品的话，"就不会说那么多的蠢话，绕那么多的弯路"。虽然福柯说这话时并没有明确指向《启蒙辩证法》，但鉴于该书浓缩性地代表法兰克福学派的早期思想，便完全可以充当福柯所指的对象。彼得·毕尔格就曾这么判定过：福柯说上述话时"所想到的，也许主要是《启蒙辩证法》里先于他自己所作的理性批判"①。的确，在福柯不遗余力地揭示的启蒙与压迫、支配之间的密切关系，以及

_____

　　① ［德］彼得·毕尔格：《主体的退隐》，夏清译，10页，南京，南京大学出版社，2004。

《启蒙辩证法》力图揭示的启蒙蕴含着的统治、压迫、支配、恐怖和个性消解之间的思想主旨的类似性是非常明显的。

然而《启蒙辩证法》的晦涩同样出名，甚至被人称为"20 世纪最难驾驭的哲学著作之一"①。加上它忧郁、悲凉的基调，以及表述上断片式的浪漫主义气质，使得它即便在阿多诺的祖国也常遭到负面评价。人们视之为过于悲观、封闭、理解狭隘的晦涩之书。② 更不用说哈贝马斯的看法，力图告别主体性哲学，建构主体间交往范式的他，批评贬低仍在主体性范围内谈论启蒙的《启蒙辩证法》是必然的。就连正执掌法兰克福学派的霍耐特教授也说，这本书"随着时间间隔的增长变得对我们越来越陌生，其修辞学的影响变得越乏味，论证的步骤越残缺"③。在我国，刘小枫教授曾在《从黑格尔到尼采》一书的中文版前言中说道，从这本书开始，经卢卡奇的《理性的毁灭》、洛维特的《从黑格尔到尼采》到海德格尔与施特劳斯的相关分析，越来越"深刻"。也就是说，《启蒙辩证法》在分析德国古典文化与纳粹现象的关系方面，比起卢卡奇、洛维特、海德格尔、施特劳斯来，"深刻"程度是最弱的。但果真如此吗？

在我看来，就目前中国学界对《启蒙辩证法》的理解来说，还不足以对它做出确切的评判。理解是合理评判的基本条件，这一条件我们还没有具备。现在的很多理解在我看来多有断章取义之嫌。这本书的浪漫主

---

① Harry Kunneman and Hent de Vries(Hg.)，*Die Aktualitaet der Dialektik der Aufklaerung*，Campus Verlag Frankfurt and New York，1989，S. 9.

② 参见［德］沃尔夫冈·博克：《镜中的阿多诺》，载《现代哲学》，2005(3)。

③ Axel Honneth, *Das Andere der Gerechtigkeit*，Suhrkamp Verlag Frankfurt am Main, 2000，S. 70.

义断片式的写法，留下了过多的内容与逻辑上的盲点，书中从古至今的宏大叙述更加深了这一点。"从主体性的元历史(Urgeschichte)出发考察了西方文明在根本路向上迷失性的自我毁坏"①，把主体性的历史从人们一般认为的近代一下子推到古希腊神话时期，断言奥德修斯是第一个资产阶级式的主体，由此引发出的问题、需要做出的论证、必须填补的漏洞都是很多的，是这本书里无法完成的。于是，它才需要日后两位作者不断地"附注"和修补发挥；于是，才招致人们按照自己的拟想和逻辑来注释它，使它具有了更多的诠释空间。

不论正反两面不同的评价，还是浪漫主义片段式的写法，及其众多需要填补与诠释的空白与盲点，都需要我们对《启蒙辩证法》的主旨进行慎思。本章致力于从过去一直忽视的该书与浪漫主义的内在关联，就异在他者对主体自我引发的焦虑(Angst)与恐惧(Furcht)，及焦虑与主体性(化)关系的角度，提出自己的理解，焦虑与恐惧(及其应对策略)构成了《启蒙辩证法》的第一个隐秘主题。

二、焦虑主题及其来源

在《启蒙辩证法》的研究中，该书与浪漫派的关系历来不被重视。在纪念该书出版40周年的文集中，两位主编哈利·库纳曼、亨特·德弗

---

① Harry Kunneman and Hent de Vries(Hg.), *Die Aktualitaet der Dialektik der Aufklaerung*, Campus Verlag Frankfurt and New York, 1989, S. 9.

里斯说该书"整合了马克思、尼采、弗洛伊德和韦伯关于工具理性批判的思想传统"，独没有提及德国浪漫派，并早就批评启蒙运动的哈曼等思想传统。① 在解释阿多诺的基本状况的《阿多诺：关键概念》一书中，作者讨论对阿多诺"产生重大影响的人物时"，也只是关注了康德、黑格尔、马克思和弗洛伊德四位思想家。占有重要地位的尼采，不可或缺的德国早期浪漫派，都没有进入作者的关注范围。②

其实，如果分别阅读一下 A. 施勒格尔的《启蒙运动批判》一文与《启蒙辩证法》一书，就会发现两者之间的类似性是显而易见的。《启蒙辩证法》至少接近一半的思想内容都可以在 A. 施勒格尔的《启蒙运动批判》一文中找到。在施莱格尔的《启蒙运动批判》与霍克海默、阿多诺的《启蒙辩证法》之间，存在着如此多的类似性和一致性，这绝非一个偶然的例外。从两个文本的内容来看，《启蒙辩证法》与德国浪漫派的承续关系是明显的。认为启蒙可以解除焦虑与恐惧、破除迷信、解构神话，把明晰性和可理解性当作接受事物的唯一标准，对个别性的拒斥以及连带着对诗的拒斥，工具性的思维致力于"更强有力地支配外界事物"③等，都是施莱格尔批判启蒙的关键所在，也正是阿多诺与霍克海默批判启蒙

---

① ［美］詹姆斯·施密特指出，《启蒙辩证法》主要集中于探讨奥德赛和文化工业的问题，"而不是去探索哈曼对康德的批评（只举一个例子）怎么打开了模仿和概念化的关系这样的问题"。作者的这种态度就不如强烈影响了写作该书的本雅明，本雅明非常明确地承认哈曼对自己的影响。参见詹姆斯·施密特为自己主编的《启蒙运动与现代性》（29 页，上海，上海人民出版社，2005）所写的导论。

② 参见［加］黛博拉·库克编：《阿多诺：关键概念》，唐文娟译，25 页，重庆，重庆大学出版社，2017。

③ 参见［德］A. 施莱格尔：《启蒙运动批判》，见孙凤城主编：《德国浪漫主义作品选》，382、386 页，北京，人民文学出版社，1997。

之所在。这种内在的联系与一致，标志着霍克海默与阿多诺对浪漫主义传统的继承。这种继承集中体现为：为个体，为那些被边缘化、遭受压制的个体争取坦然生存于世的资格和能力；为特殊、个别争取在普遍性秩序的缝隙和框架内生存的权利。为此，他们就在不遗余力地替被市场制度压抑的那些存在者呐喊，并呼求他们的解放、宽容和自由。维尔默曾说，《启蒙辩证法》一书的核心与目标就是：个体存在如何不被已逐步演化为制度、技术系统的概念性思维榨干、蚕食和操控。也就是说，谋求同一性的概念性思维如何为个性、特殊存在留出存在空间？具体化的现实和概念性思考之间应该是什么关系？①

在这个主线条上，《启蒙辩证法》一书与 A. 施勒格尔的《启蒙运动批判》一文的确是一脉相承的。马丁·杰也指出，马克思不是《启蒙辩证法》一书的主要目标。此书更大的反对目标是韦伯，即"全部启蒙传统，所谓的解放的去圣化的过程即韦伯所称的去魅化过程才是他们真正的目标"。但韦伯认为理性的工具化、实质理性被形式理性取代不可逆转、无法恢复。而霍克海默辩证地看待工具化了的主观理性与客观理性之间的关系，认为两者虽然对立和矛盾，但哲学要"培养相互批评，这样如果可能，可以在思想领域为双方在现实中的调和做准备"②。这恰与韦伯时代那些与其对立的浪漫主义艺术家团体（以斯蒂芬·乔治为代表与领袖）的思想相一致。按照马丁·杰伊的说法，"韦伯与其同时代的浪漫

---

① 参见［德］阿尔布莱希特·维尔默：《论现代和后现代的辩证法——遵循阿多诺的理性批判》，钦文译，北京，商务印书馆，2003。

② 参见［美］马丁·杰：《法兰克福学派史》，单世联译，295、296 页，广州，广东人民出版社，1996。

主义者不同，不希望时间倒流"。卢卡奇虽然也不希望时间倒流，但却赞同浪漫主义对现代性的诸多批评。承续了卢卡奇这种批评态度的霍克海默、阿多诺，就在批评现代性方面与浪漫主义具有了一些一致性。

将焦虑变成哲学问题是浪漫主义的一个贡献。追溯焦虑的现代起源肯定是个很复杂的任务。大体可以肯定的是，第一，它源自近代主体性，一旦把主体视为与外物和他人没有关联、自足自立的内在自我，异在就是一个引起麻烦和焦虑的存在者。第二，如果把内在自我视为普遍的担当性主体以及为知识、法则、秩序奠定基础的主体，它就成了唯一具有确定性的至高存在。在认同它为之奠基的存在的范围内，就可以消解异在引发的焦虑，把它外推到相互认同的群体成员之外。即只有在面对缺乏认同的另类文化群体时，他者焦虑才会发生。由于近代主体把自己看作一种不但具有自主自立性，而且具有为其他的存在而奠基，并把一系列美好的存在支撑起来的功能，因此在面对异在时，这种主体只能是自傲的，不把他者放在眼里，却把他者视为隶属、低于自己并需要对之进行启蒙的对象。对象他者的晦暗和无序需要主体性的阳光照亮。如果他者是人，就需要教化，以便塑造成主体；如果他者是物，就需要把握、利用和控制。无论如何，他者都是晦暗无序和靠不住的，需要给予关怀，将其照亮，使其清晰化、有序化，使之纳入主体性秩序和可控的范围，并把它们提升到更有意义的层面上来，成为主体感受亲切的存在者。第三，虽然为知识、法则、秩序、历史提供根基的主体内含着难以完全愈合的矛盾裂痕——一方面主体必须具备普遍性才能提供出这种根基基础，另一方面它在经验状态上只能是个体，无法完全满足这种普遍性要求——但这裂痕还是制造不出他者的焦虑来。只有把主体看作内在自我，甚至进一步把最高存在和现实具体存在都看作个体性存在的浪漫主义，才会使任何一个外在——不管是客体对象还是与自己类似的主体——都成为异在他者，从而引发焦虑和应对焦虑的主体化策略。

他者、异质性对于德国早期浪漫派来说总是一个麻烦或问题。富有个性的自我是一种自立自决的、原动的、固有的、独特的、有原创力的源头，他在谋求自我实现的过程中不断遭遇众多他者。过去人们总批评浪漫派过于强调和迷恋内在自我，但没有看到这种迷恋同时也产生了一个积极效果：对内在自我的强调和迷恋，使得浪漫主义对他者、异在异常敏感。他者、异在对浪漫主义者意味着焦虑。这也就构成了浪漫主义与古典主义的一个重大区别：对古典主义来说，他者、异在不是问题，因为它总是接纳它们，把它们协调安排在和谐的秩序之中，使它们各得其所。但是对浪漫主义者来说，就总是惧怕他者、异在："现代性时代，在相当程度上，总是惧怕他者，因为他者总是意味着另一套准则，意味着他律和彻底变成他者的愿望，因为它是对个人自主性的制约。这种心理与古典主义盛行的 18 世纪大相径庭，后者并不敌视他者，相反，用个更恰当的词来说，他们'接纳'他者，他们想把不同的局部、角色、秉性、特点、形式等因素审慎而协调地'安排'起来。古典主义盛行的 18 世纪的有代表性的'智者'试图寻找'有显著差异的事物之相似点'。他们并不注意事物如何'不同'……"①现代性的发展正是一个多样性、异质

① ［澳］P. 墨菲：《浪漫派的现代主义与古希腊城邦（上）》，载《国外社会科学》，1996(5)。

性越来越明显的时代，浪漫派以和解的态度呼吁着应对这些异质性予以重视和尊重，而不是对其压抑、宰制与革除。在这种对异质性存在、对众多他者的尊重和焦虑中，才产生了对异质性他者的解放与宽容意识。

浪漫主义对个体性、与众不同性的强调，使得任何一个他者都与自己产生了距离。距离引发焦虑与恐惧。距离越近的陌生他者，越能引发恐惧。只有距离足够远的外在他者，才会在自我主体的心目中渐行渐远，跃出主体心灵的视线而不被注意，从而不再具有引发焦虑的功能。只要他者对主体来说还构成威胁，还能引发恐惧或焦虑，那主体就得通过某种办法、策略应对这种威胁，消解或（起码要）抑制住焦虑与恐惧，使之处于一种可控的水平范围之内。卡内提说得好："人最畏惧的是接触不熟悉的事物，人想看清楚，触及他的是什么东西，他想辨认清楚，或者至少弄明白是哪一类东西。人总是避免接触陌生的东西……"如何应对和规避这种陌生物？常见的策略就是设置足够的距离："人们在自己周围设置的种种距离，是对接触的这种畏惧心理造成的。人们把自己关在无人可以进入的房子里，只有在那里他们才有某种安全感。"① 可惜的是，笛卡尔就是在这样的境遇下得出那个"我思故我在"的"自我"的。难道笛卡尔也有某种恐惧？恐惧应酬，还是其他？"恐惧即意味着选择了形成一个对周围事物战战兢兢、如履薄冰的自我"②，这话即使不适用于笛卡尔，也适合于霍克海默与阿多诺描述的资产阶级主体。

---

① ［德］埃利亚斯·卡内提：《群众与权力》，冯文光等译，1 页，北京，中央编译出版社，2003。

② ［挪威］拉斯·史文德森：《恐惧的哲学》，范晶晶译，39 页，北京，北京大学出版社，2010。

　　霍华德·洛夫克拉夫特指出："人类最原始、最强烈的情绪就是恐惧，而最原始、最强烈的恐惧就是对于未知的恐惧。"①而应对恐惧的通常办法之一就是把引发恐惧的东西在空间距离和心理距离上推远："对应恐惧的典型行为模式是逃避——尽可能远离恐惧对象，使自己置身于危险之外。"②显然，现代主体的个体化，更加凸显了他的焦虑与恐惧。焦虑其实来源于主体性：自我与外物分开以及自我的确证需要自己探寻完成，需要自己找到本真之在，因而万物可能皆会令人产生虚无的沮丧感和孤独感，从而人们才产生了一种危机意义上的焦虑。与万物交融一体的人，是不会有明显的焦虑感的。在这个意义上，焦虑是一种现代情绪。

　　但在祥和快乐的氛围中，焦虑或被压抑或被消解了。罗兰·巴特说过，在 20 世纪 70 年代，对恐惧"无人愿意直白地说它"③。在 20 世纪80 年代出版的（中文版 1994 年版）《现代人的焦虑和希望》一书中，孙志文说："恐惧一词道出现代人生活各方面的情况。从恐惧原子大战到恐惧每一天都可能发生的恐怖组织暴行、政治绑架、解放运动和地下游击队。现代人的生活处处充满恐惧。"④直到 21 世纪的现在，恐惧仍是众人谈论的主题。

————————

　　①　[挪威]拉斯·史文德森：《恐惧的哲学》，范晶晶译，32 页，北京，北京大学出版社，2010。

　　②　同上书，27 页。

　　③　[法]罗兰·巴特：《文之悦》，屠友祥译，60 页，上海，上海人民出版社，2002。

　　④　[德]孙志文：《现代人的焦虑和希望》，陈永禹译，14 页，北京，生活·读书·新知三联书店，1994。

"恐惧"一词对应的德文词有些麻烦或混乱，与其相关的词有几个。强关联的首先是 Angst，它可以译为焦虑、害怕、恐惧。另外相关的还有 Furcht(害怕、恐惧)、Grauen(恐惧)、Schrecken(惊恐)、Erschrecken(恐怖)、furchtbar(令人恐惧的、可怕的)，甚至 Terror(恐怖)、Horror(恐怖)这样的词汇。Angst 在《启蒙辩证法》中使用较多，一般被译为"恐惧"。麻烦的是，第一，在这本书中，Fucht、Schrecken、Grauen 等词汇也被译为"恐惧"(Grauen 有时也被译为"恐怖"，被译为"恐怖"的还有 Terror 和 Erschrecken 两词)。第二，更麻烦的是，在其他书中，Angst 又被译为"焦虑""畏"等。海德格尔在《存在与时间》中讲到 Angst，中文版译为"畏"；而在弗洛伊德的著作 *Hemmung*，*Sympton und Angst* 中，Angst 又被译为"焦虑"；而在维蕾娜·卡斯特的 *Wege aus Angst und Symbiose* 中，Angst 又被译为"恐惧"。在谢林的《自由论》中译本中，谢林所使用的 Angst 一词在不同场合分别被译为"畏"与"担惊受怕"。[①] 而在约纳斯的《诺斯替宗教》中，Angst 则被译为"恐惧"。[②] 不能否认，弗洛伊德、海德格尔、霍克海默与阿多诺、卡斯特所使用的 Angst 是具有差异的，但同样不能否认的是，差异背后更重要的内在联系、一致性，这种关联性却在中文的"畏""焦虑""恐惧"的翻译中存在被埋没的危险。

---

① 参见[德]F. W. J. 谢林:《对人类自由的本质及其相关对象的哲学研究》，邓安庆译，97 页，北京，商务印书馆，2008。

② 参见[美]约纳斯:《诺斯替宗教》，张新樟译，303 页，上海，上海三联书店，2006。德文版参见 Hans Jonas, Gnosis, *Die Botschaft des fremden Gottes*，Verlag der Weltreligionen im Insel Verlag Frankfurt am Main und Leipzig，2008，S. 387.

然而，在现代，最能直接体验焦虑与恐惧的，或许就是霍克海默、阿多诺所经历的那个时代，那个法西斯主义威胁人类的时代。

三、从生存论的"焦虑"到《启蒙辩证法》的"恐惧"

毕尔格曾提醒说，在为《启蒙辩证法》撰写做准备的会谈中，霍克海默曾说过"没有焦虑（Angst）我们就无法思想"的话①，毕尔格断定："会谈中的观点，特别是霍克海默就恐惧的理论所提出的观点，是在参照了海德格尔在《存在与时间》里所做的分析及其与之进行辩论的基础上形成的。霍克海默这么做的目的，是将海德格尔的存在论导向历史哲学。……对存在的分析，由主体的生成所取代。"②其实，海德格尔论述关于畏（Angst，即焦虑）与怕（Furcht，即恐惧）的区别的思想晚于弗洛伊德。甚至他的"此在"也无法不让人联想到弗洛伊德的"自我"。

的确，理性的"自我"是个结果。在它出现之前，先有各种情绪的我。在人与事物建立理性关系（如认识关系）之前，人与事物已经具有了情绪性的关联。烦、畏和惊讶都是这类最基本的情绪状态。海德格尔区分了生存论—存在论层次上的情绪（Befindlichkeit）（或基本情绪 Grundstimmung），及生存—存在者层面上的情绪（Stimmung）。不加细分地说，

---

① 参见 Max Horkheimer Gesammelte Schriften，Band 12，Fischer Verlag Frankfurt am Main，1985，S. 520.

② ［德］彼得·毕尔格：《主体的退隐》，陈良梅、夏清译，10 页，南京，南京大学出版社，2004。

情绪就是此在之"此"，"此"敞开着，与其他存在关联着，它把此在带到其存在面前，此在的整体结构被海德格尔刻画为操心、畏、惊讶。这意味着，是我们的基本情绪逼迫、驱动、影响、牵制了认识和理性活动。在笛卡尔意义上的我思故我在中，那个"我"如果被理解为纯理性的或以理性为主要内容，那它是不具备自足自立性质的，因为这个"我"还要依赖于基本情绪，只有奠基在基本情绪之上才能呈现和维持。在貌似自明的理性主体之我的下面，潜存着更为深层、更为复杂、更为持久的基本情绪。

此在不再是与他者隔绝的内在自我，而是"在世界之中"，处于与其他存在的内在关联之中。"此在之在绽露为操心"，这种操心不是从内在的传统主体性中生发出来的意志、愿望、嗜好与追求——它们不派生操心，而是被操心奠基。① 这不正与弗洛伊德关于自我是本我分化出来，而自我已经就是一种与现实存在物的关联的看法一致吗？自我是外部世界的代表，而本我和超我才是内在的代表吗？不受任何外部影响的"我"是本我，而自我只能受现实影响形成。"除了通过自我——对本我来说，自我是外部世界的代表——任何外部的变化都不能被本我经验过或经受过，而且不可能说着自我中有直接的继承。"②自我是本我中分化出来的一部分。自我是在与现实世界的历练和遭遇中锻炼出来的，是一种"在世界之中"的状态及其结果。自我把外部存在与自己关联起来，并在这种关联中建构着自己。首先是对象精力贯注，通过这种贯注，不断把被

---

① 参见［德］海德格尔《存在与时间》，陈嘉应、王庆节译，211 页，北京，生活·读书·新知三联书店，2006。

② 《弗洛伊德后期著作选》，林尘等译，187 页，上海，上海译文出版社，1986。

贯注的东西纳入自我结构，以至于通过自居作用把那个外部存在变成内在存在，使这个自己努力变成的自我典范的内在组成部分，并不断地发展变更着。于是，这个"自我"就成了一种不断与外部存在关联因而也就是变动着的关系性存在，一个"在世界之中"的存在。正如弗洛伊德所说的："所有源自外部的生活经验都丰富了自我；但是本我是自我的第二个外部世界，自我力求把这个外部世界隶属于它自己。它从本我那里提取力比多，把本我的对象精力贯注改变为自我结构。"①这个与外部世界关联着的、作为结构存在着的"自我"不就是海德格尔所说的"此在"吗？考虑到弗洛伊德的《自我与本我》一文于 1923 年发表，比《存在与时间》早 4 年，海德格尔对弗洛伊德的借鉴应该是可以成立的。但如果要证实这一点，就需要寻找具体的证据。不过即使找不到经验证据，也无法否认这两者之间的密切关联。这样，自我就是一种被三种因素包围着的存在，是"一个服侍三个主人的可怜的造物，它常常被三种危险所威胁：来自外部世界的，来自于本我力比多的和来自超我的严厉的。三种焦虑与这三种危险相符合，因为焦虑是退出危险的表示。自我作为一个边境上的造物，它试图在世界和本我之间进行调解，使本我服从世界，依靠它的肌肉活动，使得世界赞成本我的希望"②。

弗洛伊德的自我被本我和外部世界包围着，虽然也可以趋向崇高的目标，但也很容易成为本能的努力，至少受本能影响。所以，即使在形式上再抽象和玄妙，仍然存在着滑向本能冲动的危险，也就是"依靠它

---

① 《弗洛伊德后期著作选》，林尘等译，206 页，上海，上海译文出版社，1986。
② 同上书，206 页。

的肌肉活动"的危险。"此在"的未定性和可塑性使得它总有迷失的危险、堕落的危险、被本能冲动俘获的危险。方向与目标很多，好坏都有可能。弗洛伊德的"自我"与海德格尔的"此在"都逃脱不了这一点。不过，弗洛伊德却蔑视塑造世界观的哲学家：他强调与本我相比时自我的虚弱，理性成分面对我们内部本能力量时的虚弱，力图把这种观点变成一种精神分析的世界观。弗洛伊德说："我一点也不偏爱这种杜撰的世界观。"①

同时，弗洛伊德的"焦虑"与海德格尔的"畏"本是一个词：Angst。在作于 1925 年 7 月、出版于 1926 年 2 月的《抑制、症状与焦虑》一书中，弗洛伊德说道："焦虑是关于某事的焦虑。它具有不确定性和没有对象的性质。严格说来，如果这一情感发现了对象，我们就该用 Fucht 一词而不是 Angst 一词。"②甚至早在 1915—1917 年在维也纳大学所作的精神分析的讲稿中，他就已经提出了类似观点："我认为焦虑是就情境来说的，它不管对象如何；而恐惧则关注于对象，至于惊悸则似乎有某种特殊的意义，即它强调由危险所产生的效果，这种危险突然而来，没有焦虑的准备。因此，我们可以说，一个人通过焦虑从惊悸中保护自己。"③海德格尔显然接受了弗洛伊德对 Angst 与 Furcht 的这种区分。与此相关，作为意志、愿望对象的存在者，这种区分不依赖于揭示和规定他们的经验与认识而存在，却还是依赖于对此在的领会："存在者不依赖于它借以展开、揭示和规定的经验、认识与把握而存在。存在却只有

---

① 《弗洛伊德文集》第 6 卷，172 页，长春，长春出版社，2004。
② 同上书，221 页。
③ 同上书，233 页。

在某种存在者的领会中才'存在'——而存在之领会之类的东西原本就属于这种存在者的存在。"①这种观点摆脱了传统的内在主体，又给出了一个与其他存在内在关联着却终究是与其他存在迥然不同的这个此在。这个此在与传统主体的不同，除了内向性与外向性之外，还有厚实的内在坚固性、稳固性与有待充实起来的、富有弹性的可能性。此在是个在生存论上未定的可能性存在，没有固定样式的，也就是无所归依的无家状态。现在的问题是，面临诸种可能性展开的此在，"如何把自己带到自己前面来"？海德格尔认为首先要背弃沉沦，而"沉沦之背弃倒是起因于畏，而畏又才使怕成为可能"。

我们必须区分畏（Angst）与怕（Furcht）：

畏之所畏不是任何世内存在者。因而畏之所畏在本质上不能有任何因缘。凡有害之事都是从一定的角度看来对被威胁者的一种特定的实际能在有害，但畏之所畏者的威胁却没有这种特定的有害之事的性质。畏之所畏是完全不确定的。这种不确定不仅在于实际上不曾确定是何种世内存在者在进行威胁，而且等于说世内存在者根本是不"相干"的。凡是在世界之内上手在手的东西，没有一样充任得了畏之所畏者。……有威胁的东西可能会与这样那样的东西有因缘，但在畏中，来照面的却不是这些东西。因而畏也不"看"威胁者由之而临近的确定的"这里"与"那里"。威胁者乃在无何有之乡。这

———————————

① ［德］海德格尔：《存在与时间》，212 页，北京，生活·读书·新知三联书店，2006。

一点标画出畏之所畏者的特征来。畏"不知"其所畏者是什么。但"无何有之乡"并不意味着无，认识在其中有着一般的场所，有着世界为本质上具有空间性的"在之中"而展开了的一般状态。所以进行威胁的东西也不能在附近范围之内从一个确定方向临近而来，它已经在"此"——然而又在无何有之乡；它这么近，以致它紧压而使人窒息——然而又在无何有之乡。……紧压而来的东西，不是这个东西或那个东西，但也不是一切事物合成的总数。它是一个一般上手事物的可能性，也就是说，是世界本身。……有所畏源始地直接地把世界作为世界开展出来。……在畏中，走为世界上手的东西。一般世内存在者，都沉陷了。……畏把此在抛回此在所为而畏者处去，即抛回慈爱的本真的能在世那儿去。畏使此在个别化为其最本己的在世的存在。这种最本己的在世的存在领会着自身，从本质上向各种可能性筹划自身。因此有所畏以其所为而畏者把此在作为可能的存在开展出来，其实就是把此在开展为只能从此在本身方面来作为个别的此在而在其个别化中存在的东西。①

在 1952 年完成的《存在的勇气》一书中蒂利希写道："在近 20 年间，与存在主义合作的深层心理学，已经对恐惧与焦虑做了截然的区分，并且对这两个概念的每一个都给出了更加精确的定义。"②这个定义就是弗

---

① ［德］海德格尔：《存在与时间》，215～217 页，北京，生活·读书·新知三联书店，2006。

② ［美］保罗·蒂利希：《存在的勇气》，成显聪等译，32 页，贵阳，贵州人民出版社，1988。

洛伊德和海德格尔早就说出的区别：恐惧针对具体对象，而焦虑没有具体对象。畏之对象不是具体的"这个"或"那个"。然而要解除畏，还必须在生存中确定具体的"这个"或"那个"。在解除此在不确定性并寻求确定性的生存努力中，本源地具有一种畏惧的基础性境遇，即面对广袤世界，茫然无措——即德语词 unheimlich 标示出的茫然无措、莫名恐惧的无家状态。沉沦于常人状态也许是选择成本很低的，但面对千万人雷同的"家"，还是无法确定哪个是你的。所以，这连"畏"都没自觉到，如何革除沉沦，并从畏中突围？

霍克海默和阿多诺根本来不及做这些基础性探讨，来不及区分"畏"与"怕"，就直接遭遇到了无法完全躲避的令人畏惧、惧怕的法西斯主义。如果说，"在畏中，作为世界上手的东西。一般世内存在者，都沉陷了"，那么在霍克海默与阿多诺的"畏惧"中，其他的畏都沉陷了。可见，法西斯主义造成的畏却如此之凸显，以至于充满了内心，时刻高悬于头顶。如果说在海德格尔的基本本体论中"进行威胁的东西也不能在附近范围之内从一个确定方向临近而来，它已经在'此'——然而又在无何有之乡"，那么，在《启蒙辩证法》中，进行威胁的东西已经从确定得不能再确定的发现中袭来，这早已不再是"无何有之乡"，却是"有何无之乡"，确实是"它这么近，以致它紧压而使人窒息"了。然而，畏的东西却不再是"紧压而来的东西，不是这个东西或那个东西，但也不是一切事物合成的总数"了，而是当下在手的"这个"了。如果说"畏"不面对世间的在者，不是确定的东西，并因而在"畏"中世界没有意蕴，"畏"还没有与任何有因缘的事物照面，那么，"怕"直接面对世内在者，是确定的东西，并因而在"怕"中世界就已经有了确实的意蕴，"怕"早已与有因缘的事物照面了。霍克海默、阿多诺照面的庞大事物就是法西斯主义，以及与其雷同和相关的美国大众文化。"宰制"如此之严重，甚至不惜采用欺骗、神话、催眠似的意识形态单面宣传、摧残、残害等各种看似甜蜜却冷酷的手段来达到压制、摧毁非常规之存在。

在海德格尔那儿呈现出的可能性变成了霍克海默与阿多诺直接的现实性；无法名状的焦虑或畏转化成了直接得不能再直接的可怕与恐惧；富有弹性的可能空间变成了塞得满满甚至还要进一步膨胀的实心体；"无何有之乡"变成了"有何无之乡"；甚至用词，也不再是日常常见的 Angst（焦虑、不安、害怕、恐惧）与 Furcht（害怕、恐惧）了，变成了更强化的 Grauen（恐惧）、Schrecken（惊恐）以及与此相关的 Erschrecken（恐怖）、furchtbar（令人恐惧的、可怕的），甚至 Terror（恐怖）、Horror（恐怖）。用词方面的加重和多样化，反映了言说主体感受的加重和多样化，而且从一般的"害怕"深化到"恐惧""恐怖"，这更凸显了惧怕的具体性和集中性。当然，可惜的是，这些差异从中文翻译上表现不出来。

虽然畏（焦虑）与怕（恐惧）不同[①]，但两者都暗含了对危险和伤害的预见。虽然在现实生活中这种区分经常很难操作，虽然中文的有关翻译大都没有区分"焦虑"与"恐惧"，但在霍克海默与阿多诺这里，恐惧与焦虑的区分倒是很容易被理解。他们把海德格尔莫名其妙、弄不清楚的"焦虑"非常清晰明白地转化成具体的"恐惧"。在霍克海默与阿多诺面

---

① 不仅弗洛伊德、海德格尔如此主张，罗兰·巴特也说"……焦虑，一个高雅的词，科学的词；然而恐惧不是焦虑"。参见［法］罗兰·巴特《文之悦》，屠友祥译，60 页，上海，上海人民出版社，2002。

前，海德格尔此时焦虑的"弄不清楚"的状态不折不扣正是一种莫名其妙的问题所在。

霍克海默与阿多诺在1939年1月19日关于个体的讨论中，把个体和个体的概念都看作必须付诸历史才能解决的。个体的历史性求解和批判呈现出一种迥异于资产阶级个体抽象概念的特点，它蕴含着个体概念被拯救的可能性。

个体与财产、焦虑、成年相关。霍克海默认为，个体与所有权密不可分。而所有权与焦虑（Angst）密切相关。焦虑是个体概念的一个构成成分。当今，在关于镜像性格（reflektorischen Charakter）的学说中，已经没有个体了。跟所有权连接在一起的特殊的焦虑、恐惧根本不再被认出。而焦虑、恐惧经验的缺乏也会引起自我形成（Ichbildung）的无能。这令人想起海德格尔。在他那里，所有非本真存在（Uneigentlichen）的范畴都是在对立于焦虑的意义上被确定的。①

如果说英语中的angst（焦虑，不过一般用anxiety一词）与fear（恐惧）的区别比较明显，那么，德语中的Angst（焦虑、不安、害怕、恐惧）与Furcht（害怕、恐惧）作为日常用语的区别就没有那么明显：前者也有恐惧和害怕的意思。法西斯主义足以把焦虑快速置换为恐惧。对《启蒙辩证法》中有关恐惧与主体性的探讨不能忽视当时这一背景。它意味着，恐惧在扼杀主体，也在呼唤和造就主体！令人恐惧的东西在扼杀启蒙，而启蒙就是战胜恐惧！主体是在对恐惧的战胜中形成和得以维系的！

---

① 参见 *Max Horkheimer*，*Gesammelte Schriften*，Band 12，Fischer Verlag Frankfurt am Main，1985，S. 452.

恐惧造就纳粹统治的持续。任何人对纳粹实行的消灭反抗的做法深感恐惧，因而采取顺从或不闻不问的态度。是的，对自己生命的自我保护是天生的本能，面对自己生命的消失，人们都会恐惧，即使是当时参加"白玫瑰"团体的汉斯、索菲兄妹也是如此。但他们还是承担起了启蒙的责任：告诉人们事实真相，唤醒人们，教育人们，正是启蒙者的日常责任和工作。

的确，如果大家都明白真相并采取不合作的态度，再残酷的制度也可以因此而崩溃。可启蒙又总是面临着多数惧怕不敢接受、不敢迈出步伐的事实——否则也不需要启蒙了。索菲·朔尔所说的"我害怕，但我并不屈服"也许就是启蒙者的良知所在。这是启蒙的基础，星星之火可以燎原的基础。

因此，霍克海默说：

> 人总是被无数的恐惧（fear）纠缠着。在前文字时代的文化中，世界在人们的设想中跟邪恶力量有关，人们通过安抚行为和魔法来控制它。从这种宇宙观中解放出来，是人类文化史中的首要动机。科学的每一次胜利都把斗争推进了恐惧领域的更深处。科学个人以力量来支配那些以前看来完全受制于某些神秘力量的东西。人们曾以为自然是一种凌驾于一切的、不可预测的存在，从而敬畏它；但是，对抽象公式的信心已经代替了这种敬畏。[1]

---

[1] ［德］霍克海默：《反对自己的理性：对启蒙运动的一些评论》，见［美］詹姆斯·施密特编：《启蒙运动与现代性》，369页，上海，上海人民出版社，2005。

这就意味着，文化的进步是征服和消除恐惧的一种努力方式，科学也是如此。但科学的进步并没有消除恐惧，只是将其转移了地方而已。通过这种转移，恐惧被掩盖起来，或者至少不在表面上存在着，退到了一个不容易发现的地方，甚至成为一个集体无意识，见怪不怪的东西。霍克海默突出强调了焦虑理论跟政治的联系。个体通过终止跟总体的对抗，与焦虑、恐惧的经验统一起来，焦虑每次总使我们担心坠入无定形的非同一之中。① 在这些思想里，蕴含了霍克海默、阿多诺对启蒙以来对现代工具理性的批判。

四、他者焦虑作为《启蒙辩证法》的主题：如何对待他者

启蒙既然是以理性之光照亮他者的，就是以哲学替代宗教的，未被照亮、仍然处于黑暗和愚昧之中的存在总是启蒙的对象。从启蒙主体的角度来说，"启蒙的根本目标就是要使人们摆脱恐惧（die Furcht），树立自主"。"启蒙就是彻底而又神秘的焦虑（Angst）。"②焦虑、恐惧的启蒙主体怎样对待启蒙对象，被启蒙的对象如何被主体归置才能促使启蒙主

---

① 参见 Max Horkheimer，Gesammelte Schriften，Band 12，Fischer Verlag Frankfurt am Main，1985，S. 456.

② Max Horkheimer，Gesammelte Schriften，Band 5：*Dialektik der Aufklaerung und schriften* 1940-1950，Fischer Verlag，Frankfurt am Main，1987，S. 25，S. 38. 参见［德］霍克海默、阿多诺：《启蒙辩证法》，渠敬东、曹卫东译，1、13 页，上海，上海人民出版社，2003。（以下分别简称 MHGS Band 5 和《启蒙辩证法》）

体克服焦虑与恐惧？

尼采早就指出，把某些陌生的东西归于某些已知晓的东西上，使人感到轻松、满足，此外还会使人获得一种权力感。伴随着陌生之物的是危险、不安、忧虑，而人们的第一个冲动就是消除这种令人难堪的状况。冲动其实也就是由恐惧感决定和激起。如何才能解脱、放松、平静下来？反正，"新的、未经历过的、陌生的事物，被作为原因排除在外。——也就是说，被寻找的不是某种作为原因的解释，而是某种被挑选的和受偏爱的解释，借助这种解释，陌生的、新的和未曾经历过的感觉，能够最迅速和最频繁地得以清除，——最通常的解释"①。按照尼采的解释，道德和宗教都属于幻想原因的范畴，是对不快感的解释，是应对敌对生灵的某种策略，我们可借此获得宁静、坦然、充实和强大。

虽然霍克海默与阿多诺把奥德修斯看作"西方资产阶级最早的一个原型"，但严格而论，处在崇尚、依赖神灵阶段的人（即便是英雄们）还没有真正地克服焦虑与恐惧，"众神无法使人类摆脱恐惧（Furcht），因为他们为人类带来了惊诧之声，就像他们的称谓一样。人类也只能假想惟有在其无所不知之时，方能最终摆脱恐惧（Furcht），获得自由"②。同一性、抽象、宰制、命令，就这样进入了克服恐惧的策略名单之中。在这个策略中，对一些东西的肯定伴随着对另一些东西的否定，对一些存在生命的肯定伴随着对另一些存在死亡的肯定。这就是"每个生命都以

---

① Friedrich Nietzsche, *Sämtliche Werke*, KSA Bänden 6, S. 93.

② MHGS Band 5, S. 38. 参见[德]霍克海默、阿多诺：《启蒙辩证法》，渠敬东、曹卫东译，13页，上海，上海人民出版社，2003。

死亡为代价，每种幸福都连带着不幸"。

无所不知才会消除焦虑，摆脱恐惧。可我们面对的自然界无限丰富多样，而且千变万化，如何才能无所不知？

看来，认识之知必得根据外在对象与我们关系的远近、密切程度而采取不同的策略，对纷乱复杂现象进行选取。与自己生活密切相关的存在物，其细微的差别，都可能直接影响自己的生活，所以对它们的认知往往需要采取非常具体、细微的方式。这些存在物身上的一点点差异都被记忆下来，有一点差异的东西都可能分别标以不同的名称。而离他们的生活很远，对生活无甚影响的众多存在物，由于很少打交道，很多、很明显的差异都会被忽略，并用一个名称统一称呼它们。阿拉伯语中关于不同品种、年龄和性别的骆驼有 40 多个术语。可见他们对这种动物有多么重视。生活环境中不跟骆驼打交道的人根本不会关注任何一点变化，甚至不会觉察出来的骆驼的差异，都会被沙漠地区的人们放大为一个单独的类别，一个需要专有名词专门描述的类别。① 一个专有名词就意味着一个涵盖范围大小不一的概念的诞生。在霍克海默与阿多诺看来，概念的诞生意味着记忆的选取和稳固化："如果把死亡赋予生命，幸福就会变成物质，这样，也就必然会产生清晰的记忆、稳定的认识、宗教的或哲学的观念，简言之，就是概念。"②概念标志着推远、封存、凸显等环节的完成，也标志着撇开个性与特殊性等认识环节的完成。

---

① 参见《参考消息》2010 年 1 月 22 日 6 版报道，原载英国《泰晤士报》2010 年 1 月 21 日。

② ［德］霍克海默、阿多诺：《启蒙辩证法》，渠敬东、曹卫东译，282 页，上海，上海人民出版社，2003。

于是,在认清存在物,消除恐惧的过程中,如果涉及事物过多,无法认清杂多事物的具体差异,人们就只能做一个普遍的、大概的把握。而且,由于这种差异较大,大概的把握方式也不会明显地即刻影响认知主体的生活。于是,对具体差异的忽视就会导致同一性认知的发生。值得注意的是,这种同一性逻辑的发生常常与认知主体所在的生活世界的秩序的强化密切相关。外在的危险引发的恐惧有助于生活世界内的群体团结和相互认同,并引发对异己者的仇视和排斥。沙马兰(M. Night Shyamalan)在 2004 年的电影《神秘村》(*The Village*)中描绘了一个村落,由于这个村落外面的丛林里生活着可怕的猛兽,村民们为了安全建立了自己的社区,完善了规章制度,更加紧密团结在一起。但这种外部威胁带来的团结与秩序也造成个人的压迫。正如史文德森所说:"《神秘村》表明:向人们灌输对于'外界'的恐惧,有着强大的压迫力量。确实,这种恐惧维持了村庄作为一个契约团体的安全,但代价却是对个人自由的极大限制,而且导致人们长期生活于慢性的恐惧中。"[①]

影片说的是 20 世纪的事情。不过这个故事的主题,跟《启蒙辩证法》所讲的自奥德赛到 20 世纪法西斯主义的西方文化故事的主题非常类似。无疑,20 世纪这样的"村庄"应该已经很大了。存在可怕猛兽的村外丛林,也往往距人类世界很远了。不过"9·11"重新把这种"野外猛兽"拉到人们跟前来。焦虑与恐惧重新降临人间,成为国家政治生活与百姓日常生活的重要题材。

---

① [挪威]拉斯·史文德森:《恐惧的哲学》,范晶晶译,124 页,北京,北京大学出版社,2010。

主体化作为克服对象引发的恐惧之方案，其实有多种方式。

第一，把世界数理化，设想外在于我们的那个世界是一种合乎严密规则甚至可以用数学符号逻辑说明的世界，在完全合乎规则地运行着，它是不必担心、不必恐惧的客体对象。这不就是恐惧的解除吗？在这里，数学逻辑化不就是一种克服恐惧的有效手段吗？

> 科学就是不断重复，它被精确化为可以观察到的规律性，被存留为一成不变的定式。数学公式就像原先的巫术仪式那样能够成为一种有意识的不断还原，一种对戏仿的最高级的证明。技术为了促进自我的生存，也不再像巫术那样能够通过对外在自然的身体模仿，而是通过大脑的自动运作过程，通过将其转变成一种盲目的循环，来完成逐渐死亡的过程。……所有存留下来的对自然的适应力也只不过是对自然的冷酷无情。①

近代主体性哲学采取的就是这样一种方案。阿多诺认为，外物就是呈现的结果，而且是呈现给唯一具有确定性的主体的结果。主体是保证这种呈现确实可靠的根基和依托。只有归结到主体这里，被归结物、被呈现物才是可靠的。比如对康德来说，必须把先验自我作为知识和现象的极点，从而，存在才是被表象的状态（Vorgestelltheit）。② 只有经过主

---

① ［德］霍克海默、阿多诺：《启蒙辩证法》，渠敬东、曹卫东译，203 页，上海，上海人民出版社，2003。

② 参见孙周兴：《后哲学的哲学问题》，37 页，北京，商务印书馆，2009。

体的认定，才是可靠的，否则就是不可靠的迷信。

第二，其实，把世界数理化必然导向对它的统治。与笛卡尔的策略不一样，阿多诺与霍克海默认为，必须通过与他者的接触才能确立主体自我，主体总是与权利、权力、占有、斗争连在一起的。在这个意义上，男人才是主体：

> 男人则必须走出家门，融入一个充满敌意的世界，不断斗争，不断进取。女人没有自己的权利，不是一个主体。……千百年来，男人们总是梦想去获得对自然的绝对占有权，把整个宇宙变成一个大猎场。[①]

而希特勒对付犹太人的策略也是典型的惧怕—遏制—扼杀—心安（空虚）的路子："法西斯主义并不把犹太人看做是少数民族，而把他们看做是敌对种族，看做是消极原则本身的体现。只有灭绝这个种族，才能保证世界的幸福。"因为这个种群"的愿望就是不惜一切代价地拥有所有财产，摄取无限权力"，就是成为统治者。[②] 犹太人是统治者的代名词；反对和消灭犹太人也是出于对犹太人统治的惧怕与担心而采取的反向措施，其目的一样是获取统治权。双方都是统治哲学的信奉者和实践者，都在争当这个统治者或主体！"理性连同统治一起仍旧建立在苦难的基础上。在攻与守的盲目较量中，迫害者与他的受害者都属于同一个

---

① ［德］霍克海默、阿多诺：《启蒙辩证法》，渠敬东、曹卫东译，282 页，上海，上海人民出版社，2003。

② 同上书，188～189 页，上海，上海人民出版社，2003。

不幸的阵营。反犹主义行为方式是在因为被剥夺了主体性而变得盲目的人重新获得主体性的情况下出现的。"①迫害者与受迫害者都是为了获得主体性和统治权力。因此，反犹主义是一种精致的图式，也是一种文明仪式。这种精致的文明图式隐含着无边无际的仇恨，不断寻找着憎恶的对象。通过露骨的反对摧毁（对不听话的殖民地野蛮人，以及犹太人等）和温和的统治改造（对自然和本国公民），通过这些憎恶对象和仇恨对象提供的靶子，以及对这些靶子的制服，统治者获得了满足感。这种满足体系不断地、持续地需要这些对手，主体需要不断地持续地制服他们，通过使他们就范而获取主人感、满足感。阿多诺指出，尽管如此，这种谋求统治的意识形态还在不断寻找更合理美妙的理由，比如"发展生产"带来的无上光荣。但这些掩饰的还是统治支配：资产阶级反犹主义的形成具有一种极为特殊的经济原因——用发展生产来掩饰统治支配。在这种反犹主义之中，存在着一种坚定的主体论和进步论：把历史推向前进，承担美好未来创造者的主体，为了进步，势必要把阻挡者击溃，"犹太人也必须为一个新的人类种族让开道路，而这个种族正在把生意抬高到一种绝对的高度"②。

现代人也是如此，只是没有这么露骨和明显地表现出来而已。作者的意思显然是，希特勒就是主体的极端发展和体现。惧怕—遏制—扼杀—心安就是主体性哲学发展下去的必然逻辑，为此必须加以制止和调整，否则人类主体性的结局就是悲惨的毁灭。

---

① ［德］霍克海默、阿多诺：《启蒙辩证法》，渠敬东、曹卫东译，191页，上海，上海人民出版社，2003。

② 同上书，194页。

　　第三，与此不同的另一种主体化策略是，把我们不得不与之相处的世界构造为一种"怪异""低级"的世界，构造成低于我们主体之人的世界以及无灵的能量世界，从而显得我们是高贵的存在，我们不屑于与这个低等级的能量世界为伍，更不屑于向它看齐，这可能是更露骨的一种主体化策略。通过这个策略，外在世界直接被主体弄得无价值无高度了。灵知主义就采取了这样的策略。

　　贬低作为恐惧对象的那个世界，把它当作低于我们主体，我们主体对它不屑一顾，只有在维持我们的生命时才有用而对提升我们的生命没有什么意义，就可以应对这个本来对我们散发出恐惧的世界，使它在我们面前就范，乖乖向我们投降。

　　以上三种策略的共同特点是，主体自我才是根本可靠的，才是确定无疑的，才是真实、纯粹、有高度、有意义的。而外部世界都不值得被尊重，不值得被崇敬。身处这个世界就是深陷异化。从而，只有控制、支配这个世界，才会消除异化，成就自己。

　　其实，以上三种策略都是在深层恐惧表现出来后对付恐惧对象，消除深层恐惧的手段。想尽一切手段让对手就范，本来就是害怕对手、畏惧对手、担心对手高过自己的表现。为了让这种可能不会发生，主体便发明出上述手段约束住对手。显然，这些手段都是主体性的手段，即都是主体自己主动采取的，而且都是通过首先内在地改变自身而不是外在地改变对象而进行的。

　　按照这种主体化的思路，抱着焦虑与恐惧的心态，很容易走向如下道路：切断与世界的感情联系，冷静地对待这个世界，由此才会产生出主体性姿态。而这种姿态也就是某种意义上的"冷酷无情"。主体的冷酷无情导致（他所解释的）"自然"的冷酷无情。借用张新樟的话来说就是：

> 自然的冷酷无情还意味着自然不指向目的。目的论从自然原因的体系中排除出去了，而自然本身是无目的的，它不再为可能的人类目的提供任何支持。一个没有存在物之内在等级体系的宇宙，正如哥白尼的宇宙那样，使得价值失去了本体论的支持，自我对于意义与价值的追求不得不完全地依靠自己。意义不再是发现的，而是被"赋予"的了。①

另外，还有第四种策略。

真正不害怕对手的策略，就是放行对手的自然行为，就是有足够的办法和自信使对象按照自身逻辑运作的状态，相信自己完全有能力在这样的状态与结果面前保持和发展自身，而不构成伤害和阻滞；相信自己能够与对象和睦共处，而不是时时处处担心对方的一点动作都存在伤害自己、阻碍自己的可能，都具有伤害和阻滞自身的功能。真正的壮大和伟岸不是处处提防和约束对方，而是尊重对方，给对方自由发展的自然空间，在与之和睦共处中坦荡行事，在不伤害多样性存在的关系状态中保持自己的特色与伟岸。这样的特色与伟岸不一定是按照自己设定的某种标准高于对方，而是从很多标准来看都让对方尊重，都让对方觉得你是伟岸的、值得尊敬的。置对手于死地式的"战胜"不是最高的伟岸境

---

① 张新樟：《诺斯、政治与治疗——诺斯替主义的当代诠释》，70 页，杭州，浙江大学出版社，2008。

界，而是明显深藏着恐惧的非至高境界。在这个境界上的存在者主体，仍然是不够强大和伟岸的、不够内在充盈的，而确实是内在空虚和恐惧的主体。不给对方以发展自由的扼杀性姿态，不是高姿态，而是限制自身发展和成长的低姿态。处在这种姿态中的主体，显然仍然是发展不够充分的、外强中干的主体。

这大致也就是霍克海默与阿多诺所期望的"和解"，尽管有些理想化。

五、结论：焦虑、恐惧与统治的轮回

由于焦虑、恐惧外物而力图归置、认知、把握、支配、改造外物，人们越来越依靠理性化的系统。这个兼具技术性能和社会制度功能的系统，为了追求自己的强大和有效，也在按照自身已经形成的固有逻辑不断扩展着自己。问题在于，这个自我扩展的逻辑与已经分化的主体的要求产生了差异。这个自我扩展的逻辑显然无法关照并满足所有个人。它能够有限关照和满足哪些人？是抽象的普遍人，还是特定的阶级人，抑或其他类型的特定人群里的人？对于那些追求个性实现的个体来说，甚至对于那些按部就班地追求自由的人来说，他们依靠和借助的这个"系统"太强大了。在系统发出的要求面前，人们没有什么讨价还价的余地，甚至没有讨价还价的资格与能力，而往往只能按照系统的要求按部就班地去做。于是，为了消除对外在陌生他者的焦虑与恐惧而致力于归置、认知、把握、支配、改造外在，最后却引发了主体对理性化、物化、物象化系统的越来越严重的依赖，引发了不甘心被系统支配的个性化、人性化，以及对越来越威力无穷的"系统"的焦虑与恐惧：日趋合理化的"系统"本来是主体借以对付外在并消除焦虑与恐惧的中介、手段，现在却发展成了引发焦虑与恐惧的伽达默尔所说的"巨大的异在"（riesigen Fremde）。焦虑、恐惧重新回来了。

由于无力对抗"巨大的异在"，就很容易由恐惧走向厌憎：在理性化的背景下，秩序的强大使得无奈的个体更加无爱，更加淡漠、冷漠甚至莫名其妙地憎恨。

> 监狱就是资产阶级劳动世界的终极形式；人们对自己可"欲"不可求的一切都充满了憎恨，这种憎恨把监狱形象塑造成了这个世界的象征。脆弱而又迟钝的个体，必须去忍受生活的秩序，其间，他发觉自己根本没有爱的情感，只有一种发泄在自己身上的内倾的暴力。……犯罪行为的共同特征就是心胸狭隘，自私自利，而且具有强大的破坏力。①

某种意义上，典型的现代人就是带有这种犯罪倾向的人：他们对大量的他者无爱，对更多处于遥远状态的他者持一种冷漠甚至厌恶的态度，而且为了自己，为了当下，自私自利地利用他们，视之为工具和手段，而不尊重他们的生命权利、特殊性以及个性存在品格。把他者视为

---

① MHGS Band 5 S. 257，《启蒙辩证法》，257 页。

无生命的材料性、工具性存在,忘却本来具有生命的这些存在的权利及其被当作工具对待所产生的痛苦,构成了许多科学的先验条件:

> 记忆的丧失正是科学的先验条件。一切物化过程都是遗忘过程。①

切断与被判为工具性他者的生命存在的有机联系,及其对此的记忆,就构成了理性(科学)地对待理性工具他者的先验前提。这就是"生命必须被毁灭,宇宙也必须化作尘埃,变成一种抽象的力量"。与此相适应,人也被规定为"还原为一种物质实体",身体不再成为肉身,而成了"一具尸体"。② 一切都成了一项伟大工程的工具和材料,这项工程依靠的是日益庞大和理性化的系统。这个系统的复杂化和进步性使得个人无法与其对抗,个人不得不成为它的奴隶与工具。在这个系统面前,力图表现自己实现自我的人,不得不感受到一种无名的焦虑(Angst)。这就是焦虑的轮回。

在这种焦虑的轮回中,主体既是作为内在的焦虑者又是作为外在的统治者面目出现的。从外观上看,主体就是统治者:

> 这样,主体同时既肆意泛滥开来,又不断衰落下去。它把自己

---

① MHGS Band 5 S. 262,《启蒙辩证法》,262 页。

② 参见[德]霍克海默、阿多诺《启蒙辩证法》,渠敬东、曹卫东译,266、268 页,上海,上海人民出版社,2003。

的内涵不断施予给了外部世界，然而事实上，这只不过是一些彻底的虚无而已：即是那些言过其实的手段、关系、阴谋诡计，或者一些不带一点儿思想观念的盲目的实践。而统治本身，即使作为绝对法则，本质而言也只不过是一种手段，它在随心所欲的投射中同时成为了自身的目的和外在的目的；实际上，它就是这样的目的本身。①

在人对自然的抗争、人类族群内先进种族对原始种族的抗争，以及病态的强势个体对其他个体攫取权力和实施迫害的行为中：

> 主体都占据着中心地位，而世界只不过是为主体的癫狂提供了机会；世界变成了将一切事物投射其上的软弱无力或无所不能的总体概念(Inbegriff)。偏执狂(Paranoiker)在牢骚不断中表现出来的反抗力量，只不过是毫无还手之力的结果，是时刻周缠其身的空虚。②

霍克海默与阿多诺由此指出，力图占据中心地位、迫害对手的那个主体，实际上是个偏执狂。在他的眼里、心中，就只有自我，他所做的一切，只是把自我投射出去。于是，他的世界不是自我的表现，就是自我的塑造。而这样的主体自我就势必是一种抽象自我：

①　MHGS Band 5 S. 220,《启蒙辩证法》，213 页。
②　MHGS Band 5 S. 220,《启蒙辩证法》，213 页。

正因为偏执狂只是把周遭世界仅仅感受成为一种与其相关的盲目目的，所以他只能不厌其烦地重复自我，而他的自我也已经丧失了自然属性，成为一种抽象自我。赤裸裸的权力模式的支配对象包括正在衰落的自我，它把提供给它的以及包含着它的一切都牢牢抓在手中，并将其变成神话的虚构，而不在乎它有怎样的特殊本性。永远同一的封闭怪圈，变成了万能的替身。①

这个主体自我有以下三点特征：第一，否定特殊性和个性的同一性，因而是抽象的；第二，客体也是自我的投射，也是自身的表现和塑造；第三，统治欲望的强烈。于是，在其身外剩下的只是自我持存的纯粹手段。在这种统治欲望的背后，存在者可怕的冷漠和极度自傲反映着他的软弱，更直接反映着自己缺乏"深层的爱和充满和平的自由"：

入木三分的凝视和冷漠淡然的凝视，昏昏沉沉的观望和漠不关心的观望，实际上并不轩轾；在这两种情况下，主体都烟消云散了。……如同他专横跋扈的举止实际上没有一丁点创造力一样，他也魔鬼似的失去了他所强占的原则的品质：即深层的爱和充满和平的自由。他就是以强制来驱动的恶魔，然而他的力量却又是如此虚弱。如果说神圣的权力能够带来创造作用，那么恶魔的权力相反却能使一切事物变得软弱无力。**这就是统治的秘密所在**。对自我的强

① MHGS Band 5 S. 220，《启蒙辩证法》，214 页。

行投射作用只能反映出自己的不幸——这正是由于它缺乏自我反思，并割断了自己特有的基础而造成的。这种虚假投射的产物，以及思想与实在的僵硬模式，都不过是罪恶的产物。正因为自我跌入了自己设定的无意义深渊，对象也就变成了包含着自身堕落意义在内的毁灭的寓言。①

看来，**主体解释学解释了"世界"何以如此的秘密**。主体对他者的疏离感与陌生感才是《启蒙辩证法》主体观解读的秘密和出发点。这个世界没有人情味，一切都成了统治和控制的对象，一切都成了可用的工具。冷漠——人对自然客体的冷漠，成为这个世界的基本面貌，基本感受。

为什么主体与对象的关系蕴含着攻击、压制、支配（宰制）、统治，也就是一种对外在对象的焦虑或恐惧？这里的关键是，焦虑、恐惧着的主体是何种主体？是怎样的主体？而焦虑和恐惧的对象是什么，是不是真的值得恐惧？焦虑和恐惧是否真的在危害、敌视主体？

在我看来，以上问题可以在弗洛伊德的《精神分析导论》中找到隐藏的答案。在弗洛伊德肯定了焦虑与害怕的内在关联（"凡是有焦虑出现的地方，则必定有所害怕的东西"；"焦虑的产生是自我对危险的反应和逃避之前的信号"②）之后，对我们来说，问题的关键就是：第一，这种焦虑是否危险，威胁人的生存？第二，焦虑的主体有何特点？第三，焦虑的对象抽象化了，丧失了具体性后，是不是就很容易转移到不了解的某

①　MHGS Band 5 S. 222，《启蒙辩证法》，215～216 页。
②　参见《弗洛伊德文集》第四卷，237～238 页，长春，长春出版社，2004。

种对象身上，而不管这对象是否真的危害主体，是否真的对自己构成威胁？

弗洛伊德区分了现实的焦虑与神经症的焦虑两种（蒂利希后来的说法是"存在性焦虑"与"神经性焦虑"，前者是哲学、神学探究的主题，后者是病理学探究的主题）。对前者，他曾举出儿童害怕陌生人的例子进行说明。儿童害怕陌生人并不是因为陌生人会对儿童不怀好意，而是由于儿童将自己的弱小跟陌生人的强大相对比，以为他们会危及自己的生存、安全和快乐。弗洛伊德认为不能把这种害怕解释为"儿童缺少信任和害怕支配世界的攻击本能"，而是因为他已习惯于熟悉和可爱的面孔——特别是母亲。正是由于他的失望和渴望转变成焦虑——实际上，他的力比多既没有使用，又不能久储不用，于是他的情绪就以焦虑的形式得到发泄。这个情景是儿童焦虑的原型，是出生时——与母亲分离时，原始焦虑的再现。力比多受到压抑，就会转变成焦虑。在弗洛伊德看来，"儿童与情境有关的首要恐怖是对黑暗和独居的恐怖……儿童的恐怖不仅是后来的焦虑性癔症所表现出的恐怖的原型，而且还是它的直接的先导"[①]。撇开焦虑与力比多的联系不论，显然，儿童因害怕陌生人引发的焦虑虽然属于正常的"现实的焦虑"，却也包含着"不现实的"因素：陌生人不可能都那么熟悉和可爱，如果因此而焦虑，或去努力找熟悉的"替代品"（至少不感到可怕，有起码的安全感），那显然包含着对日后影响深远的情感倾向，包含着与《启蒙辩证法》颇为一致的思考倾向，当然，也包含着引发神经症焦虑的潜在种子。我们感兴趣的是，在与陌

---

① 《弗洛伊德文集》第 4 卷，240～241 页，长春，长春出版社，2004。

生对象的关系中，对焦虑、恐惧对象的情感态度，关于对象的知识却不是关键。因为只要害怕还蕴藏在主体与对象的关系背后，主体为了消解焦虑与恐惧而对对象采取的态度，就直接影响着关于对象的知识获取的角度、旨趣和类型。为了以控制、支配的形式消除主体设想的对象对自己的"危害""敌对"，以获取安全感，就必须致力于发现对象身上那些有益于建立主体的统治、支配的"知识"，这种知识肯定是有助于完成支配的因素的，如必然性、稳定性、规则性等。所以，由于受焦虑、恐惧的左右，与支配、权力密切联系在一起的知识才成了主体兴趣的关键和中心。在这个意义上，就像弗洛伊德所说的那样，焦虑意味着对外在世界的知识和权力，一种与特定的情感倾向（通常被掩盖起来了）联系在一起的知识与权力。这种蕴含着问题的情感倾向体现在，主体自我对外在世界不信任，视之为某种威胁，或者某种恐惧。而且，隐含着威胁的存在物不是具体的哪一种，也不是具体的哪一类，而是无名无状的、被抽象泛化的存在物。任何陌生存在物，都成了焦虑的对象。

这正如吉登斯所概括的："焦虑实质上就是恐惧，它通过无意识所形成的情感紧张而丧失其对象，这种紧张表现的是'内在的危险'而不是内化的威胁。我们应该把焦虑的本质理解为一种无意识组织起来的恐惧状态。"①

在超我的压力下，自我规划出具有侵犯倾向的意愿，是一种对外部世界的精神宣泄。如果自我内在不健康，盲目向外投射，"世界"也将变

---

① ［英］吉登斯：《现代性与自我认同》，赵旭乐等译，49页，北京，生活·读书·新知三联书店，1998。

成一种冰冷的秩序体;如果自我对外寻找的是富有信任、温情甚至提供依偎和保护的亲密存在,而一旦不满足就被判定为富含威胁、危险的存在,那么,"世界"的无情、冷酷、效率、功能,无非是"自我"投射的某种结果。迫切需要某种外在世界满足自己的"自我"才是"世界"样态的投射者。"自我"的情感需要由此产生的情感态度才是外在"世界"存在性质的基础和关键。如果进一步严重化或者极端化,主体的焦虑就会从现实性向精神病态性转化,跃出正常范围而产生危害。在霍克海默与阿多诺看来,西方文化源头中就隐藏着的尚属正常范围的"焦虑",发展到近代特别是到了法西斯主义这里,就不折不扣地成了病症。在其中,主体自我针对外部世界所释放的宣泄,在客观化的大幕背后,"包含了一种主观目的的绝对专制,这种目的与事物相对立,并忽略了事物的本身,最终把暴力行为付诸了实践"①。法西斯主义就是它的一种极端化发展。反犹主义是启蒙的必然结果。恐惧、冷漠、疏离感正是当时的霍克海默与阿多诺解读资本主义处境的现实背景。

张新樟在分析诺斯替主义时所说的这段话也许就能较好地反映霍克海默与阿多诺的心境:"他的意识只是使他成为这个世界的外人,并且在每一个正确的思辨行为中述说这种严酷的陌生感。这就是现代人的精神处境。"②这个"他",在当时的霍克海默与阿多诺的眼里,是一个无名的、抽象的"他",早在《奥德赛》与《伊利亚特》时代就以某种方式出现、登场了。奥德修斯已经具有了这个"他"的诸多特征。而后,特别是进入

---

① MHGS Band 5 S. 223,《启蒙辩证法》,217 页。

② 张新樟:《诺斯、政治与治疗——诺斯替主义的当代诠释》,69 页,杭州,浙江大学出版社,2008。

西方近代之后，这样的"他"突然增多，并批量出现。当然，最露骨、最极端、最疯狂的"他"，就是法西斯主义者，特别是希特勒。在霍克海默、阿多诺对这种启蒙主体稍显夸张的解读中，深藏着对沦落为统治者的自我主体内在性的揭露，对本欲消除焦虑与恐惧反而招来另类焦虑与恐惧的洞见，对主体自我需要内在转型的呼唤。主体自我的奥秘是内在性，仅仅从外在、交往中探寻解决主体自我难题的药方，是不够的甚至肤浅的和无效的。在这个意义上，我觉得，哈贝马斯对霍克海默、阿多诺的批评，以及他由此提出的交往理性新方案，即使不是更为肤浅和简单的，也是不深刻和偏颇的。以主体间性取代主体性，语言哲学取代主体性哲学，社会交往取代内在性，尽管不是错误但也充满单纯的幻想。

启蒙与焦虑：以《启蒙辩证法》为核心的分析

按照通常的观点，现代中国虽历经两次启蒙，但至今却仍未完成启蒙。中国启蒙的顺利完成需要充分吸收西方启蒙自我反思的众多成果。在西方启蒙多次的自我反思中，霍克海默与阿多诺的《启蒙辩证法》一书无疑在最深刻、最激烈、最有代表性之列，尤其值得我们吸收借鉴。

启蒙历来意味着遵从理性，追求进步的思想文化运动。如果非要对启蒙进行一种情感阐释，启蒙的情感想必表现为洞察一切之后的冷静、平静，一种克服了焦虑与恐惧，理解了对象，而非对怪诞大惊小怪的淡定与从容。按照传统的理解，凭借自足的理性，启蒙不但与任何不良的情感无缘，更与崇拜神灵的宗教对立。情感、情绪、信仰都是启蒙力图遏制和约束，甚至革除和反对的东西。只有在自身中约束住、清除掉它们，启蒙才能确立其自身。可是，《启蒙辩证法》

提醒我们，真实的境况并非如此。相反，启蒙恰恰开始于一种浓浓的情感——深层的焦虑和恐惧，"启蒙就是彻底而神秘的焦虑"①。启蒙理性就是解除焦虑与恐惧的手段，而且这种手段中必然蕴含着对客体对象的支配，对个性、特殊性的宰制。考虑到该书所说的"启蒙"并不仅仅是一般所谓反对占统治地位的神学观点的近代启蒙，而更是一种推崇理性精神、与神话学对立、自从古希腊以来就与神话斗争的哲学思想——在这个意义上，哲学作为同谬误、信仰的斗争总是一种启蒙。② 对西方启蒙的这种反思，不但涉及对启蒙的情感基础，对哲学与宗教的深层关系的进一步思考，更进一步涉及对西方文化以及西方哲学精神的反省。③ 由此，我们从《启蒙辩证法》关于启蒙源自一种神秘焦虑这一不同凡响的见解出发，予以探讨。笔者认为，启蒙与焦虑（及恐惧）之间的内在联系，构成了《启蒙辩证法》的核心思想所在，也是该书的突出贡献所在。

---

① MHGS Band 5，S. 25，S. 28，《启蒙辩证法》。1、13 页。《启蒙辩证法》中文版中把 Angst 和 Furcht 都译为"恐惧"，而《存在与时间》则分译为"畏"与"怕"。我们把前者改译为"焦虑"，后者仍译为"恐惧"。同时，如果遇到 Schrecken、Grauen、Erschrecken、Terror、Horror 等词，我们一般译为"惊恐""恐怖"等，以示区别。

② 参见 Max Horkheimer, *Gesammelte Schriften* Band 13，S. Fischer Verlag，1989，Frankfurt am Main，S. 571.

③ 由此我们想到阿拉普拉和梁漱溟。[美]J. G. 阿拉普拉认为，西方意识的主流是一种"焦虑型"，是从焦虑角度观视现实的；而印度意识的主流是平静型的。参见其著作《作为焦虑和平静的宗教》，华夏出版社 2000 年版。梁漱溟先生认为，西方文化关注的中心是人与外物世界的关系，力求取胜于外物的世界；中国文化思考的中心是人与人的关系，而印度文化关注的中心是人对自己的关系。高度依次不断提高。

一、启蒙、主体化内含的焦虑与恐惧

　　启蒙的信念之一就是人具有自立自足性，即人具有凭依固有的理性面对纷乱世界而傲然自立，并通过内在潜能克服各种困难并把握自己命运的能力。在这个意义上，人具有一种尚未严格定义的"主体性"。与广义"启蒙"相对应的广义"主体"，在希腊神话人物中就已经显露出来："许多神话人物都具有一种共同特征，即被还原为人类主体。俄狄浦斯对斯芬克斯之谜的解答'这就是人！'，便是启蒙精神的不变原型……"①《启蒙辩证法》没有严格地探讨主体性的哲学起源，而是比较含混地使用"主体""主体性"这些概念。阿多诺后来曾经在《主体与客体》一文中解释说，如此使用"主体"与"客体"的观念会引起某种混乱；给出一个精确的定义可以避免混乱；但同样会"陷入一种理论上的困境"，所以，"在某种程度上主体和客体的概念——或者确切地说，它们所表示的东西——先于一切定义优先考虑。下定义意味着从主观上利用固定不变的概念去捕获某种客观的东西，不管它本身可能是什么样的东西。因此主体和客体是难以给它们下定义的。为决定它们的涵义所要考虑的东西，恰恰是定义为了概念的灵活性而需省略的东西"②。这种灵活的"主体"，使自主客体尚未分化的史前状态诞生。而这种状态就象征着"对自然界恢恢天网的惊恐"。恐惧首先是对自然存在的恐惧。力求成为主体的人非常

---

　　①　[德]霍克海默、阿多诺：《启蒙辩证法》，渠敬东、曹卫东译，4 页，上海，上海人民出版社，2003。

　　②　Theodor W. Adorno, *Gesammelte Schriften Band* 10・2, *Kulturkritik und Gesellschaft* Ⅱ, Suhrkamp Verlag Frankfurt am Main, 1977, S. 741-742. 中文翻译参见《法兰克福学派论著选辑》，208～209 页，北京，商务印书馆，1998。

矛盾，从而丧失自我，归于自然，虽然自然令人恐惧的同时也使人获得莫名的幸福。成为同一的自我，就必须放弃自然存在的直接性，但这种自然存在仍然保留在其内心深处不可能被消除。成为主体也摆脱不了恐惧，因为同整体分开，又害怕与整体不统一，独自承担不起自己，自我往往需要某种他者的关系才能支撑得住，才能获得认同或自我确认。而这种独自承担就势必带来某种恐惧，倒回到无定形的不同一的恐惧，即死亡之恐惧。这样，与笛卡尔的一般主体性考察不同，霍克海默与阿多诺在史前人类"通过同整体分离来突出自己，从而达到构建自我"的做法中把主体性考察追溯到了史前时期。按毕尔格的看法，这是霍克海默、阿多诺把没有历史维度的海德格尔存在论变成历史哲学的结果，即存在分析变成了主体的生成。[①] 奥德修斯约束自己的情感和愿望，施展计谋战胜巨人和自然，成为一个与自然和他人打交道时使用诡计的理性人，成为"西方资产阶级最早的一个原型。核心概念是牺牲和放弃"[②]。这种形象的保持必须压抑自身内部的本能欲望，但压抑意味着恐惧，即可能导致自我解体的恐惧，因而被压抑的东西仍然存在着。这样，主体的诞生史中就蕴含着深层的恐惧。霍克海默与阿多诺指出了恐惧对于主体思考的不可分离性和重要性：（对客体世界的）依赖、害怕等主体化引起的负面东西与（对客体世界的）统治、引导等主动性的东西结合在了一起。这是主体性图式的永恒特点。这是其一。

---

① 参见[德]毕尔格：《主体的退隐》，夏清译，10页，南京，南京大学出版社，2004。

② [德]霍克海默、阿多诺：《启蒙辩证法》，渠敬东、曹卫东译，前言5页，上海，上海人民出版社，2003。

其二，主体化过程中主体与客体对象的距离，成了考察焦虑与恐惧的一个关键之点。

根据达马西奥的研究，（背景）感受与情绪先于推理，是生物机制的表达，是更容易发生和更直接出现的东西。它们不但是理性发生和发展的基础，其缺失和受损也不利于理性的发挥。"情绪和感受是生物调节机制的明显表达，如果没有生物调节机制的引导，那么，无论是在进化过程，还是对任何独立个体而言，人类的推理策略都不可能发展起来。"①事实并不像以前所认为的那样，（背景）感受、情绪与理性之间存在冲突关系，只有约束和遏制它们才能有利于理性的发挥。相反，情绪与感受的缺失、受损害才会明显对理性造成严重伤害。而恐惧作为五种最基本的情绪之一，与理性具有内在的复杂关联。

霍克海默与阿多诺在《启蒙辩证法》中就坚持一种启蒙理性与基本情绪不可分的观点。他们感兴趣的是，在主体与客体的关系中，两者的距离对焦虑与恐惧的主要影响。

不管是在主体诞生之前还是之后，恐惧总是伴随着人的。阿多诺曾在《主体与客体》一文中说道："主体形成之前的未分化状态是对自然界恢恢天网的惊恐（Schrecken）。"②在《启蒙辩证法》中，主体的诞生及其对焦虑与恐惧的影响更令作者感兴趣。显然，主体的个体化，更加凸显了

---

① ［美］安东尼奥·R. 达马西奥：《笛卡尔的错误情绪、推理和人脑》，毛彩凤译，2 页，北京，教育科学出版社，2007。

② Theodor W. Adorno, *Gesammelte Schriften Band* 10·2, *Kulturkritik und Gesellschaft* Ⅱ, Suhrkamp Verlag Frankfurt am Main, 1977, S. 743. 中文翻译参见《法兰克福学派论著选辑》，209～210 页，北京，商务印书馆，1998。

他的焦虑与恐惧。焦虑其实更来源于主体性的觉醒：是自我与外物分开，自我的确证需要自己探寻来完成，需要自己找到本真之所在，因而万物可能皆是虚无的那种沮丧感和孤独感，才产生了一种危机意义上的焦虑。霍克海默与阿多诺指出，主体性的确立以主体与客体的距离为前提，这个距离"是抽象的前提，它是以占有者与其通过占有物而获得的事物之间的距离为基础的"①。在历史上，这个距离是以主人通过所支配的东西获得的与事物的距离为基础的，也就是说，必须保证危险之物与主人之间保持足够的距离，以使危险远离主人。距离是遏制焦虑与恐惧的第一关，然后才是对客体事物的认知、了解、把握、归置、支配这些进一步遏制和革除焦虑与恐惧的手段。财主在他的城堡周围安排许多仆人，夜晚有灯亮，他才能安然入睡。他对周围世界保持足够距离，他能够命令外在世界的等级秩序，他才能有安全感。霍克海默与阿多诺眼中的"主体"，与躲避恐惧和焦虑以及理性、认知、命令、支配内在相关。主人、男人更符合这种主体的实际形象。

我们知道，陌生人近距离的靠近往往会引发主体的恐惧。但社会运动中密集的群众认同却能消除这种距离感和恐惧感，同质化的主体能消除距离引发的恐惧。不过，在正常情况下，通过调节距离来消解恐惧的通常策略就是对焦虑与恐惧对象的疏远，也就是把引发恐惧的东西在空间距离和心理距离上推远。就像史文德森说的："对应恐惧的典型行为

---

① ［德］霍克海默、阿多诺：《启蒙辩证法》，渠敬东、曹卫东译，11 页，上海，上海人民出版社，2003。

模式是逃避——尽可能远离恐惧对象，使自己置身于危险之外。"①距离推远之后，迫切的、直接的焦虑与恐惧不再发生作用，那引发焦虑与恐惧的客体对象的某些差异、特殊性，就因此被忽视、被抽象掉，被整合进一个更一般、涵盖面更大的一般性概念之中。对远处的存在物，人们往往把许多并不相似的东西同质化，而近处经常打交道的存在物，即使是一个细小的差别往往也会被放大和关注。遥远之物统而观之，身边之物细微观之。看来，认知必须得根据外在对象与我们关系的远近、密切程度而采取不同的策略。而对生活在没有骆驼的环境中的其他人来说，阿拉伯人眼中差异如此明显的骆驼，都被一个抽象概念"骆驼"涵盖了，其中蕴含的 40 种差异都被忽略掉了。

于是，尚未认知的杂多物很容易产生恐惧，消除恐惧的方法之一就是认清它们。在认清存在物、消除恐惧的过程中，如果涉及事物过多过远，以致无法认清其具体差异，主体就只能做一个普遍的、大概的把握。而且，由于离得很远，这种大概的把握也不会明显地、即刻地影响认知主体的生活。于是，对具体差异的忽视就会导致同一性认知的发生。在霍克海默与阿多诺看来，标志着同一性认知发生的就是涵盖范围不统一的概念。概念的诞生意味着记忆的选取和稳固化："如果把死亡赋予生命，幸福就会变成物质，这样，也就必然会产生清晰的记忆、稳定的认识、宗教的或哲学的观念，简言之，就是概

---

① ［挪威］拉斯·史文德森：《恐惧的哲学》，范晶晶译，27 页，北京，北京大学出版社，2010。

念。"①概念标志着推远、封存、凸显等环节的完成，也标志着撇开个性与特殊性而着眼于普遍性的完成。在这个意义上，以之为基础在现代社会中被建构并不断强化的物化，就是对个性的遗忘。霍克海默、阿多诺关注的正是概念对特殊性和个性的这种蔑视与消解。它就发生在主体对客体事物不断疏远的过程之中。远距离往往导致漠视的态度，专制、残暴常常可以在这个基础上建立起来。因为距离越远，抽象一致，同一性的确立就越容易，抽象一致地处理对象就越有可能。拉长主体与事物的距离，切断、弱化与事物的直接关系，在人与事物之间加入越来越多的中间环节，是启蒙以来日益甚嚣尘上的趋势。在这种趋势的作用下，霍克海默与阿多诺谈到的"生活等级体系"就在所谓的"管理体系"中确立起来。

值得注意的是，这种同一性逻辑的发生常常与认知主体所在的世界中秩序的强化密切相关。外在的危险引发的恐惧有助于世界内的群体的团结和相互认同，从而引发对异己者的仇视和排斥。也就是说，对外物的恐惧与焦虑会异常明显地促进甚至缔造内在的一致性，促生统一性与同一性。外在的忧虑、惧怕消解内在的纷争与差异，使得团结、一致绝对优先于差异、个性，使得一致性、统一性、同一性绝对占先。这使得随着启蒙的进一步拓展不断成熟的科学理性中获得了进一步发展，成了消解焦虑与恐惧的最主要的路径与方式。我们在上一章谈到的电影《神秘村》中靠村外猛兽引发的恐惧来维系生活秩序的故事，仍然在当今时

---

① ［德］霍克海默、阿多诺：《启蒙辩证法》，渠敬东、曹卫东译，282 页，上海，上海人民出版社，2003。

代上演着。911 事件、恐怖组织，使得那个威胁我们的"充满混乱和惊恐万状的世界"，在被推远之后再度被人拉近。焦虑与恐惧重新降临人间，成为维系政治生活与日常生活的重要支柱。

二、解除焦虑与恐惧的尝试：宗教、神话、巫术、启蒙

启蒙自己总是以对立于宗教的形象出现，在以此获得合法性的同时诋毁宗教。其实，启示、宗教并没有被理性、启蒙完全赶到对立面。理性与启示、哲学与宗教总是内在地须臾不可分，它们构成的对立是启蒙内在的对立。作为遏制、克服焦虑与恐惧的手段，启蒙、宗教、神话、巫术，都是既有区别又有联系，是逻辑上可以并列的手段。

在《主体与客体》一文中，阿多诺曾说："主体形成之前的未分化状态是对自然界恢恢天网的惊恐，对神话的恐惧；正由于对这种恐惧的抗议，伟大的宗教才含有真理的成分。"①极端的启蒙否定宗教的任何真理性，阿多诺质疑和批判的就是这样的极端之见。对于所谓"伟大的宗教含有真理的成分"，阿多诺想要表达的是，作为应对恐惧、焦虑的策略，宗教的方案也有它的价值。比起哲学的方案，宗教的方案不能被完全否定。

作为消除焦虑的手段，宗教如何消除焦虑？休谟在《宗教的自然史》

---

① ［德］阿多诺：《主体与客体》，载《法兰克福学派论著选辑》上卷，209～210 页，北京，商务印书馆，1998。

中就谈到，面对不确定的、未知的外在世界，如果人们把握不了，就可能去依赖于它，如果觉得它神秘莫测，高于我们，它就可能左右着我们，控制着我们。

> 我们永远悬浮在生与死、健康与疾病、丰足和匮乏之间；这一状态在人间不断受到一些隐秘未知的原因干扰，它们的运作常常出人意料，而且往往莫名其妙。这些未知的原因就成了我们不断产生希望和恐惧的对象；而对各种事件的焦急期待，又使这些激情陷入恒久的警觉之中，我们的想象，也同样被用来构成关于那些我们所完全依赖的力量的观念。①

人们的生存规避不开那些因素和力量，但人们又把握、认识不了它们，不能清晰地把握到它们的奥秘、常态、对我们的作用，以及为何这样作用于我们等，于是就会产生焦虑或惧怕。这种焦虑就可以导致害怕、忧惧、崇拜和依赖。休谟说："人类处于这样一个对原因无知的状态之中，而同时他们又对他们未来的命运感到非常焦虑，于是乎，他们直接承认自己对拥有情感和理智的不可见力量的依赖，也就不足为怪了。"②休谟发现，人们面对的世界越不规则、越难以把握掌控，人可能就越尊崇它。"随着一个人的生活过程受偶发事件主宰的程度的增加，他的迷信也会更加强烈。"③换句话说，人们面对的世界越规则，越容易

---

① ［英］休谟：《宗教的自然史》，曾晓平译，16 页，上海，上海人民出版社，2003。
② 同上书，18 页。
③ 同上书，19 页。

把握和掌控，人们就越不尊崇它，或者越看低它。这里，就产生了与启蒙内在联系在一起的逻辑：如果启蒙内在的核心问题是理性与启示，或哲学与宗教，那么，理性、哲学，也就是对客体世界的理性把握，审视出某种内在的规则、秩序，往往导致的是对外在世界的掌控、支配，是对这个世界的看低。而相反，如果相信这个世界的奇迹、神秘、不规则、难以把握，导致的往往是对这个世界的尊崇、迷信和崇拜。前者意味着人的伟大、自足，而后者意味着人的软弱和怯懦。两种结果都是源自对外在世界的焦虑、恐惧，只是由于应对策略的差异而迥异。前者是启蒙、理性、哲学的态度，而后者则是启示、宗教的态度。当然，这里所谓的"宗教"是就西方世界而言的，指基督教。按照 J. G. 阿拉普拉的看法，除此之外还有第三种方案：在认识、了解外在世界之后而平静，且不认为外在世界是可怕、危险、对人们充满敌意的，所以选择与之和谐共处。这意味着焦虑的消除——而在阿拉普拉看来就是印度传统意识的特色。① 按照他的理解，在西方文化中，焦虑的世界才是现实的。解除焦虑才是现实的任务。而对佛教来说，既有深度又有现实性的只能是平静，而不是焦虑。只有正在形成中的世界以及未成熟的意识才背负着焦虑；而人的意识成熟后，现实的世界则超越了焦虑的平静世界。

在《启蒙辩证法》所意识到的克服焦虑与恐惧的多种方式中，宗教的方式连带着神话、巫术的方式。宗教的方式意味着，面对的客体世界处于未知、不可预料、令人惧怕的境地；而人对这个令人惧怕的世界充满

① 参见[美]J. G. 阿拉普拉：《作为焦虑和平静的宗教》，杨韶刚译，106、113 页等，北京，华夏出版社，2000。

着尊敬。巫术的方式意味着，面对令人恐惧的世界，或者诉诸人力和神力、巫力并举，或者把人自己打扮成神灵鬼怪而对世界发挥作用，借助某种神秘的巫力对付世界。而神话的方式则是通过以超出现实或现实中不可能有的事情和神圣存在来应对令人恐惧或焦虑的对象，以化解自己所承受的过重负担。启蒙理性的方式，就是用理性之光照亮那令人焦虑与恐惧的世界，使这个世界呈现为秩序井然、规则严密的世界，祛除其偶然、随机的诗性特质，塑造其严密的逻各斯性质。在这里，宗教、巫术、神话、启蒙理性，都是相互关联又各不相同地应对焦虑与恐惧的诸种方式。在个人无力独自承担起消解、克服焦虑与恐惧之时，就可能采取宗教、神话、巫术的方式。个体凭借自给自足的内在的理性独自承担克服焦虑与恐惧的任务，就是自古希腊以来日渐兴盛的启蒙理性的方式。但它不见得就是最好的办法，更不是唯一具有合理性的方式。

其一，在无名的焦虑或莫大的具体恐惧的驱动下，人们会千方百计地寻找有效的手段化解焦虑与恐惧。在阿拉普拉看来，西方的意识类型恰恰就是焦虑型的，出于对引发焦虑与恐惧的外物的惧怕，才千方百计地设想应对之策。而宗教、神话、巫术以及后来的启蒙，都是被选择过的应对之策。阿拉普拉在德国遇到了一位支持者——里希特。里希特在《上帝情结》中，也将欧洲的现代意识和倾向比作小孩子的倾向，他们在智识上达到了一定的苏醒状态，开始怀疑他们的父母。为了得到确认的经验去审视对象化了的世界中让人不安的不确定性，他们将设法以极端的警惕控制那些让他们产生焦虑的不确定性。按照里希特的论点，焦虑（Angst）就是理智的催化剂和发动机："焦虑发挥着理性化发动机的作用，它应当被理解为权力意志，也就是说，对有威胁性的他人世界和外部世界施加权力并遵照规律对其加以掌握的意志。"①就此而论，由于主体对对象化世界的焦虑与恐惧而导致的对待外部世界的方式，不管是宗教式的，还是启蒙式的，都是一种消解和应对恐惧的方式而已。这些方式之间具有密切的关联性，在某种条件下可以发生转化，在逻辑上则更是相通的，没有绝对的对立性。启蒙所谓两者对立的见解只不过是为自己获得合法性而过度抬高自己的意识形态伎俩。

其二，主体与外在客体世界的区分，是引发焦虑与恐惧的首要前提。处在万物一体氛围中的人，是不会对周围之物焦虑与恐惧的，只有独自面对超强的他者、陌生的他者，才可能引发焦虑与恐惧。个体成长过程中也是在发育到一定程度时才会产生自我意识，才会以自我面对对象化世界，甚至可以说，"成长是根植于焦虑与恐惧"的。没有焦虑与恐惧作为催化剂和发动机，理智是不会不断成长的。霍克海默、阿多诺也看到，生存者之间（原始）的亲密关系，必定会被取代："生存者之间各种各样的亲密关系，被有意义的主体与无意义的客体、理性意义与偶然意义中介之间的简单关系所抑制。"②要重建存在者之间高水平的亲密关系，解开主客体关系中过于强势的支配性难题，以更宽容、非焦虑与恐惧的心态面对诸多存在者，与更多的存在者建立亲密的关系，必须反思神话、巫术、理性等各种方式中蕴含的残酷、无情，必须还原神话、宗

---

① Manfred Frank, *DerKommende Gott*, Suhrkamp Verlag Frankfurt am Main, 1982. S. 46. 中文版参见[德]弗兰克：《浪漫派的将来之神——新神话学讲稿》，李双志译，48～49页，上海，华东师范大学出版社，2011。中文版中的"恐惧"（Angst）改为了"焦虑"。

② [德]霍克海默、阿多诺：《启蒙辩证法》，渠敬东、曹卫东译，8页，上海，上海人民出版社，2003。

教、巫术的文化意蕴，不再狭隘地按照启蒙理性的单一视角贬抑它们。

实际上，在启蒙理性出现之前，神话已经在区分主客体的基础上分解引发焦虑与恐惧的强大客体世界了："神话世界对世界的解剖都是为了将一个压倒性强力分化为多个自身有限的单个力量，让它们彼此对抗。或者将一个强力分解为多个模式与特征，这样这个强力就不再是以中性的'他物'（das Andere）而是以人格化的'他者'（der Andere）出现了。'作为他物的超强力'的匿名状态被改造为另一个自我，一个'与我同类者'（Auch-ich），按照布鲁门伯格的观点，这个过程就是神话真正的功能，而且这个功能在认识的技术核心中依然在延续。"①在文化学的背景下，神话与科学都是一个谱系之下的，都是应对同一类问题而产生出来的，不像启蒙运动所说的那样两者是绝对对立的。按弗兰克的说法，布鲁门伯格把神话解释为"不是让人摆脱自然的超强力，而是让人在面对这种超强力时免遭恐惧的侵袭"②。在克服恐惧与焦虑的意义上，神话就是启蒙，就是与启蒙一致的文化建构，在这个意义上，"神话自身开启了启蒙的无尽里程"③。这里的"启蒙"应该指的是，人利用某种方法、力量对抗世界的方案，这种方法、力量与理性、诡计、谋略联系在一起。虽然它还达不到后来启蒙理性的水平，但已经在慢慢地萌芽、壮大，努力破土而出了。至于像奥德修斯式的古希腊英雄神话，就更是启

---

① ［德］弗兰克：《浪漫派的将来之神——新神话学讲稿》，李双志译，69 页，上海，华东师范大学出版社，2011。

② 同上书，73 页。

③ ［德］霍克海默、阿多诺：《启蒙辩证法》，渠敬东、曹卫东译，9 页，上海，上海人民出版社，2003。

蒙的了：英雄是对抗恐惧、战胜危害自己的那个世界的凭依。奥德赛时期的英雄固然还不足以单独抵御威胁人们的世界，还往往依靠神灵的帮助才行，但已经是人类以自己之力抵御世界的更明确的一种努力。比起借助神秘巫术的巫师来，英雄更加具有非神秘的人本色彩。

再后来，在启蒙理性中，"命中的必然性原则取代了神话中的英雄，同时也将自己看作是神谕启示的逻辑结果"①。此时，神话才过渡到理性启蒙，事物才从"神话"过渡到"逻各斯"。虽然霍克海默与阿多诺把奥德修斯看作"西方资产阶级最早的一个原型"，但严格而论，处在崇尚、依赖神灵阶段的人，即便是英雄们，也还没有真正地克服焦虑与恐惧："众神无法使人类摆脱恐惧（Furcht），因为他们为人类带来了惊诧之声，就像他们的称谓一样。人类也只能假想惟有在其无所不知之时，方能最终摆脱恐惧（Furcht），获得自由。"②主体的"无所不知"和"无所不能"是在进一步启蒙的过程中达到的。它代表着一个新的遏制和革除焦虑与恐惧的最有效路径。在这个路径中，同一性、抽象、宰制、命令，进入克服恐惧的策略名单之中。在这个策略中，对一些东西的肯定伴随着对另一些东西的否定，对一些存在生命的肯定伴随着对另一些存在死亡的肯定。这就是"每个生命都以死亡为代价，每种幸福都连带着不幸"。

对神话的这种进一步解释和澄清本身就蕴含着某种启蒙，因为现在的我们对神话存在误解，对误解的澄清和事实的还原就是启蒙的本有之义。

---

① ［德］霍克海默、阿多诺：《启蒙辩证法》，渠敬东、曹卫东译，9页，上海，上海人民出版社，2003。

② MHGS Band 5, S. 38. 参见《启蒙辩证法》第13页。

其三，宗教和科学都是克服恐惧的有效方式："这种完全将自己托付给上帝的状态所包含的恐惧和由此产生的一种必须日益理性化地监察生命之不确定性的必要性，也会使好奇心从中滋长出来。"①正是由于自我的不确定性感受，才导致一种对自我确定感日益强烈的需求的产生。自我高度确定性的获得正是启蒙的基本目标：从不自主状态挣脱出来，走向依靠自己理性的自主状态。把自己打扮成全知全能的存在，也就是启蒙的主要秘密。现代主体性哲学是一种自我的自恋式张扬。"主体"意味着一种"上帝情结"："害怕承认自己自中世纪以来就被掩盖的幼稚的从属地位，这种焦虑目前不幸地远远超过了另一种焦虑，即客观上会导致自杀的自大狂终将令人类灭亡。这就是那种集体性情结——'无能—全能'——情结的诅咒，这种情结可以统而概之地称为'上帝情结'。"②现代主体依然是一种"上帝"，是上帝情结的某种另类表述，是一种原本那个卑谦的狂妄自恋，是以理性形式展现的自我欺骗。由此，启蒙就是非人格化上帝的"宗教"或"神话"。

其四，某种意义上，启蒙更接近于巫术。即使巫术不是像弗雷泽所说的那样早于宗教，即巫术的破产为宗教的产生开辟了道路，而宗教一产生，巫术就崩溃了（卡西尔认为这种巫术时代与宗教时代依次接替的看法没有经验依据③），起码也可以说，巫术更低于宗教。霍克海默与

---

① ［德］弗兰克：《浪漫派的将来之神——新神话学讲稿》，李双志译，50 页，上海，华东师范大学出版社，2011。

② ［德］里希特：《上帝情结》，31 页，转引自［德］弗兰克：《浪漫派的将来之神——新神话学讲稿》，李双志译，52 页，上海，华东师范大学出版社，2011。

③ 参见［德］卡西尔：《人论》，甘阳译，120 页，上海，上海译文出版社，1985。

阿多诺批评"弗洛伊德不合时宜地认定，巫术'坚信能够彻底统治世界'"，因为真正坚信能彻底统治世界的只有近现代以来的启蒙理性，所以，"这种信念只有通过更加成熟的科学，才能与现实的统治世界相一致。用包罗万象的工业技术来替代'巫医'受到严格限制的'操作实践'，首先就要求观念独立于客体，因为这种独立过程是在吻合现实的自我身上进行的"[①]。调动力量改天换地，巫师还相当受限，科学家和工程师的能力才大大提高了。在巫术和启蒙理性之间，后者出现了更具威力的主体性，凭借这种主体性，个人拥有的内在世界更雄伟壮大，更独立于外在世界，更能支配引发焦虑与恐惧的外在世界，从而"消灭"焦虑与恐惧。

其五，最终，启蒙与宗教还是相通：启蒙追求的自主最后导向了不自主；恐惧仍然存在于主体与客体世界的关系之中，无法消除。人类以主体性为根基的自主化追求，却换来了一种新的不自主，即导致了一种跟宗教一样的结果：启蒙的自主性追求导致宗教式的不自主后果，说明启蒙自身的过分自大和僭妄，说明启蒙自身也包含着某种神话性特质。这更预示了启蒙、神话、宗教之间作为应对恐惧的不同方式之间的相通性。

从这样的角度看，宗教的真理性体现在，宗教会维护、保持一种依赖感，这种依赖感是维持归属感、具体认同的根基所在。而对依赖感的压抑和消解势必导致一种自我中心主义，导致集体认同感、归属感的丧

---

① [德]霍克海默、阿多诺：《启蒙辩证法》，渠敬东、曹卫东译，8页，上海，上海人民出版社，2003。

失。作为一种抗拒恐惧与焦虑的手段，替代宗教的理性启蒙通过召唤归属感、集体认同的丧失而重新使人陷入深度的焦虑，即使可能不会是具体的恐惧。当一切都理性化之后，一切都成了按部就班、自动程序化的运作之后，自我的主体意识也会消失，并且很难出现。自我感受到的是被动感，是冲破这种被动感的冲动。按照蒂利希的说法，启蒙力欲祛除的是本体论的焦虑，但此焦虑的祛除却很可能引发精神的焦虑和道德的焦虑。焦虑是消除不了的，能消除的只是某些特殊的类型。

总之，一切的背后，都是焦虑与恐惧，从这个角度来看，神话和科学对自然的解释，是同时或者先后从同一个谱系起始中诞生的。科学与神话，两者都是服务于控制自然世界、摆脱不确定性及对人产生的致命威胁的体系手段。

三、以主体性应对焦虑与恐惧，及其引发的轮回

在宗教、神话、巫术、启蒙诸种方式中，启蒙显然成了应对焦虑与恐惧的主要路径，并在现代性背景下得到空前发展。这种方式主要是通过强化自我主体来应对引发焦虑与恐惧的庞大客体世界，而且不再像巫术那样装神弄鬼地赋予少数的巫师以特殊的巫力，并以此确立对抗世界的资格，并敞开地向一切理性的人开放，即确信一切人都可以通过自身具有的理性潜力成就自己的主体性品格，并战胜客体。以"强化的主体"对抗使人焦虑与恐惧的强大的客体，主要采取了两种形式或策略。

第一种主体化策略是，把我们不得不与之相处的世界构建为一种

"怪异""低级"的世界，一种低于我们主体之人的世界、无灵的能量世界以及僵死的无内在目的的世界。从而显得我们是高贵存在，并不屑于与这个低等级的能量世界为伍，更不屑于向它看齐。这可能是更露骨的一种主体化策略。通过这个策略，外在世界直接被主体弄得无价值无高度了。灵知主义就采取了这样的策略。

贬低作为恐惧对象的那个世界，认为那个世界低于主体，主体对它不屑一顾，只有在维持我们的身体生命时才有用，并且那个世界对提升我们的生命没有什么意义。这种做法就应对了这个令人恐惧的世界，使它在我们面前就范，乖乖向我们投降。

与宗教、神话相比，甚至与后来的启蒙策略相比，这个策略更加倾向于把自我做大做强，通过把内在自我做大做强，来革除对伽达默尔所说的"巨大的异国"（riesigen Fremde）引发的焦虑与恐惧。可这个办法并不见得很有效。因为自我之外的一切存在都成了"巨大的异国"。在自身不能免于坍塌的时刻，他的焦虑与恐惧可能更加巨大。孤苦伶仃、离家遥远，还能返乡吗？于是，对于比奥德修斯更难返乡的灵知主体来说，焦虑就成了这种主体的形而上学处境：

> 焦虑（Angst）作为灵魂对它的世间存在的回应，乃是诺斯替文献中一再出现的主题。这是自我发现了自己的处境之后的反映，实际上它本身即是这个发现的一个因素：它标志着内在自我从这个世界的麻木与沉睡中苏醒过来。……对于诺斯替来说，人与世界之间的这种疏离需要加深并达到极点，才能解放内在自我，如此才能使

内在自我重获自己。①

面对世界的主体是冷酷无情的，因为世界提不起他的兴致。主体的冷酷无情导致自然的冷酷无情。用约纳斯的话来说就是：

> 这种处境不只是无家可归、孤苦伶仃以及焦虑（Angst）的心境。自然的冷酷无情，还意味着自然不指向任何目的。目的论从自然原因的体系中排除出去了，而自然本身毫无目的，它不再为可能的人类目的提供任何支持。宇宙没有了内在的存在等级体系，正如哥白尼的宇宙那样，使得价值失去了本体论的支持，自我在追求意义与价值时不得不完全依靠自己。意义不再是有待发现的，而是被"赋予"的。加之不再被视为客观实在，而是被设想为评价产物。②

主体自己承担的东西更多更重，灵知主义的主体"孤身"对抗低级的、无目的的外在世界。自然世界本身没有目的，无法再为人类生存提供任何支持。能够给灵知主体提供支持的，唯有存在于遥远的乌有之乡的神圣世界。这个超验的神灵世界为对抗低级世界的灵知主体提供本体论的支持。正像约纳斯在分析帕斯卡时指出的："孤独的人在失去了一

---

① Hans Jonas, Gnosis, *Die Botschaft des fremden Gottes*, Verlag der Weltreligionen im Insel Verlag Frankfurt am Main und Leipzig, 2008, S. 387. 中译文参见[德]约纳斯：《诺斯替宗教》，张新樟译，303页，上海，上海三联书店，2006。（以下简称 Gnosis,《诺斯替宗教》）

② Gnosis S. 380-381.《诺斯替宗教》，298页。

切尘世的依靠之后，还是能够让他的心伸向超越世界的神。"①对灵知主义来说，神还能给他提供遥远和渺茫的"希望"，作为"灵"之故乡，神之居所构成了奥德修斯们永远在回归中的"家"。

但是，近代启蒙以来的理性主义思潮把这个遥远无比的"家"也切断了。如果我们认可约纳斯所说的，主体性关涉神秘的、形而上的和精神的存在，"主体性或内在性在存在中是一个本体论上的本质性事实，这不仅是因为其不可化约的'本质'（Eigenqualitaet），没有它存在范畴简直是残缺的，而且还因为更多"②，那么，随着主体的日益个体化，上述神秘、本质、形而上的维度也将日益衰落。主体仅仅剩下了理性，理性几乎可以单独支撑起主体性来。

于是，与灵知主义的主体性建构不同，近代主体性哲学不再致力于回返遥远异乡，而是直接在灵知主义者鄙视的这个低级世界上建设自己的理想之家。主体不再那么对立地看待自己居住的这个世界，更不致力于逃离这个世界，而是兢兢业业地认知、把握、探究、支配、改造这个世界。他依靠的，当然还是具有内在理性潜力的主体。

近代主体性哲学采取的就是这样一种方案。它认为，外物就是呈现结果，而且是呈现给唯一具有确定性的主体的结果。主体是保证这种呈现确实可靠的根基和依托。只有归结到主体这里，被归结物、被呈现物才是可靠的。比如对康德来说，必须把先验自我作为知识和现象的极

---

① Gnosis S. 381.《诺斯替宗教》，298～299 页。

② Hans Jonas, *Materie*, *Geist und Schöpfung*, Suhrkamp Verlag Frankfurt am Main，1988. S. 17.

点。从而，存在就是被表象的状态（Vorgestelltheit）①，只有经过主体的认定，才是可靠的，否则存在就是不可靠的迷信。

在这个基础上，现代主体致力于把世界数理化，设想外在于我们的那个世界是一种合乎严密规则甚至可以用数学符号逻辑说明的世界，它在完全合乎规则地运行着，是不必担心、不必恐惧的客体对象。这不就是恐惧的解除吗？在这里，数学逻辑化不就是一种克服恐惧的有效手段吗？

> 科学就是不断重复，它被精确化为可以观察到的规律性，被存留为一成不变的定式。数学公式就像原先的巫术仪式那样能够成为一种有意识的不断还原，一种对戏仿的最高级的证明。技术为了促进自我的生存，也不再像巫术那样能够通过对外在自然的身体模仿，而是通过大脑的自动运作过程，通过将其转变成一种盲目的循环，来完成逐渐死亡的过程。……所有存留下来的对自然的适应力也只不过是对自然的冷酷无情。②

其实，把世界数理化必然导向对它的统治。与笛卡尔的策略不一样，阿多诺与霍克海默认为，必须通过与他者的接触才能确立主体自我，主体总是与权利、权力、占有、斗争连在一起。在这个意义上，男人才是主体：

---

① 参见孙周兴：《后哲学的哲学问题》，37页，北京，商务印书馆，2009。
② ［德］霍克海默、阿多诺：《启蒙辩证法》，渠敬东、曹卫东译，203页，上海，上海人民出版社，2003。

男人则必须走出家门，融入一个充满敌意的世界，不断斗争，不断进取。女人没有自己的权利，不是一个主体。……千百年来，男人们总是梦想去获得对自然的绝对占有权，把整个宇宙变成一个大猎场。①

而希特勒对付犹太人的策略也是典型的惧怕—遏制—扼杀—心安（空虚）的路子："法西斯主义并不把犹太人看做是少数民族，而把他们看做是敌对种族，看做是消极原则本身的体现。只有灭绝这个种族，才能保证世界的幸福。"因为，这个种群"的愿望就是不惜一切代价地拥有所有财产，摄取无限权力"，就是成为统治者。② 犹太人是统治者的代名词；反对和消灭犹太人也是出于对犹太人统治的惧怕与担心而采取的反向措施，其目的一样是获取统治。双方都是统治哲学的信奉者和实践者，都在争当这个统治者或主体！"理性连同统治一起仍旧建立在苦难的基础上。在攻与守的盲目较量中，迫害者与他的受害者都属于同一个不幸的阵营。反犹主义行为方式是在因为被剥夺了主体性而变得盲目的人重新获得主体性的情况下出现的。"③迫害者与受迫害者都是为了获得主体性和统治。因此，"反犹主义是一种精致的图式，也是一种文明仪式"。这种精致的文明图式隐含着无边无际的仇恨，在不断地寻找着憎

---

① ［德］霍克海默、阿多诺：《启蒙辩证法》，渠敬东、曹卫东译，282 页，上海，上海人民出版社，2003。

② 同上书，188、189 页。

③ 同上书，191 页。

恶的对象。通过露骨的反对与摧毁（对不听话的殖民地野蛮人，以及犹太人等），以及温和的统治改造（对自然和本国公民），通过这些憎恶对象和仇恨对象提供的靶子，以及对这些靶子的制服，统治者获得了满足感。这种满足体系不断地、持续地需要这些对手，统治者需要不断地持续地制服他们，使他们就范以获取主人感、满足感。阿多诺指出，尽管如此，这种谋求统治的意识形态还在不断寻找更合理的理由，比如"发展生产"，劳动无上光荣。但其掩饰的还是统治的支配：资产阶级反犹主义的形成具有一种极为特殊的经济原因：用发展生产来掩饰统治支配。在这种反犹主义之中，存在着一种坚定的主体论和进步论：一种把历史推向前进，承担历史美好未来创造者的主体。为了进步，势必要把阻挡者击溃："犹太人也必须为一个新的人类种族让开道路，而这个种族正在把生意抬高到一种绝对的高度。"①

现代人也是如此，只是没有这么露骨和极端地表现出来而已。作者的意思显然是，希特勒就是主体的极端发展和体现。惧怕—遏制—扼杀—心安就是主体性哲学任其发展下去的必然逻辑，为此必须加以制止和调整，否则人类主体性的结局就是悲惨的毁灭。法西斯主义表明，力图消除焦虑与恐惧的启蒙，不但内在地发展出了一种消除意义世界的虚无主义后果，使现代世界陷入空前的焦虑，而且制造了敌视和扼杀异在他者的法西斯主义事件，使得恐惧达到空前的程度。消除焦虑与恐惧的启蒙成了引发更严重焦虑与恐惧的温床。

---

① ［德］霍克海默、阿多诺：《启蒙辩证法》，渠敬东、曹卫东译，194 页，上海，上海人民出版社，2003。

以上两种主体化策略的共同特点是，主体自我才是根本可靠的，才确定无疑，才真实、纯粹、有高度、有意义。两种策略的区别在于，一种策略认为外部世界低级，不值得崇敬，身处这个世界就是深陷异化，拯救的方法在于逃离它；而另一种策略则认为这个世界需要认真对待，摸清其底细，掌握其命脉，才能成就自己；因此，只有控制、支配这个世界，才会消除异化，成就自己。也就是说，策略的关键在于理顺这个世界。理性化对手，对对手做到无所不知才会消除焦虑、摆脱恐惧。

这至少喻示着两个基本结论。

第一，对启蒙的深层分析，需要高度重视对人的基本情绪的分析。主体在把自己至上化和孤立化的过程中，隐藏了各种情绪对自我的功能和作用。可是，在主体化发展到一定程度时，在主体化系统在某些环节出现问题时，这些情绪就会凸显，使平时显得伟岸和自傲的理性主体变得不再自信、可靠和平静，并有可能被深深的焦虑、恐惧、失望、无奈所俘获，无法自拔。这不能不使主体论自身发觉，原来显白的理性主体还有许多阴暗的东西在流动、作用，在纠缠、威胁着一度被神化的自我。原来主动的主体如今被动无奈，原来充实、硬朗的主体如今变得空虚、脆弱；原来坚定有力的主体如今变得六神无主、踟蹰不安。

一旦社会运转自如，这种情形就会被人遗忘，甚至被视为过度阴暗、悲观的无益之论。其实，这些东西无法消除，只能通过制度、技术和自我修炼等方式来获得某种程度的消解，或者在无法消解的程度上提供外推、内化的方式将其控制和约束住，使之处在一种文明体系可控的范围和程度之内而不至于随意发展。

从这样的角度来看，以上两种主体化策略其实都是深层恐惧的表现，都是应对恐惧的对象，消除深层恐惧的手段。想尽一切手段让对手就范，本来就是害怕对手、畏惧对手、担心对手高过自己的表现，就是担心对手超过自己的另一种表示。为了让这种可能不会发生，人们就发明了上述手段约束住对手。显然，这些手段都是主体性手段，都是主体自己主动采取的，而且都是首先通过内在地改变自身而不是外在地改变对象而进行的。源自恐惧和焦虑的对世界的不尊重，是两种策略的共同点。按照这种主体化的思路，抱着焦虑与恐惧的心境，很容易走向如下路子：切断与世界的感情联系，冷静地对待这个世界，由此才会产生出主体性姿态。而这种姿态也就是某种意义上的"冷酷无情"。

第二，尽管启蒙中蕴含着支配、冷酷无情，但是，启蒙还没有堕落为神话、欺骗、蒙昧。国内的很多相关论文都认为《启蒙辩证法》的启蒙观中的启蒙已经倒退为神话或骗局，而没有注意到，该书作者说这种话本身就是启蒙的话语，就意味着启蒙对自己身陷囹圄的清醒认识和提醒。这话本身就是启蒙精神和力量的体现。霍克海默在 1942 年 12 月 19日写给马尔库塞的信中说道，《启蒙辩证法》的第一章即将完成，"恐怕这是我写的最艰难的文章。此外，它读上去多少有些是消极的，我现在试图克服这一点。我们不应该像那些对实用主义的作用感到绝望的人们那样。可是我也不情愿简单地加上些积极的段落，用悦耳的音调说'理性主义和实用主义还不是那么坏'。第一章中完成的毫不妥协的分析，本身就是对理性思想（rational intelligence）的积极作用的一种更有效的肯定，这比为了淡化对传统逻辑及其相关哲学的攻击所能做的任何辩护都更有效"①。施密特也说，这里的意思就是，"只有通过对启蒙运动的历史演变进行一个无情的'否定主义'的批评，才有可能赎回启蒙运动'过去的希望'"②。如此无情地批判启蒙，本身就是为了唤醒启蒙的潜力，承继着启蒙的延续，从而使启蒙真实地表现出来。

因此，揭示启蒙主体的情感根基并不是为了否定、消解启蒙。在《启蒙辩证法》一书中，质疑理性与理性地进行思考之间存在着一种张力结构。该书并没有把理性思考这种启蒙精神视为已经失效，甚至视为已经完全堕落为神话、谎言、蒙昧，反而给理性思考保留了一定的有效空间。理性思考与艺术模仿并列为仍存在拯救性力量的领域，虽然日后两位作者一个走向了犹太教，另一个推崇艺术。所以，启蒙仍然没有穷尽自己的潜能，哲学仍然富有批判性力量。

---

① ［德］罗尔夫·维格豪斯：《法兰克福学派：历史、理论及政治影响》，孟登迎等译，426 页，上海，上海人民出版社，2010。

② ［美］詹姆斯·施密特编：《启蒙运动与现代性》，徐向东等译，25 页，上海，上海人民出版社，2005。

从支配到和解：焦虑的启蒙主体性之走向

主体性研究正在重新受到中青年一代学人的关注，重思主体性、回归主体的倾向正在受到越来越多的重视。在欧洲，扎哈维就批评了"从主体性哲学转向语言哲学构成未来哲学决定性范式"这个哈贝马斯主张的观点，认为哈贝马斯据此对主体性哲学的批判"很大一部分都有些文不对题"，而"语言学转向在近年来已经被向意识的回归所取代"①。但是，在我国学术界，主体间性已经取代主体性，主体性已死、主体性已步入黄昏这些不可靠的声音还在广为流传。不用说对主体性的理解，就是现代主体性在中国现代化建设的道德、法制、教育等层面远未实现的事实，也没有对这些与现代化建设实践颇不合拍的极端之见起

---

① 参见［丹］扎哈维：《主体性和自身性》，蔡文菁译，188页，上海，上海译文出版社，2008。该书英文版系2005年出版。

到多少纠正作用。中国学术界 20 世纪 80 年代轰轰烈烈的主体性思考被
一出来自西方的"主体性的黄昏"戏剧遮蔽住了。在新的学术条件和更冷
静的学术心态下，主体性哲学有必要重新思索和重建。这一是源自学术
考量的加强，这是中国学术研究的不断进步的必然要求；二是由于中国
社会现代化进程的阶段和需求所决定的：主体性批判与中国社会现代
化进程有脱节甚或发生矛盾的现象——这个问题对于马克思主义主体性批
判来说更为关键。盲从西方理论有脱离中国现代化的危险。由于主体性
重思首先涉及对近代内在主体的批判，梳理和检验这种批判就颇有必
要。在本文中，我们主要遵从《启蒙辩证法》一书的主体性哲学批判逻
辑，就焦虑及恐惧在主体性建构中的地位、作用，及其与支配性主体的
关系做一些思考。

一、基本情绪与主体性：焦虑与恐惧

马丁·杰在《法兰克福学派史》中曾指出，"从笛卡尔到胡塞尔的我
思从一开始就是研究所的靶子"①，近代主体性哲学的我思主体构成了
《启蒙辩证法》的反思批评对象。如果说"主体"有自足自立、（为知识、
秩序甚至历史、发展）奠基与支撑等主要含义，那么，在《启蒙辩证法》
中，霍克海默与阿多诺谈论的主体却主要立足于主体对客体、他者的统

---

① ［美］马丁·杰：《法兰克福学派史》，单世联译，308 页，广州，广东人民出版
社，1996。

治。主体性中蕴含的统治性构成了主体性批判的主要关注点。

主体性中为什么蕴含着一种支配、宰制呢？在这种分析中，霍克海默与阿多诺给我们贡献了一种什么样的新视角、新亮点、有待诊断解决的新症候？

这还得看我思主体（自我）是如何诞生的，考察在主体诞生过程中什么因素被凸显，什么因素被压抑（却没有消失）了。众所周知，我思主体是切断与他者的关联，用笛卡尔的话说，是现代主体观念独自反思的产物，是"成天独自关在一间暖房里，有充分的闲暇跟自己的思想打交道"①的产物。切断与他人和他者的联系，独自思考我的存在时，才发现了现代的主体自我。成为主体靠的是挖掘内在性并把内在性发扬光大、做大做强。主体因为自己内在的所有而具有自足自立的自主性品格。在赞同者看来，主体的这种内在性品格是可靠的、确定的和坚强的，是经得起理性分析和推敲的。虽然我思主体在笛卡尔那里并不是一种纯粹理性的存在，但理性构成主体之为主体的主要力量是无疑的。后来的启蒙主体越来越被视为一种理性主体。而在构成这种强有力的理性主体的过程中，意志、情绪等各种不理性的东西就被忽视掉了。马克思从利益的角度，着眼于利益的生产及其过程中形成的社会关系批判理性主体，揭示主体的社会性根基。情绪、情感作为主体性批判的另一个重要维度日益受到重视。影响《启蒙辩证法》的尼采、弗洛伊德、海德格尔都先于霍克海默和阿多诺强调了这一点。尼采强烈质疑认识论意义上的理性主体，认为这样的认识主体是一种虚构，断言"一个没有意志、没

① ［法］笛卡尔：《谈谈方法》，王太庆译，11页，北京，商务印书馆，2000。

有痛苦、摆脱了时间的纯粹主体"是不存在的。弗洛伊德更是指出，近代以来一直被描述为"主体"的"自我"，根本就不是内在性的。如果说存在不受任何外部影响的"我"，那只能是"本我"，而不是"自我"。自我只能是受现实影响下形成的。"除了通过自我——对本我来说，自我是外部世界的代表——任何外部的变化都不能被本我经验过或经受过，而且不可能说在自我中有直接的继承。"①自我是本我中分化出来的一部分，是在与现实世界的历练和遭遇中锻炼出来的，它把外部存在与自己关联起来，并在这种关联中建构着自己，因而是某种意义上的"在世界之中"。

在"我思"之前早已先有"我怕""我欲""我感"，甚至如科耶夫所说，"在分析'我思'之前……必须思考人在什么时候、为什么和如何不得不说：'我……'"②。"欲望的我""焦虑的我""惧怕的我""感知的我"与"理性沉思的我"密不可分，而且往往先于"理性的我"而存在，这是霍克海默与阿多诺在《启蒙辩证法》中一再告知我们的。为了革除感知到的焦虑、惧怕、空无、被否，为了满足直接的生存欲望、力图成为自主存在的"我"，就必须先得把自己的兴奋点和行动力运用于引发其焦虑、惧怕、空无和被否的外部存在上，通过自己的行动来调整或改变它们，使自己的生存氛围与处境变得安全、固定、充实起来——而这自然是一个需要努力不断调整的过程。

这就意味着，追究主体的发生学根基，需要高度重视对人的基本情

---

① 《弗洛伊德后期著作选》，林尘等译，187 页，上海，上海译文出版社，1986。
② ［法］科耶夫：《黑格尔导读》，姜志辉译，194 页，南京，译林出版社，2005。

绪的分析。主体在把自己至上化和孤立化的过程中，隐藏了各种情绪对自我的功能和作用。霍克海默与阿多诺要做的恰恰就是要凸显被控制和隐埋起来的这类情绪，并纳入主体性发生史的解说之中。他们指出："欧洲历史有两条线索：一条是明的，一条是暗的。后者包含着被文明压制和扭曲了的人类的本能和激情。当代法西斯主义不仅使暗的历史线索表现出来，还揭示了明的历史线索与暗的历史线索之间的关系，民族国家的官方神话既忽视了这条暗的历史线索，又对其大加批判。"①两位作者就是要解释这条暗的线索及其隐含着的那些秘密，那些在隐藏、转移焦虑与恐惧，为了获得支配而残酷对待他者，并在各种文明成果中巩固既定成绩的策略，那些在"身体"层面上被压抑起来的秘密。

什么具体情绪在主体性分析中最为重要？通观《启蒙辩证法》一书，焦虑（Angst）与恐惧（Furcht）最受他们的关注。因为"启蒙的根本目标就是要使人们摆脱恐惧（Furcht），树立自主"，这是全书的第一句话。而恐惧（Furcht）与焦虑（Angst）又密不可分，以至于在中译本中两个词一般都被译为"恐惧"而没有恰当区分开来。也难怪，两位作者也同时提出，"启蒙就是彻底而又神秘的焦虑（Angst）"。启蒙（主体性）的秘密就在对焦虑与恐惧的理解和克服之中，这构成了整本书的核心观点（之一）。

根据《启蒙辩证法》中经常引用的弗洛伊德的观点，焦虑（Angst）是对危险情景的一种反应，是一种危险的情感信号，根据程度差异和对象的不同，可以分为神经症的焦虑与现实性的焦虑。除了程度差异，有无

---

① MHGS Band 5，S. 263，《启蒙辩证法》，263 页。

确定对象、是否知晓明确的对象是区分这两种焦虑的依据。不同的焦虑甚至应该用不同的词来描述。弗洛伊德特别强调："焦虑是关于某事的焦虑。它具有不确定性和没有对象的性质。严格说来，如果这一情感发现了对象，我们就该用 Furcht 一词而不是 Angst 一词。"[①]弗洛伊德在1926 年初出版的《抑制、症状与焦虑》一书中提出的 Angst 与 Furcht 的区分，后来被海德格尔在《存在与时间》中谈到人的基本情绪强调 Angst（中译为"畏"）与 Furcht（中译为"怕"）的基本区别时直接继承了。不过，对弗洛伊德和海德格尔都很重要的这一区别，对于霍克海默与阿多诺来说就不怎么重要了。因为法西斯主义构成了他们直接和具体的焦虑与恐惧对象。在海德格尔那儿呈现出的存在论可能性变成了霍克海默与阿多诺直接的现实性：无法名状的焦虑（"畏"）转化成了直接得不能再直接的可怕与恐惧；富有弹性的可能空间变成了塞得满满甚至还要进一步膨胀的实心体；"无何有之乡"变成了"有何无之乡"；甚至用词，也不再仅仅是弗洛伊德与海德格尔常用的 Angst（焦虑、不安、害怕、恐惧）与Furcht（害怕、恐惧）了，而在《启蒙辩证法》中还加上了更强化的 Grauen（恐惧）、Schrecken（惊恐）以及与此相关的 Erschrecken（恐怖）、furcht-bar（令人恐惧的、可怕的），甚至 Terror（恐怖）、Horror（恐怖）这样的词汇了。不过遗憾的是，中文版的翻译基本上都把它们都译为"恐惧"，这没有体现出本该有的明显差异来。其实，用词方面的多样化，反映了言说主体感受的多样化，而且从一般的"害怕"深化到"恐惧""恐怖"的接

---

① Sigm. Freud, Gesammelte Werke, XIV, Werke aus den Jahren 1925-1931, Fis-cherVerlag Frankfurt am Main, 1999, S. 197-198. 参见中文版《弗洛伊德文集》第 6 卷，221 页，长春，长春出版社，2004。

踵而至，更凸显了惧怕的具体性和集中性。摈弃无名的焦虑，在直接、强烈的惧怕的驱动下，霍克海默与阿多诺解读起面对畏惧的他者而建构自我主体以克服和战胜畏惧的主体性策略来。这一策略的重点就是，如何把自我主体做大做强，同时通过某种策略摆平他者客体，使之不再构成自我主体惧怕和焦虑的源泉，或至少弱化、约束和推远它们。简言之，强化主体、整合他者，是最基本的目标。虽然他们的启蒙批判深受尼采、弗洛伊德和海德格尔的影响，但绝没有像海德格尔那样只进行单纯的形而上学探究，更不会像弗洛伊德那样"一点也不偏爱世界观"地远离哲学思索，而是在具体危险的刺激下非常哲学地探讨起自我主体的情感结构和基础来。

海德格尔追随弗洛伊德区分 Angst 与 Furcht 这一点似乎还没有被注意到，但对于《启蒙辩证法》来说，我们不能为此分心，更值得探讨的是弗洛伊德所说的一种继婴儿期的对象失去焦虑之后发生的阉割焦虑（Kastrationsangst）。因为对这种具体的焦虑来说，焦虑意味着一种结束一体化、与依恋对象分离的危险。正由于我们与外物（人）分开，因此万物皆是虚无，无法依此确立价值与意义的那种沮丧感和孤独感，才产生了一种危机意义上的焦虑。与外物（人）交融一体的人，是不会有明显的焦虑感的。在这个意义上，焦虑是现代的情绪。成就独立强大的自我主体必须克服这一危险。由于自我主体成为强有力的主体，自立自足的主体，几乎就是启蒙的目标，而这个目标就是在与巨大的、陌生的他者分离中诞生的。主体的诞生是启蒙的标志和关键。克服焦虑与恐惧，"自我"成了不依赖于任何他者、自足自立的主体，而且还要进一步为人们追求的一系列美好存在奠基，把焦虑和恐惧承担和支撑起来，这就是启蒙的关键所在。所以，这一焦虑对于分析近代自我主体的机制就更具启发性。

二、作为支配者的启蒙主体

与笛卡尔建构我思主体的策略不尽一致，阿多诺与霍克海默是在自我主体与他者的关联中思索主体性去建构的。按照这种观点，与其把强烈的主体性欲求视为来自自我内在力量的强大，并力图增加自我提升、拔高的文化冲动，还不如把它看作来自自我强烈的不安全感——在这种情境中，自我必须竭力保存自己、提升自己，方能战胜恶劣的环境，使自己不至于被埋没和摧毁，进而通过自我的壮大消除焦虑与恐惧。在与《启蒙辩证法》同期出版的《理性之蚀》中，霍克海默就说过："自我的崇拜和自我保存的原则，是在个人完全不安全、完全被否定中培养成的。"①自我是在与众多他者的交往共存中建构自身的。为了完成建构，自我不得不把处理与这些异于自己的其他存在的恰当关系视为第一要务。他要利用一切可以利用的力量、手段、机会，在搭建的秩序系统中安置好这些他者，给它们适当的位置，以便给自己的主体性留出足够的作用空间。

可是，自我需要面对许多其他存在。该首先关注哪些众多的他者

①　Max Horkheimer，*Zur Kritikder instrumentellen Vernunft*，Fischer Taschenbuch Verlag，Frankfurt am Main，1974，S. 119.

呢？自然是引起焦虑和恐惧的那些。在交通、通信技术所能及的范围内，自我所关切和链接到的其他存在越来越多，在我们无法避开的那些异在之中，很多我们无法把握，它们异于我们、高于我们、甚至可能有害于我们，因此就会在我们的生命存在中引发焦虑甚至恐惧。就像伽达默尔在 *Das Phänomen Angst* 一书的结束语中指出的，哲学概念焦虑（Angst）不是一种特殊现象，而是对生活从狭小挤入辽阔，从可把握的、以 einhausen（入家、家内）形容的现象进入以 ungeheuer（非同寻常的）、unheimlich（阴森森的）形容的现象的一种表达，从可把握、掌握的状态突然进入无法把握、茫然不知所措之状态的情感表达。[①] 每一个生命都会遭遇基本的存在焦虑和恐惧，希望凸显个性、创造性的生命。病态焦虑与恐惧是心理学和医学的研究课题，对哲学来说，因为不断增加的流动性与复杂性增加了自我生存不寻常的危险和风险，并进一步动摇了人类存在的确定性，使得诸多哲学问题有了进一步重新思索的必要。主体性问题就是一个与此密切相关又非常关键的哲学问题。由于焦虑在现代和当代世界中不断增长，受关注度日益提升，《启蒙辩证法》从此角度对主体性的探讨就并不如很多人认为的那样，因为灰暗、忧郁、悲凉而无法找到人生价值，相反，虽过于悲观，但对焦虑、恐惧与主体性机制的探讨，仍具有很强的启发性和现实价值。伽达默尔正确地指出，怎样应对生命焦虑的基本情绪，如何在应对焦虑的背景下建构世界，以至于不

---

① 参见 Hermann Lang und Hermann Faller, *Das Phänomen Angst*, Suhrkamp Verlag Frankfurt am Main, 1996, S. 268.

用担忧那么多的事与物，甚至有在家的感觉，是个根本问题。[①] 在宗教已被科学取代、虚无主义和个人主义日益兴盛的时代，哲学不能不对焦虑与恐惧进行严肃的思考。

《启蒙辩证法》探讨的就是基本情绪的生命焦虑与主体性的内在关系。在作者看来，如何处置引发焦虑与恐惧的对象，直接意味着主体自我的诞生和基本样态。按照主体性哲学的思路，在世界上唯有自我主体才具有确定性和确实性。显然，这个自我主体必定是孤独的，当他面对纷繁的陌生世界时，就像帕斯卡说的那样，必定会受到惊吓。所以，霍克海默与阿多诺写道，主体性的确立以主体与客体的距离为前提，在历史上，这个距离是以主人通过所支配的东西而获得的，是以与支配物之间的距离为基础的。也就是，只有把焦虑、惧怕、担忧、未掌握和控制的遗憾推到足够远的范围之外时，自我立足的主体才会确立起来。引发焦虑与恐惧的对象，甚至不熟悉的对象越靠近自我，越会带来危险感。卡内提就认为，人最畏惧的是接触不熟悉的事物，人想看清楚，触及他的是什么东西，他想辨认清楚，或者至少弄明白是哪一类东西。人总是避免接触陌生的东西，如何应对和规避这种陌生物？常见的策略有三个：

一是把陌生物推远，也就是设置足够的距离："人们在自己周围设置的种种距离，是对接触的这种畏惧心理造成的。人们把自己关在无人

---

① 参见 Hermann Lang und Hermann Faller，*Das Phänomen Angst*，Suhrkamp Verlag Frankfurt am Main，1996，S. 271.

可以进入的房子里，只有在那里他们才有某种安全感。"①如前所述，笛卡尔的我思主体恰恰就是这样诞生出来的。把迫切需要且能掌控的存在者拉到近处（去远），与把主体难以忍受、无法处理的东西推到足够远的隐匿处（去近，外推），一同构成这种主体性的秘密。②

二是积极主动地出击，对那些触手可及的异在他者予以猎取和掌控。在《启蒙辩证法》的第一章，霍克海默与阿多诺又把主体性与父权制、与主人的位置、与隶属者的关系对主人的归属内在关联起来。而这样的主体总是与权利、权力、占有、斗争联系在一起的。在他看来，虽然很难清晰地描述欧洲世界的语言何时试图以自我概念描绘世界，但如此诞生出来的自我主体显然是一个焦虑的支配者，是一个外观强大、内心焦虑甚至恐惧，而且以支配和威权掩盖内心情感的"主人"。就像霍克海默在《工具理性批判》中总结的："作为自我的原理，努力在斗争中普遍地战胜自然，战胜他人以及尤其是战胜自己的冲动这一原则，自我就这样与支配、命令、组织的功能相关……自我原理就在支配者那伸展的胳臂上得以显示的，这支配者向他的人下令行军前进，或作出处决被告的判决。……它的统治在父权时代是显而易见的，而在母权制下几乎不起决定性作用。古代的奴隶，社会金字塔最底层不定形的民众，很少可以在根本的意义上被描绘为自我（Ich）和自身（Selbst）。……就自我的伸展而言，西方文明史就可以描绘为自我的历史，就像归属者在自己内心中通过想象成使自己也具有了在自我原理中得以彰显的主人的感

---

① ［德］埃利亚斯·卡内提：《群众与权力》，冯文光等译，1页，北京，中央编译出版社，2003。

② 参见刘森林：《实践的逻辑》，13章，北京，社会科学文献出版社，2009。

觉。……自我的观念从未去掩盖它出身于社会支配体系的缺陷。"①

三是把陌生物秩序化，使之呈现为符合可以预见的规律，按照可以知晓的规则存在和运行的东西，也就是自我主体可以间接地把握、掌控的东西。在这个策略上，知晓陌生物，把陌生物纳入主体明了的范围，是第一步。这一点，影响《启蒙辩证法》最多的尼采早就明确指出："把某些陌生的东西归溯到某些已知晓的东西上，使人轻松，满足，此外还有一种权力感。伴随着陌生之物的是危险，不安，忧虑，——第一个冲动就是消除这种令人难堪的状况。第一原理：有一个解释比没有好。因为归根结底牵涉到的仅是摆脱压抑人的表象的愿望，人们就不怎么严格地对待摆脱它们的手段：陌生事物借此宣布自己为已知的第一个表象，让人感到如此舒适，以至于人们把它'当作真实的'。（'力量的'）快感证明是真理的标准。——原因的冲动，也就是由恐惧感（Furchtgefuehl）决定和激起。"②存在超出了主体可以把握的视野范围，成为一种伽达默尔所说的"巨大的异国"（riesigen Fremde），就势必引发焦虑与恐惧。对此如何才能解脱、轻松、平静下来？尼采敏锐地看到："新的、未经历过的、陌生的事物，被作为原因排除在外。——也就是说，被寻找的不是某种作为原因的解释，而是某种被挑选的和受偏爱的解释，借助这种解释，陌生的、新的和未曾经历过的感觉，能够最迅速和最频繁地得以清除，——最通常的解释。"③

---

① Max Horkheimer, *Zur Kritikder instrumentellen Vernunft*, Fischer Taschen-buch Verlag, Frankfurt am Main, 1974, S. 104-105.

② Friedrich Nietzsche: *Sämtliche Werke*, KSA Bänden 6, S. 93.

③ Friedrich Nietzsche, *Sämtliche Werke*, KSA Bänden 6, S. 93.

霍克海默与阿多诺继承了尼采的这一思想，进一步剖析了启蒙所采取的这个策略。他们指出，虽然神话在某种意义上已经包含着启蒙，但由于它无法使人摆脱恐惧，给人理性与知识的启蒙才登台亮相："众神无法使人类摆脱恐惧（Furcht），因为他们为人类带来了惊诧之声，就像他们的称谓一样。人类也只能假想惟有在其无所不知之时，方能最终摆脱恐惧（Furcht），获得自由。"①启蒙怎么能做到无所不知呢？怎么才能借助无所不知消除恐惧呢？

巫术时期的巫师能借助神秘的法术呼风唤雨、改天换地（范围固然有限），神话中的英雄也威力无比，但这都无法超越掌握必然规律的自我主体。霍克海默批评弗洛伊德关于巫术坚信能够彻底统治世界的观点，认为这只有通过更加成熟的科学才行。启蒙就是科学不断成熟、掌握规律的这种主体不断产生和被创造的过程。当霍克海默把启蒙不仅看作在英国、法国和德国发生的反对神学观点，并为法国大革命奠定基础，开启德国观念论哲学的近代思想和社会运动，而且更广泛地把它看作一种自从古希腊以来就与神话对立的哲学时，启蒙就成了哲学的象征。它不断地追求一种在概念和判断中实现的光明。在这个意义上，哲学作为同谬误、信仰的斗争总是一种启蒙。② 但至关重要的是，哲学在这样做时，为了寻求普遍必然规律，把具有多样性的各种事物的差异性抽象掉了，就像市民社会中把同类物品的差异性抽象掉，并用一种抽象

---

① MHGS Band 5，S. 38. 参见《启蒙辩证法》，13 页。

② 对此，霍克海默在法兰克福大学 1959—1960 学年冬季学期的"启蒙"课程中做了清晰的解释。参见 Max Horkheimer, *Gesammelte Schriften* Band 13, S. Fischer Verlag Frankfurt am Main，1989，S. 571.

的普遍尺度来加以衡量、用抽象的数字来标志它们一样。这种抽象的同一性哲学的哲学基础和社会基础都是一样的，哲学基础是抽象的数字化；而社会基础则是抽象的等价原则："市民社会是由等价原则支配的。它通过把不同事物还原为抽象的量的方式使其具有了可比性。对启蒙运动而言，不能被还原为数字的，或最终不能被还原为太一（Eine）的，都是幻象；近代实证主义则把这些东西划归文学虚构领域。从巴门尼德到罗素，同一性一直是一句口号，旨在坚持不懈地摧毁诸神与多质。"①所以，当"这种命中注定的必然性原则取代了神话中的英雄"，启蒙者"所设想的自然规律的客观过程赋予它自身一种自由主体的特征"②。

主体化作为克服焦虑与恐惧的方案，其实可以采取多种形式。把客观世界数理化，设想外在于我们的那个世界是一种合乎严密规则甚至可以用数学符号逻辑说明的世界，并在完全合乎规则地运行着的，不必担心、不必恐惧的客体对象。这只是第一种形式。在这里，数学逻辑化不就是一种克服恐惧的有效手段吗？而这，恰是一种把陌生的异在推远的主体化策略。它是以世界的祛魅化，以自我主体的至上化为前提的。近代主体性哲学采取的就是这样一种方案。它认为，外物就是呈现结果或表象，而且是呈现给唯一具有确定性的主体的表象。主体是保证这种呈现确实可靠的根基和依托。只有归结到主体这里，被呈现物才是可靠的。从而，存在就是被表象的状态（Vorgestelltheit）。只有经过主体的认定，纳入主体建构的必然秩序系统，存在才是可靠的，否则就是不可

---

① MHGS Band 5，S. 30. 参见《启蒙辩证法》，5页。

② MHGS Band 5，S. 33、S34. 参见《启蒙辩证法》，9页。

靠的迷信、幻象或其他。

这种主体化策略的特点既然认定只有主体自我才是根本可靠的，才确定无疑，才真实、纯粹，因此，其他存在就都不可靠、低级了。其实，这正是孤独的主体焦虑与恐惧的表现，是对付引发焦虑、恐惧的对象，消除深层焦虑与恐惧的手段。想尽一切手段让对手就范，本来就是害怕对手、畏惧对手、担心对手不利于自己或超过自己并且担心对手危及自身的表现。为了让这种可能不会发生，主体就发明上述手段约束住对手。显然，这些手段都是主体性手段，即都是主体自己主动采取的，而且都是通过首先改变自身（自我孤立、敌对化他者、强化内在自我），尔后外在地改变对象而进行的。

于是，推远陌生物、猎取和占有陌生他者，把令人不安的诸多他者系统化、秩序化的做法，都隐含着一种支配和权力，这种权力关系渗透进了主体性之中："主体的觉醒也必须以把权力确认为一切关系的原则为代价……人类与上帝的近似之处体现在对生存的主权中，体现在君主的正言厉色中，也体现在命令中。"①同时，为了完成这种支配和宰制，就需要搁置客体对象的特殊性与个性，锁定其普遍共性而完成普遍性认知。为此，霍克海默与阿多诺还举出德文词"概念"（Begriff）是从动词"掌握"（greifen）而来的例证，说明概念就是掌握，而掌握就是舍弃被掌握物的特殊性与个性，仅仅关注于抽象普遍而制作出来的。在这个意义上，概念标志着推远（外物）、封存（焦虑与恐惧）、凸显（抽象普遍）等环节的完成，也标志着撇开个性与特殊性等认识环节的完成。同一性、支

---

① MHGS Band 5, S. 31. 参见《启蒙辩证法》, 6 页。

配、宰制，就这样进入克服焦虑与恐惧的主体化策略之中。

三、谋求新的自我主体

在霍克海默与阿多诺看来，这样对待他者和自己的主体肯定是不健康的，这种做法甚至略微夸张地被认为是一种偏执的病态的做法。力图占据中心地位、支配对手的那个主体，实际上是个偏执狂。因为在这种主体性哲学看来，世界上唯一可靠的就只有主体自我；只有把自我投射出去，才能谈论所谓的"世界"（视界）。世界由此要么是自我的表现，要么就是自我的塑造，没有其他可能。在经验形态上，就操作过程来说，并不是每个经验自我都符合这样的主体性规定。启蒙就是启发每个人的内在自我，使之成为理性主体的过程。在这个过程中，经验自我达到主体性的水准要求成为名副其实的主体的顺序必定有先后。先进者之于落后者，自觉主体之于懵懂愚昧者，更不用说人作为主体之于永远也不开窍的自然，都具有无可争议的优势地位。在这些关系中，"主体都占据着中心地位，而世界只不过是为主体的癫狂提供了机会；世界变成了将一切事物投射其上的软弱无力或无所不能的总体概念（Inbegriff）。偏执狂（Paranoiker）在牢骚不断中表现出来的反抗力量，只不过是毫无还手之力的结果，是时刻周缠其身的空虚"[1]。显然，主体的这种偏执的支配性品格，令人想起当时成为两位作者心头大患的法西斯统治者。在这

---

[1]　MHGS Band 5，S. 220. 参见《启蒙辩证法》，213 页。

种心态的支配下，"偏执狂"的说法无疑具有某种夸张的特点。但我们只要不太在意这种形式上的夸张，就很难否认两位作者对现代主体的洞见。自然，他们并不认为法西斯是偶然的历史现象，而是把这种不健康性看作内含于现代主体性的基本结构之中的基本事实，这种事实普遍地存在于现代主体性之中。法西斯的出现就是这种不健康性发作的结果而已。

看来，在疏远他者、猎取和支配他者的现代主体性之路上，现代思想已经走出了很远，并且到了很危险的程度。这样的主体自我势必是一种抽象自我，是应有的宽容尊重、平等、自信等美好品质都被抽象掉了的偏执主体。从基本情绪的角度看，不健康的这个主体自我，有以下三点基本特征：第一，被抽象掉了特殊性和个性，成了同一性的并因而是抽象的主体；第二，客体也是自我的某种投射，作为主体自身的表现和塑造物，客体充分体现了这种主体性衍生出来的没有生命、冷漠无情、严格合秩序、服从性等特质；第三，强烈的支配欲望。于是，主体自我的最高目的是自我持存，而他者都是自我持存的基础与手段。在这种支配欲望的背后，存在着可怕的冷漠，极度自傲反映着它的软弱，更直接地反映着自己缺乏"深层的爱和充满和平的自由"。

既然现代主体性问题这么严重，那该如何拯救呢？正如马丁·杰所说，"霍克海默和阿多诺则乐于破坏传统的自我却又不提供详细设计的替代模式，这一遗漏后来使法兰克福学派的信徒如哈贝马斯颇为烦恼"[1]。其实，霍克海默与阿多诺并非没有提供解决思路，只是没有提

---

① ［美］马丁·杰：《法兰克福学派史》，单世联译，308 页，广州，广东人民出版社，1996。

供具体的方案而已。在我看来，两位作者在《启蒙辩证法》中提供了一种解决现代主体性问题的基本原则、思路。后来的哈贝马斯提供了一种交往主体性的方案；而在批评主体的支配性、主体与权力统一方面跟霍克海默、阿多诺同路的福柯，那个说如果早看到法兰克福学派的著述"就不会说那么多的蠢话，绕那么多的弯路"的福柯，晚期也提供了一个解决方案。在这三个思考中，我觉得福柯的反思最为深刻。哈贝马斯声称霍克海默与阿多诺的思路仍然停滞于意识哲学的困境之中，由此两位前辈的思路不但可以被替代，在主体性问题上也基本上可取消其研讨价值。哈贝马斯的交往理性方案革除了沿着基本情绪之路向探究启蒙主体性的希望之路，某种意义上说这是一种退步，并封闭和消解了《启蒙辩证法》打开的洞见天地。这种做法非常轻率，也早已遭到重思主体性的中青年学者的批评。由于国内多次讨论哈贝马斯的方案，在有限的篇幅内我们不再涉及。

对霍克海默与阿多诺来说，主体性是必须要保持的。他们担心主体性成分在物化体系中被取消，市场体系、大众文化、权威主义都在侵蚀着主体性和基本的自由。马丁·杰说："研究所并不希望复活古老的资产阶级的支配性自我的个人，但它的确感到，个人在某些方面被受操纵的大众所替代确实意味着自由的丧失。正如阿多诺在给本雅明的信中所说的，'个体'是中间工具，一个过渡的工具，这一点不能视为神话而打发掉，相反，它不得不保存在一个更高的综合中。"①在排除了社会群体拥

---

① ［美］马丁·杰：《法兰克福学派史》，单世联译，313页，广州，广东人民出版社，1996。

有真理的可能性之后，他们把希望寄托于批判性个人身上。批判性个人作为主体不可替代，也不能被否定。而那个更高的综合，就是和解。

中国学界在解读《启蒙辩证法》时往往把启蒙辩证法理解为启蒙转化为自己当初向往的反面，走向了野蛮、欺骗、神话和迷信的不归路，启蒙因而失去了希望。这种至今仍为许多学者津津乐道的后现代式解读，在我看来实际上并不符合作者的原意，而只是片面地抓住某些句子并做出了过度的发挥。《启蒙辩证法》绝没有判决启蒙死亡，而是明确肯定了希望还在：它就是和解。启蒙可以在辩证和解中谋求更高的成功。启蒙绝没有堕落到无可救药的地步，启蒙是对蒙蔽的对抗和否定。在这个意义上，启蒙是一种不断的否定和对抗的过程，不是一个一劳永逸的状态。它的意义在于这个否定和对抗的过程，而不在于何时达到了某种确定性的状态。一旦有人宣称达到了这种状态，肯定只是意识形态的欺骗，或是十足的蒙蔽。所以，启蒙是一种否定性辩证法的过程性延续，在这个延续中，存在着此起彼伏的、不断的对抗，蒙蔽与启蒙的对抗。在这个意义上，否定的辩证法就是启蒙的过程展现和运作的机制，否定的辩证法就是启蒙的辩证法。正如卡尼曼与弗里斯指出的，该书在散布一种悲凉气氛的同时，也对存在于哲学反思中的理性的解放力量抱有希望，寄希望于以唯心主义的风格表述的黑格尔客观精神，以及辩证法概念。在理性怀疑与致力于以理性进行思考中所存在的张力关系之间，"这种张力关系不能否认，却应明确地肯定下来"①。维尔默说的对，作

---

① Harry Kunneman and Hent de Vries（Hg.），*Die Aktualitaet der Dialektik der Aufklaerung*，Campus Verlag Frankfurt，New York，1989，S. 10，S. 14.

为与工具精神对立的和解精神，从早期的黑格尔经马克思到阿多诺，一直都是作为一种对现代社会理性化的、失去平衡的以及充满异化现象的乌托邦的对立面出现并存在的。①

从支配到和解，把对客体他者的支配转向与他者的和解，就是两位作者给出的目标指向。从犹太教那里借鉴来的和解，构成了他们的理想期待。可以说，两位作者的理想用他们自己的话来说就是："人类解放就是个性的解放，但它同时又是能够给人类带来解放的社会机制的结果。个人之间的相互独立和互不相容，使人们形成了反抗整个非理性世界盲目的压制力量的结晶。不过，从历史的角度看，这种反抗力量也只能通过相互独立和互不相容的个人所产生的盲目性和非理性才有可能形成。反过来说，如果个性都能够永恒存在下去，那么所有事物都会与整体产生对立。个人的基本个性包括两个部分，一是能够逃离统治体系并能够幸存下来的要素，一是统治体系残害它的成员时所留下的伤痕。"②

真正不害怕对手的策略，就是在一个更高的"综合"中放任他者的自然行为，就是有足够的办法和自信对待他者，把它们按照自身逻辑运作的状态与结果"综合"进一个共态中，并相信自己完全有能力在这样的状态与结果面前保持和发展自身，而不是靠伤害和阻滞他者来实现自己；相信自己能够与对象和睦共处，而不是时时处处担心对方的一点动作都有伤害自己、阻碍自己的可能，都具有伤害和阻滞自身的功能。真正的壮大和伟岸不是处处提防和约束对方，而是尊重对方，给对方自由发展

---

① 参见［德］维尔默：《论现代和后现代的辩证法》，钦文译，111 页，北京，商务印书馆，2003。

② MHGS Band 5，S. 275. 参见《启蒙辩证法》，273 页。

的自然空间，在与之和睦共处中坦然行动，在不伤害多样性存在的关系状态中保持自己的特色与伟岸。这样的特色与伟岸不一定是按照自己设定的某种高于对方的标准，而是在很多标准上都让对方尊重你，让对方觉得你是伟岸的、令人尊敬的。不惜置对手于死地式的"战胜"不是最高的伟岸境界，而是明显深藏着恐惧的非至高境界。在这个境界上的存在者主体，仍然不够强大和伟岸，不但没有接近内在的完满，却怀有内在的空虚和恐惧。不给对方以自由发展的扼杀性态度，不是高姿态，而是自身不够强大的表现。处在这种姿态中的主体，显然仍是发展不够充分的、外强中干的主体。这种主体施行的支配与统治，其实就是一种自我病态的投射。

在这个意义上，调整、完善自我本身，而不是通过猎取和占有他者彰显自身，才是未来的方向与正途。核心与基础仍然是主体性的自我调整，而不是诉诸他者的调整。不管是交往还是反思，无论是借助社会还是反思自己，根本的基础还是主体自我的健全的内在品质的确立。就此而论，晚期福柯的思考比一味诉诸交往理论的哈贝马斯要深刻。

晚期的福柯发现，自我没有真实与虚假之分，必须摈弃对所谓真实自我的寻找。同时，主体自我问题的关键与其说是自我的权力欲望，即支配与统治，倒不如说是自身的内在完善问题。彼得·迪尤斯总结说道："现代权力技术学与对真实性的信仰密切相关。自然解放的想象，从一个比如在心理学中的关于深度自我（Tiefenselbst）的科学理论中获得支持，这简直是导向深度的奴隶化。由此，必须看到，福柯晚期著作对主体问题进行了新的表述。福柯在生存方式的美学名下理解的东西，通过它对希腊与罗马古典时期的伦理法则的研究获得了启发，这一研究不再奠基于对真实自我的探寻，而是更多地指向自我的结构。问题不再在真实性概念中作出判断，而是在美、权力和道德完整（Integrität）中作出判断。"①成为主体不再意味着牺牲、割舍，也不是外向的支配与统治，而是主动的修炼和向完善自我的靠近。近代主体更关注对外物的把握占有，可能是由于这种主体内在空虚、修炼不够、结构失衡所导致的必然结果。所以，不能抛弃向自我内部用力的方案去寻求问题的解决。而没有弄清楚或调整好的自我主体，不但不能为社会交往所替代，反而在主体性遭遇误解、批驳和忽视的时代更加迫切需要被关注和重建。不用说在意识方面，就是在自我的自组织、无意识、体验等层面，自我主体的众多秘密都有待继续研究并被揭开。仓促地宣布意识哲学的终结，主体间性取代主体性，是非常草率的，但这么说绝不意味着忽视和否定社会性、主体间性的作用与功能。

探究、调整、修炼具有复杂结构的自我主体，在自我主体与他者之间建立一种健康和融洽的关系。这可以被看作对霍克海默、阿多诺以及福柯以前所谴责的支配型主体的一种调整方案。与霍克海默、阿多诺一样，晚期的福柯把主体性的探索也追溯到了古希腊罗马，但不一样的是，福柯在笛卡尔之前的主体性前史中试图发现并纠正支配性主体的方案。他发现，前笛卡尔的主体性建构根本不是像《启蒙辩证法》所说的那样，全是为现代支配性主体做准备的，呈现出一种计谋、算计和宰制他者的风格，并明显体现纠正和调适现代非健全主体性的丰富思路。比如

---

① Peter Dews, *Foucanlt und die Dialektik der Aufklärung*, In: Harry Kunneman and Hent de Vries(Hg.), *Die Akualität der Dialektik der Aufklärung*, Campus Verlag Frankfurt, New York, 1989, S. 94.

《奥德赛》时期的希腊思想主题不是人与神的和解，也不是谁战胜谁的争斗，而是人考验自身以成就主体的磨炼。通过它，人得以成为使节制、知足、坚强等美好品质体现出来（即承担起这些价值存在）的承担性主体。关心自己，以自身灵魂的健康（而不是以占有他者）为目标，通过考验、修身、自我努力、教师引导和启发、伙伴相互勉励等途径修炼和提高自己，采取各种沉思、记忆、良心考验等自我训练手段，向自我内部用力，消除、调整、优化自我内在的各种不良情绪，而不是把不良情绪发泄到他者身上，或延伸到自我主体与他者的关系之中，福柯的这种主体解释学以同样向主体性原史（Urgeschichte）回溯的方式，展现出一种调试和纠正现代支配性主体弊端的宝贵思路，这值得我们高度重视。因为，自我主体如何对待自己，如何针对各种境遇调整自己的情绪与态度，如何对待他者，某种程度上直接决定了社会关系的样态。沃格林曾富有洞见地指出，历史和社会中的人类秩序问题来源于意识的秩序，意识哲学（Philosophie des Bewusstseins）乃是政治哲学的中心。内在主体性适当的调整，恰是社会秩序的根基（之一）。如何构筑主体性，就几乎决定了如何构筑关于秩序的观念。对于主体性来说，"观念"是"体验"和"象征"之后出现的第三层面的东西。在这个意义上，主体的内在性是社会性深邃的根源（之一）。弄清楚这个深邃的存在的复杂状况，才能明了"观念"层面及其影响的社会秩序层面的状况。沃格林的洞见表明，只有在意识的"体验"中确定这种根基，才可能进一步通过"象征"和"观念"扩展开来，从而使个人获得确定性，并进而在人与人的社会交往中获得确定性的诚信体系和规范。主体性不能仅仅在理性、观念层面上被理解，必须穿越表象层面深入实践层面去探究——

扎哈维正是主张在实践层面上建构一种最低程度的主体性（自身），以区别于康德的先验自我主体和发生学意义上建构解释学主体的。由此而论，仅仅在理性、观念层面理解主体性，以为揭示出主体性这个层面的问题与麻烦就能使主体性坍塌，以为批驳传统的意识哲学就能使主体性哲学死亡，看不到情绪、体验等层面的意识主体性，难免流于单纯和肤浅。意识哲学没有终结，主体性哲学仍然存在依赖性的问题有待探究，草率断言意识哲学被语言哲学取代，或者主体性被主体间性取代，有害无益。

恐惧的深化与拓展：从尼采到《启蒙辩证法》

《启蒙辩证法》对资本主义、法西斯主义的批判采取了一种异常激进的态度。在很多方面，不但比马克思更为激进，甚至跟尼采相比也是如此。本文的目的在于考察，《启蒙辩证法》如何把尼采关于基督教文化、柏拉图主义出于恐惧所营造的自己的观点进一步推进，这种推进反过来又如何造就了《启蒙辩证法》的主题，这些主题又该如何区别于尼采所孕育的不同的批判立场。

一、恐惧作为启蒙的情感基础：从尼采继承而来

《启蒙辩证法》认定西方"启蒙的根本目标就是要使人们摆脱恐惧（Furcht），树立自主"，可是，针对具体目标的恐惧或许可以摆脱，隐秘而又没有具体目

标的焦虑却无法摆脱。所以，最后的结论是，"启蒙就是彻底而又神秘的焦虑（Angst）"①。把启蒙的情感基础视为恐惧与焦虑是从尼采那里继承来的见解。

面对复杂而不断生成中的世界，人难免恐惧与焦虑，更难免感到挫败与悲苦。但如何对待这种恐惧与挫败，如何应对因此产生的焦虑与悲苦，却反映了不同的文化理想，更反映了不同的意志强度和向度。在《悲剧的诞生》中，尼采就根据对恐惧和悲苦的态度区分了三种不同的文化："借知识和理由而免除死亡恐惧（Todesfurcht）""妄想知识可以治愈生存的永恒创伤"并最终导向科学理性的苏格拉底文化②，以及艺术文化、悲剧文化。"赴死的苏格拉底，作为一个借知识和理由而免除死亡恐惧的人，其形象是科学大门上方的一个盾徽。"③苏格拉底文化崇尚一种"理性主义方法"，相信"只要万物的唯一支配者和统治者'理性'尚被排斥在艺术创作活动之外，万物就始终处于混乱的原始混沌状态"④。站在这个立场的欧里庇得斯于是就力图以"清醒者"身份谴责"醉醺醺"诗人的立场，以为理性就是秩序和美的源泉。这种文化与"被眼前飘展的诱人的艺术美之幻幕包围住""通过想象来战胜对俗界的难以形容的厌

---

① Max Horkheimer，*Gesammelte Schriften Band* 5，*Dialektik der Aufklaerung und schriften* 1940-1950，Fischer Verlag，Frankfurt am Main，1987，S. 25、S. 38. 参见中文版《启蒙辩证法》，渠敬东、曹卫东译，1、13页，上海，上海人民出版社，2003。

② 参见［德］尼采：《悲剧的诞生》，周国平译，64、76页，北京，生活·读书·新知三联书店，1986。

③ 同上书，64页。

④ 同上书，53～54页。

恶"①的艺术文化一样，都无法直面生命中的悲苦与恐惧。只有"求助于形而上的慰藉，相信永恒生命在现象的漩涡下川流不息"的悲剧文化，才不会被恐惧击倒。

在《扎拉图斯特拉如是说》中，尼采认为："恐惧是人类原初的情感，所以，从恐惧（Furcht）出发，可以解释一切，原初的罪恶和原初的道德。"②从恐惧出发可以解释基督教，也可以解释科学的产生和发展。因为"这种古老、长久的恐惧，最后精细起来，变成宗教（geistlich），变为精神（geistig）——我想，如今这便唤作：科学"③。这个很容易让人跟《启蒙辩证法》联系起来的这一思想，一直贯穿在尼采思想之中。基督教传统中隐含的恐惧克服策略，与启蒙理性传统中营造的恐惧克服策略，都受到尼采的高度关注。力图主宰自己，但品质与能力又缺乏的"主体"，面对异在他者引发的忧虑与恐惧如何成功地化解呢？尼采指出，伴随着陌生之物的是危险、不安、忧虑——第一个冲动就是消除这种令人难堪的状况。科学—理性文化就试图给予一个解释：最好的解释就是因果、必然性解释，以便使那陌生、令人忧虑的异在他者世界变为遵循严格必然秩序的世界，不会贸然危害我们。于是，尼采认定："原因的

---

① ［德］尼采：《悲剧的诞生》，周国平译，90 页，北京，生活·读书·新知三联书店，1986。

② Friedrich Nietzsche, *Sämtliche Werke*, KSA Bänden 4, Deutscer Taschenbuch Verlag, 1999, S. 376—377. 中文版参见［德］尼采：《扎拉图斯特拉如是说》，黄明嘉、娄林译，485～486 页，上海，华东师范大学出版社，2009。

③ 同上书，486 页。

冲动，也就是由恐惧感决定和激起。"①可见，必然性、秩序性的建立在科学—理性解释中是关键所在。与此类似，基督教的解释也在塑造一个稳固、必然的秩序世界。只不过它不是由科学家发现的必然规律支撑和确立的，而是由存在于信徒心中的上帝支撑和确立的。

《启蒙辩证法》诞生时上帝的效力远比不上尼采时期，而科技理性的效力却正好相反。所以，与《启蒙辩证法》更关注启蒙理性传统对恐惧的克服，尼采在基督徒那里发现了无力承担恐惧、悲苦，而转向虚构一个简单形而上学来确立必然秩序，并替自己承担悲苦的典型例证。在他看来，面对现实生活中的失败，无法拥有现实世界的原始基督徒就会虚构出一个属于自己的、随自己心愿的、纯粹的"上帝"作为世界的根基和掌控者，以为只要自己献身于它就能拥有它，并以此获得安慰，获得意义的奠基，获得根据和希望。实际上，他们把这个世界设想得越超脱、越不沾染一丝杂质，就越反映出创作者内在的虚弱和一无是处。在尼采看来，保罗派的基督教之所以要如此解释世界，是因为他们满怀恐惧。形而上学虚构是化解恐惧的一种文化创造，"作为柏拉图式宗教的基础，恐惧扮演了根本的角色"。尼采认为："人们满腹狐疑地对不可救药的悲观主义，怀有深深的恐惧，正是这种恐惧迫使人们许多世纪以来，对存在作出了宗教上的解释。"②可是，希腊以前的宗教并不是出于恐惧，而是出于感激和正义。出于恐惧的宗教是大众宗教。

对熟悉的生活共同体之内的人，施以爱，对不熟悉的陌生他者则抱

---

① ［德］尼采：《偶像的黄昏》，卫茂平译，83 页，上海，华东师范大学出版社，2007。

② ［德］尼采：《尼采论善恶》，朱泱译，93 页，北京，团结出版社，2006。

有恐惧、惧怕、恨，这是大众宗教信奉者的常见之事。在尼采看来，这其中对邻人的恐惧重要于对邻人之爱。尼采认为，在社会组织建立起来、能抵抗外部危险之后，"正是这种对邻人的恐惧再次为道德评价提供了新的角度"①。蛮勇、报复心、贪婪、统治欲等，这些强烈而危险的本能，似乎对社会有用，因此经常被培养起来，助益群体强大，"以应对社会面临的危险和敌人"，"然而，现在这些本能被认为具有双倍的危险，因为缺乏转移这些本能的渠道，于是它们逐渐被贴上不道德的标签，任人诽谤"，这更说明了，"恐惧再次成为道德之母"。② 我们对道德的建构感到恐惧，是因为我们恐惧蛮勇、报复心、贪婪、统治欲这些强烈而危险的本能的危险性，不能很好地控制它们，我们才认为它们不道德。我们视为不道德的东西，不是本质上就不道德的东西，而仅仅是我们害怕的东西。是我们内心不够强大，是我们自身内部的原因，才导致了我们对这些行为的不信任。问题不是出在这些行为上，而是出在我们自己身上。为了保险起见，我们才把有利于现存秩序的那些东西视为道德的、善的。在这里，道德和善始于既有秩序的维护，与承担风险的能力的缺乏，与内心的胆怯和弱小直接相关："崇高的独立精神、独立的意志、甚至强大的理性，都被视为危险；因此，任何使个人从群体中脱颖而出、从而对邻人形成威慑的东西都被称作'罪恶'；而公正、谦虚、顺从的心态以及适中的愿望，将得到道德方面的名号和荣誉。……任何崇高而坚韧的高贵和自我依赖都会惹人生厌，引人怀疑；而'羔

---

① ［德］尼采：《善与恶的彼岸》，梁余晶译，149～150 页，北京，光明日报出版社，2007。

② 同上书，150 页。

羊'，尤其是'绵羊'将获得人们的尊敬。"①

根据朗佩特的看法，这里的恐惧是指对稀世之人的恐惧：过度安定的社会环境不需要这种人的品质。这些品质会带来危险。

恐惧成为道德的基础，不仅仅是指恐惧外物，更是指恐惧对秩序、安定构成可能性伤害的那些品质与本能，恐惧它们受到赞扬。为了维护秩序、安定，那些有危险的品质（如冒险、孤独、个性）与本能就会被视为不道德的。道德与不道德的评价，是从维持和保证秩序的角度出发的。也就是说，道德确定的基础不是什么崇高的东西，而是非常实用的一种考虑。这样一来，"如果可以完全消除危险、消除恐惧的原因，那么道德也可以被取消了：它不再被人们所需要，也不会再认为自己是必要的了"②。基督教意识形态中的恐惧元素，拒斥了造就伟大、崇高的那些品质，使得恐惧、同情都可能成为躲避伟大的原因。也正是在此意义上，只有超越恐惧与同情，才能到达成为永恒的喜悦：狄俄尼索斯式的所作所为"不是为了摆脱恐惧和同情，不是为了借助激烈的发泄，让自己从一种危险的情绪中得到净化——亚里士多德就是这么理解——相反是为了，超越恐惧和同情，成为生成之永恒的喜悦自身……"③。

希腊人的宗教本来是高贵的。在那里，非常高贵的人心怀感激地站

---

① ［德］尼采：《善与恶的彼岸》，梁余晶译，150 页，北京，光明日报出版社，2007。

② 同上书，151 页。

③ ［德］尼采：《偶像的黄昏》，卫茂平译，190 页，上海，华东师范大学出版社，2007。

在众人和生命面前。后来，基督教就开始迎合和反映下层民众的品性。在尼采的眼里，恐惧成为宗教隐匿的情感根基，它是与一种特殊的、创立者不够崇高的、能力不够强大的宗教直接相关的，并与下层民众的孱弱和无奈(但又以虚幻的形而上学冒充高大上)脱不了干系。这样的"恐惧"似乎是对强者的恐惧，对造就强者的那些品质和能力的恐惧。①

于是，基督教文化对固定、保险、严格秩序的追求，就开始与科学—理性文化对必然秩序的追求内在一致了。尼采在这种文化精神中读出了一种保守、求稳、按部就班、不敢冒险、无法承受永恒生成世界带来的压力等基于平庸的倾向，读出一种因为害怕把引向成功的冒险、战斗、高贵、个性、不合群、进取、丰溢等品质而视为引发痛苦的品质，甚至将它们判为"恶"，而把减轻痛苦的品质，如同情、卑谦、顺从、宽恕、友善、耐心、怜悯等视为"善"的颓废与平庸的倾向。在这种倾向中，文化在逐渐地消融于偶然、不确定和突发事件引起的害怕中，使得"一种充满安全感、相信规律和可预见性的状态将成为可能"②。随着规律和可预见性世界的日益成型，"文化的全部历史体现了对偶然事件、不确定事件、突发事件的惧怕的减少。文化恰恰意味着学会预见，学会思考因果关系，学会先发制人，学会相信必然性"③。

所以，当下层民众在宗教中占据统治地位的时候，"恐惧(Furcht)

---

① 参见[德]尼采：《论道德的谱系》，周红译，102 页，北京，生活・读书・新知三联书店，1992。

② [德]尼采：《重估一切价值》，林笳译，842～843 页，上海，华东师范大学出版社，2013。

③ 同上书，842 页。

也就在宗教中蔓延开来——这便为基督教的出现准备好了条件"①。宗教在民主制下却成了一种低级的东西，失去了高贵性。对此，朗佩特解说道："对基督教而言，最重要的转变莫过于希腊宗教在民主制下发生的转变，即从一种高贵的感激向大众的恐惧转变；这场转变最终之所以能成功地导致大众宗教，在尼采看来，责任最大的莫过于柏拉图。……荷马的宗教出于感激，以一种高贵的姿态站立在自然与生命面前，产生了迄今为止人类最高的艺术成果和智识成就。而柏拉图的宗教则基于恐惧，奴隶般地屈服于某些被发明出来的超自然力量，最终导致欧洲人沦为一种亚洲宗教的猎物，这种亚洲宗教要让整个人在一个至高无上的救赎之神面前自我否弃。"②

显然，尼采笔下柏拉图和苏格拉底之前的希腊宗教并不是这样的。荷马绝不会像霍克海默、阿多诺所说的那样因出于恐惧与焦虑而艰难地走上返乡之旅，西方文化也不是一开始就出于对异在他者的恐惧而力图牢牢地掌控住它们。尼采不会像《启蒙辩证法》那样把恐惧、仇恨归于西方文化的开端，而只是把它与柏拉图主义、基督教后来的低俗化、低级化联系起来。他明确指出，"因为恐惧——是我们的一个例外情形"，"我以为，勇敢才是人的整个史前历史"③。尼采推崇荷马，赞赏他早早

① Friedrich Nietzsche, *Sämtliche Werke*, KSA Bänden 5, Deutscer Taschenbuch Verlag, 1999, S. 70. 中译文参见［德］尼采：《善与恶的彼岸》，梁余晶译，76 页，北京，光明日报出版社，2007。

② ［美］朗佩特：《尼采的使命》，李致远、李小均译，132 页，北京，华夏出版社，2009。

③ ［德］尼采：《扎拉图斯特拉如是说》，黄明嘉、娄林译，486 页，上海，华东师范大学出版社，2009。

开始了泛希腊化，希腊人由此得到了精神自由和人性自由，这是他的贡献，也是他的过失："但同时，这又是希腊文化真正的厄运，因为荷马的集中化导致了肤浅化，消解了相对严肃的独立本能。"①尼采对荷马既有赞赏又有担忧，他看到"所有伟大的精神力量都是既有解放作用，也具有压迫功能"。不过，跟后来的基督教和科学—理性文化相比，荷马还是高贵的，因此不能把他与苏格拉底相提并论："对人施行暴政的是荷马，还是《圣经》，或者是科学，这当然是有区别的。"②在《启蒙辩证法》中，这种重要的区别消失了。荷马笔下的奥德修斯直接成了"西方资产阶级最早的一个原型"③。

对于写作《启蒙辩证法》时的霍克海默与阿多诺而言，虽然他们还保持着对普通民众的同情，但奥德修斯身上的伟大、高贵被消解之后，非但没有导致他们对普通民众的期待和信任，反而加深了对下层民众能力的质疑，并认定他们仍会笃信大人物所打造的意识形态，特别是异常容易获得的廉价快乐和悲苦以及即时得以释放的文化工业，民众更难以拒绝。在他们的眼里，民众会在这种难以拒绝中失去历史主体的身份和能力，成为文化工业的俘虏。在这方面，他们受尼采的影响甚于马克思，他们的观点最后也更接近尼采而区别于马克思。在对资本主义进行激进主义批判（马克思）和保守主义批判（尼采）的两种批判思潮中，两位持激

---

① ［德］尼采：《人性的，太人性的》，魏育青译，227 页，上海，华东师范大学出版社，2008。

② 同上书，227 页。

③ ［德］霍克海默、阿多诺：《启蒙辩证法》，渠敬东、曹卫东译，前言 5 页，上海，上海人民出版社，2003。

进立场的作者却明显地更趋向尼采。尽管在从恐惧视角批判性地解释西方传统时他们与尼采的着重点不同（尼采着重于基督教，而他们着重于启蒙理性），但他们在《启蒙辩证法》中的观点显然更得益于尼采。他们的精英主义倾向更接近尼采，而截然不同于马克思。

二、恐惧成就的主体性

《启蒙辩证法》大加发挥的恐惧与启蒙理性的内在联系，同样受到尼采相关思想的重大影响。

对异在他者的焦虑与恐惧呼唤主体的内在潜能，刺激焦虑主体挖掘内在能量把自我做大做强。这种主体性的动机与其说是自我的强大，不如说是异在他者的强大；与其说是主体内在性的扩展，不如说是控制异在他者的欲望的必需。主体性本质上不是自足自立，不是满足的自溢，而源自对他者的恐惧。恐惧的他者刺激了主体性，造就了主体性。尼采就是这样理解主体性的。在他看来，常被视为精神、灵魂的"主体"就源于被刺激起来的主人的欲望和自我扩张。"那个人们称之为'精神'的发号施令的东西，想在自己家和周围充当主人，而且要感觉到自己是主人；它有追求从复杂到简单的意志，一种有约束力、驯服力、专横傲慢和真正统治一切的意志。"①

---

① ［德］尼采：《善与恶的彼岸》，梁余晶译，201 页，北京，光明日报出版社，2007。

精神的基本意志是由某种知识驱使的统治欲望，这就是阿多诺们从尼采这里吸取的主要思想。朗佩特对尼采的上述言论解读道："精神的基本意志根本上说，不是自我保护的欲望，而是自我促进和扩张的欲望，是演化成统治工具的精神。"①将他者精神化为自己的力量。化繁为简，化新为旧，忽视和撇开矛盾等形式，都是为了获得统治，围绕这个目的来整合、扭曲事实。一切都是为了统治，精神化的目的就是如此。在尼采看来，认识起始于人持续的生存意志。思想是一种强制性地把新遇见的东西归于由已知的东西构筑起来的认知模式的同一化、一体化过程，是"让新的材料适合旧有模式"的一种解释。在这种解释中，我们把主体意志强加给了解释对象。如凯伦·卡尔所说："如此描述的知识，根本上就是一个拉平一切的过程，是对所有新奇的、异质的和难以解释的东西的同化和驯化过程。尼采观点隐含的前提就是，为了存活，有机体在应对不熟悉的和难以解释的事物时，必须用熟悉和能被理解的事物去包容它们。在这一过程中，我们通过用旧现象解释新的现象，通过把方形的钉砍掉一角，把它们钉进我们发现更好控制的圆孔中。"②如果说启蒙主体性之中的统治意志是启蒙理性应对恐惧的一个重要着眼点，那么，化繁为简、化新为旧、抹杀差异、拉平一切的模式化过程则是第二个着眼点。

---

① [美]朗佩特：《尼采的使命》，李致远、李小均译，276 页，北京，华夏出版社，2009。

② Karen L. Carr, *The Banalization of Nihilism*，State University of New York Press，1992，p. 34. 中译文参见张红军：《虚无主义的平庸化：20 世纪对无意义感的回应》，49～50 页，北京，社会科学文献出版社，2016。

阿多诺将尼采的上述思想几乎未做改动就直接继承过来了。在他看来，拉开距离是主体诞生的基本前提。与笛卡尔切断与一切他者的联系返回自身探寻主体确定性的策略不一样，阿多诺与霍克海默认为，必须通过与他者的接触才能确立主体自我，主体总是与权利、权力、占有、斗争联系在一起才能成就自身。

这就是说，主体性源自遇到他者所发生的恐惧。切断与异在他者的联系以寻求确定性，起因可以理解为出于对异在他者的惊恐。

主体的诞生总伴随着恐惧。主体的诞生意味着营造一个自己了解、控制的世界，这个世界是个发出理性之光并照亮目及范围的世界。《启蒙辩证法》显然更凸显了主体性与焦虑、恐惧的联系。成为主体意味着承受对异在他者的焦虑与恐惧；意味着自我的确证需要自己探寻完成，需要自己找到本真之在，需要克服万物可能皆是对手或虚无只有自我才是力量和可靠之源的那种沮丧感和孤独感。霍克海默与阿多诺认为，由恐惧激发而生的主体是个男人。他对外在事物的统治包含着对女人的统治。"男人则必须走出家门，融入了一个充满敌意的世界，不断斗争，不断进取。……千百年来，男人们总是梦想去获得对自然的绝对占有权，把整个宇宙变成一个大猎场。"①

人作为主体成为中心曾是诺斯替主义的主张。人以神秘而崇高的"灵"区别于外在的物质能量世界。可是，意识不到、尚未灵动起来的人，只得孤身面对外界。焦虑与恐惧由此势必无法被摆脱。约纳斯说：

---

① ［德］霍克海默、阿多诺：《启蒙辩证法》，渠敬东、曹卫东译，282 页，上海，上海人民出版社，2003。

"焦虑（Angst）作为灵魂对它的世间存在的回应，乃是诺斯替文献中一再出现的主题。这是自我发现了自己的处境之后的反映，实际上它本身即是这个发现的一个因素：它标志着内在自我从这个世界的麻木与沉睡中苏醒过来。……对于诺斯替来说，人与世界之间的这种疏离需要加深并达到极点，才能解放内在自我，如此才能使内在自我重获自己。"①

消解异在他者的异在色彩，使自我面对的异在物成为熟悉之物，使世界成为主体自我的家园，就是主体性希望实现的目标的感受。伽达默尔曾分析道，焦虑（Angst）与非同寻常的（ungeheuer）、阴森森的（unheimlich）相关。前者是对生活中呈现的那些无法一目了然的辽阔、空旷、高度、距离、陌生存在的情感表达。这些存在超出了人们可以把握的视野范围，是一种巨大的异在（riesigen Fremde）。与 ungeheuer 及 unheimlich 所标志的现象相对立的是，可以在家里把握的、处于威胁之外的、克服了所有焦虑与恐惧的情感，伽达默尔用形容词"入家"（einhausen）来表示。② 显然，作为哲学概念的 Angst 所标志的不是一种特殊现象，而是对生活从狭小挤入辽阔，从可把握的、以 einhausen 形容的现象进入以 ungeheuer 和 unheimlich 形容的现象的一种表达，即从可把握的、已掌握的状态突然进入无法把握、茫然不知所措的状态的情感表达。谢林在《人类自由的本质》中就用过这个词。他说："正如焦虑

---

① Hans Jonas, *Gnosis Die Botschaft des fremden Gottes*, Verlag der Weltreligionen im Insel Verlag Frankfurt am Main und Leipzig, 2008, S. 387. 中译文参见［美］汉斯·约纳斯：《诺斯替宗教》，张新樟译，303 页，上海，上海三联书店，2006。

② 参见 Hermann Lang und Hermann Faller, *Das Phänomen Angst*, Suhrkamp Verlag Frankfurt am Main 1996, S. 268.

(Angst)是每一个生命创造的基本感受一样，生活中的一切，只能在激烈的冲突中感受和诞生。"①

从尼采到伽达默尔的哲学家们，都在提醒我们，作为主体的自我原本被焦虑和恐惧牵制，甚至为之煎熬。苏格拉底以来的理性文化不断营造出一种存在着严格秩序的世界，以此规避和超越困扰我们的焦虑与恐惧。这一策略在现代性背景下取得的巨大成绩一度给人以成功的迹象，但终归没有那么简单。现代生活中日趋增加的风险，因技术进步导致的世界的不断"增大"使得更多事物进入我们的视野，特别是人们一度遭遇的对崇高和神圣的世界的消解，使得许多人在物质—技术层面和精神—信仰层面的确定性不断被消解。分工的快速进步和知识的分化与专门化，造成了每个个体所不熟悉的领域越来越多。在这些领域内，舍勒所说的足以确立起自我统治性地位的统治性知识（Herrschaftswissen）对于许多人来说越来越缺乏。在这些领域内，多少东西能经过你的"思"确认？你能肯定它们确切无疑？你了解、掌握、控制的东西有多少？凭借它们，你能建构起自己的主体地位，而不至于被客体世界牵着鼻子走？或许就像霍克海默说的那样，思想就是被焦虑驱动着的一种追问。"无疑，生存的焦虑属于生命和人的本质。我们在史前时期就知晓惧怕雷暴，后来遗忘了，又经过如今现代的焦虑、惧怕开始被重置被唤醒。"②伽达默尔说得对，怎样应对生命焦虑的基本情绪，如何在应对担心的背

---

① ［德］谢林：《对人类自由的本质及其相关对象的哲学研究》，邓安庆译，30 页，北京，商务印书馆，2008。Angst 原译为"畏"，这里统一改为"焦虑"。

② Hermann Lang und Hermann Faller，*Das Phänomen Angst*，Suhrkamp Verlag Frankfurt am Main，1996，S. 272.

景下建构世界，以至于不用担心那么多的事与物，甚至有在家的感觉，是个根本问题。现代焦虑的增多和加强，不但驱使我们反思许诺给我们安全、保险的理性文化，质疑其策略的成效和根基是否牢固，而且确实如尼采所做的那样，更驱使我们返回到它的原始发生场所，追溯其本来面目，还原其原始场景，揭示那些长期显得高大上的东西原本的情感秘密或焦虑本性。

如果我们采取谢林所谓畏惧着的每个个体都是一团肆虐着的烈火的说法①，霍克海默的"烈火"无疑被法西斯点燃了，所以人们才在这一烈火的猛烈刺激下，在这团烈火堆旁边，反思、解读起西方的启蒙来。而这种解读可想而知必定会受到这一烈火燃烧的深刻影响，以至于他们把启蒙理解成了一种用理性浇灭"烈火"、用概念来消解差异的现象。在这种解释中，尼采所谓"从复杂到简单的意志"在霍克海默与阿多诺的眼里就是概念化，即把一切异在他者归结为一个抽象的存在，一个用概念足以标志并替代的存在。概念的诞生意味着记忆的选取和稳固化："如果把死亡赋予生命，幸福就会变成物质，这样，也就必然会产生清晰的记忆、稳定的认识、宗教的或哲学的观念，简言之，就是概念。"②概念标

---

① 谢林写道："生命本身的焦虑（Angst）把人推出了他被创造于其中的中心；因为这个中心作为一切意志的最单纯的本质，对于每个特殊意志都是一团肆虐的烈火。……对于作为一团烈火的人的意志来说，必定是要经历这一对自执性（Eigenheit）的扑灭过程，才得以变得六根清净（Gelaeutert）。"［德］谢林：《对人类自由的本质及其相关对象的哲学研究》，邓安庆译，97 页，北京，商务印书馆，2008。Angst 原译为"担惊受怕"，这里统一改为"焦虑"。

② ［德］霍克海默、阿多诺：《启蒙辩证法》，渠敬东、曹卫东译，281 页，上海，上海人民出版社，2003。

志着推远、封存、凸显等环节的完成，也标志着撇开个性与特殊性等认识环节的完成。"为了逃避对自然的迷信和恐惧，理性将客观有效的同一性和形式统统转变成一种混沌物质的迷雾，把它对人性产生的影响咒骂为一种奴役，直到主体在观念中完全变成独一无二的，无拘无束的，却又空洞乏味的权威。"①霍克海默与阿多诺继承了尼采对于以知识消解恐惧、把知识视为美德的苏格拉底理性文化的反思批评，力图在至上知识（无所不知）与冷酷无情之间发现内在联系，从而在判决以知识消解恐惧策略的效果上打上更多折扣。由于《启蒙辩证法》把理性文化从苏格拉底推到更早的荷马、希腊神话，尼采喜欢的希腊诸神也成了他们的嘲讽对象。"众神无法使人类摆脱恐惧（Furcht），因为他们为人类带来了惊诧之声，就像他们的称谓一样。人类也只能假想惟有在其无所不知之时，方能最终摆脱恐惧（Furcht），获得自由。"②苏格拉底理性文化追求的"无所不知"，不是导向对细节、差异、多样性的尊重和探究，而是以概念、逻辑来抹杀它们，视之为建立普遍知识或舍勒所谓统治性知识的障碍。按照这一策略，与各种骆驼朝夕相处的贝都因人用两个单词组成的词组称呼各种不同的骆驼，这是一种特殊、落后的文化。只有用一种同一性的概念"骆驼"称呼贝都因人眼里颇不相同的这些"沙漠之舟"时，才能够建立一种普遍知识。显然，这种普遍知识意味着对远离（中心）主体的众多边缘性存在的蔑视、漠视甚至无视，甚至意味着主动、自觉地把自己不感兴趣、不喜欢的边缘性存在推远，推出自己的视域，眼不见

---

① ［德］霍克海默、阿多诺：《启蒙辩证法》，渠敬东、曹卫东译，98页，上海，上海人民出版社，2003。

② 同上书，13页。

为净了事。于是，差异、多样性就这样被同一性体系排除掉，而这种排除意味着对被排除的东西的漠视和宰制。强制、压制、消解、宰制、疏远、改造甚至扼杀，便进入克服恐惧的策略之中。在这个策略中，对一些东西的肯定伴随着对另一些东西的漠视和否定，对一些存在生命的肯定伴随着对另一些存在死亡的肯定，对同一性的肯定意味着对所有差异性、多样性的否定。所以，"每个生命都以死亡为代价，每种幸福都连带着不幸"[①]。

当然，把那些扰人的、令人恐惧的、不符合标准和统治性意志的边缘性与多样性存在，还有胆敢跟自己争夺统治权的"主体"，推远到视线之外的策略还不是最糟糕的。最糟糕的是，把它们强制性改造和消灭。在这里，霍克海默与阿多诺发现了法西斯主义的源头和脉络。

三、主体化作为克服恐惧的方案

克服恐惧的方案有多种。在《启蒙辩证法》的逻辑中，克服焦虑与恐惧有多种文化方式：宗教的方式连带着神话、巫术的方式，以及科学理性的方式。个体凭借自给自足的内在的理性独自承担克服焦虑与恐惧的任务，就是自苏格拉底以来日渐兴盛的启蒙理性的方式，它是否是最"好"、最"合理"的方式，取决于如何定义"好"与"合理"；但目前来看，

[①] ［德］霍克海默、阿多诺：《启蒙辩证法》，渠敬东、曹卫东译，13 页，上海，上海人民出版社，2003。

却是迄今为止最有效的方式。

在科学理性的方式中，建立起人的统治的秩序化归置是主要目的。如果达不到，建构不起足够的统治性知识，或无法确立起统治性意志，就会致力于对那些无法消除却又引发焦虑与恐惧的东西的疏远、推远，甚至漠视和遗忘。如果进一步遭遇更严重的妨碍和反抗，统治主体就可能专注于消灭妨碍、反抗秩序的力量（或人）。所以，越来越严重化的如下三种策略就成了最常见的三种方案：便于统治的秩序化归置；疏远、推远、漠视与遗忘；厌憎招致的消解、消灭。

第一种策略也就是尼采在《悲剧的诞生》中所说的，自苏格拉底开始的文化策略。用阿多诺的话来说，其核心在于，"人类也只能假想惟有在其无所不知之时，方能最终摆脱恐惧，获得自由"①。无所不知的目的来自无所不能，这在近代思想的开拓者培根身上体现得非常明显。崇尚通过知识"能在实践中支配自然""全面地统治自然和他者"的培根，与其说将知识通向了真理，不如说通向了权力："知识并不满足于向人们展示真理，只有'操作'，'去行之有效地解决问题'才是它的'真正目标'。"②了解万物，不是与之和谐共处，而是为了控制、操纵它们，生怕它们危及自己。"启蒙对待万物，就像独裁者对待人。独裁者了解这些人，因此他才能操纵他们；而科学家熟悉万物，因此他才能制造万物。"③理解、理性、启蒙一开始就跟控制、操纵、统治密不可分，就跟

---

① ［德］霍克海默、阿多诺：《启蒙辩证法》，渠敬东、曹卫东译，13 页，上海，上海人民出版社，2003。

② 同上书，2 页。

③ 同上书，6～7 页。

消除恐惧的欲望内在相关。把客观世界数学化，设想外在于我们的那个世界是一种合乎严密规则甚至可以用数学符号逻辑说明的世界，在完全合乎规则地运行着，是不必担心、不必恐惧的客体对象。这不就是恐惧的最好解决方案吗？

近代主体性哲学采取的就是这种方案的加强版。它认为，外物就是呈现给主体的东西，而且是呈现给唯一具有确定性的主体的结果。主体是保证这种呈现确实可靠的根基和依托。只有归结到主体这里，被归结物、被呈现物才是可靠的。只有经过主体的认定，才是可靠的；否则就是不可靠的迷信、表象或其他什么。按照主体性哲学的思路，只有像笛卡尔那样，切断与世界的感情联系，冷静地对待这个世界，才会产生出主体姿态。而这种姿态首先是一种孤独，如帕斯卡所说的"我被吓坏了"的那种孤独。这种孤独、恐惧以及随之而来的无安全感、没有任何来自世界的支持而必须自己确立存在意义的急迫，都是人把自己确立为主体必须承担的责任和代价。① 这随之也是某种意义上的"冷酷无情"。主体的冷酷无情也意味着待解释的自然客体的冷酷无情，或者说，解释者的冷酷无情势必喻示着被解释对象的冷酷无情。其实，客体对象并不一定是一种威胁，它们完全可以与不惧怕的主体建立一种和谐的关系，但由于解释者内心的惧怕，待解释的客体对象也变得冷酷无情了。不能与世界和谐统一的主体，以畏惧之心面对世界，就诞生了主客体之间基本的情感格局或处境。用约纳斯的话来说就是：

① 参见[美]汉斯·约纳斯：《诺斯替宗教》，张新樟译，296～298页，上海，上海三联书店，2006。

这种处境不只是无家可归、孤苦伶仃以及焦虑（Angst）的心境。自然的冷酷无情，还意味着自然不指向任何目的。目的论从自然原因的体系中排除出去了，而自然本身毫无目的，它不再为可能的人类目的提供任何支持。宇宙没有了内在的存在等级体系，正如哥白尼的宇宙那样，使得价值失去了本体论的支持，自我在追求意义与价值时不得不完全依靠自己。意义不再是有待发现的，而是被"赋予"的。①

显然，这种策略的第一步是贬低他者世界，认为恐惧和焦虑着的自我主体才是唯一重要的中心，他者世界（先是自然，后是他人或社会）是低级的存在。第二步就是把他者世界视为固有严密秩序的理性世界。包含着诺斯替主义影子的第一步意味着，绝对主体作为物之主和统治者高于盲目性的自然；而且，把人神化也具有减弱恐惧的功能："它以让人在神性中发现自身的方式减弱了对绝对事物的恐惧，具体表现为：用人的姓名来称呼神的使者，用人的死亡来表现神的亡灵。他的信条就是：不要害怕……"②如尼采所说，解释和理解就是把未知的异在归置入已知的旧的存在中。在这种解释中，恐惧和焦虑起着核心作用。《启蒙辩

---

① Hans Jonas，*Gnosis Die Botschaft des fremden Gottes*，Verlag der Weltreligionen im Insel Verlag Frankfurt am Main und Leipzig，2008，S. 380～381. 中译文参见［美］约纳斯：《诺斯替宗教》，张新樟译，298 页，上海，上海三联书店，2006。

② ［德］霍克海默、阿多诺：《启蒙辩证法》，渠敬东、曹卫东译，198～199 页，上海，上海人民出版社，2003。

证法》继承和发挥了这一点。两位作者接着尼采说："面对陌生之物，人们因恐惧而惊呼，而这种惊呼之词就成了该物的名称。……恐惧的表达则变成了解释。"①

在此基础之上，在对异在他者的控制欲望中，存在着对理性的强烈诉求："对启蒙运动而言，任何不符合算计与实用规则的东西都是值得怀疑的。……启蒙带有极权主义的性质。"②理性以概念、抽象为前提，即以弃舍特殊性、个别性为前提。在追索反犹主义的哲学基础时，两位作者把反犹主义的厌憎跟去除特殊性的概念性思维联系起来，认为"这种厌憎追随的是特殊性。与此相反，能够适于社会目的的关系的普遍性却被当成了自然现象"③。甚至于，"概念"的德文词 Begriff 是从动词"掌握"（greifen）而来的，"掌握"就是取出被掌握物的特殊性与个性，直接关注其普遍共性而被制作出来。于是，这种概念性思维就致力于建构更大的同一性，力图"作为思想工具，适用于人所能及的一切事物"④，但由于舍弃了特殊性、多样性、异质性的存在，势必担忧被舍弃者随时带来的干扰。所以，阿多诺说："概念在启蒙运动面前的尴尬处境就像领养老金者面对工业托拉斯一样，没有一丝安全感。"⑤还没有把握驱使它，就得更进一步付出努力，势必导致更大的同一性诉求，更大的控制欲和权力欲。霍克海默与阿多诺就试图在这种同一性诉求和权力欲中看

---

① ［德］霍克海默、阿多诺：《启蒙辩证法》，渠敬东、曹卫东译，12 页，上海，上海人民出版社，2003。

② 同上书，4 页。

③ 同上书，201～202 页。

④ 同上书，36 页。

⑤ 同上书，20 页。

到法西斯主义的根源，甚至希特勒的影子。如果说，尼采在苏格拉底身上看到了以知识解除恐惧、建立信心的起始，而霍克海默与阿多诺则在更早的奥德修斯身上发现用理性来达到目的的"现代"资产阶级策略，因此便使"奥德修斯是西方资产阶级最早的一个原型"①，那么，往前一步的结论，即使奥德修斯不构成希特勒的原型，起码也是孕育希特勒的那种文化的"英雄"典型。奥德修斯即使跟希特勒没有直接关系，也有间接的继承关系。这种文化英雄之所以强化自我，极度追求主体性，就是因为迫切需要强大起来的主体深深隐藏自己的恐惧。为了消除这恐惧，主体才对世界极力控制。主体缺乏对他者的爱，尤其是对不了解的他者的爱。爱在这种逻辑中被视为软弱的象征。可是，这种排斥他者的绝对主体越是要摆脱盲目外在性，就越是茫然无措，恐惧越是无法彻底摆脱。于是，恐惧与主体性的关联就这样密切：

> 产生于古代前泛灵论时期的恐惧从自然过渡到绝对自我的观念，这种观念作为造物主和统治者，彻底征服了自然。所有的权力和荣耀都赋予这种观念这样一种异化的特征，但在所有这些神秘莫测的权力和荣耀当中，绝对自我都是思想可以抵达的，而思想正是通过与至高无上的先验存在之间的联系而获得普遍意义的。上帝作为精神，变成了与自然相对立的原则：它不仅仅像所有神话中的神一样保障了自然的盲目循环，而且也能从这种循环中抽身出来。然

---

① ［德］霍克海默、阿多诺：《启蒙辩证法》，渠敬东、曹卫东译，前言 5 页，上海，上海人民出版社，2003。

而，这种精神的抽象和超然性质，却加剧了呈现于其中却又无法被预知的恐惧心理；并且，不能容忍一切对立因素的"我在"，越是要在他的必然力量中摆脱盲目性，就越是在一种模糊不清的命运中感到茫然无措。①

由于作为主体的绝对自我的诞生中隐藏着恐惧，以理性自我标榜就隐匿起真实的自我美化。在恐惧情感的映衬下，理性更是一种工具和手段，而没有更根本、更高的品格。"理性是计算和筹划的工具。它对于目的来说是中性的，它的要素是相互协调。"②工具理性会发动自身的批判潜能，揭露一切价值理性的根据。在工具理性看来，"一切价值判断都是没有根据的"③。但更可怕的还不是理性自身的工具性，而是它会把一切存在都视为工具、手段。当萨德把人身体上的任何器官都视为工具性之时，人就成了没有灵魂的物化存在，成了达到某种目的的工具。这种工具理性批判与马克思的政治经济学批判结合在一起，并把一切纳入资本逻辑之中，此时资本的逻辑便会致力于把一切存在都转换为标出价格的物，包括自然存在，也包括人本身，包括身上的部件、器官，甚至能力与人格、尊严。消解掉人身上本有的一切神圣性、崇高性之后，人就成了机器、物件。像没有任何灵性的自然物一样，人成了理性可以把握、计算、制造、置换的工具。当这样的"工具"阻碍主宰者的行为

① ［德］霍克海默、阿多诺：《启蒙辩证法》，渠敬东、曹卫东译，198 页，上海，上海人民出版社，2003。

② 同上书，96 页。

③ 同上书，103 页。

时，可能就会被当作眼中钉、肉中刺而被拔除掉。面临如此命运的，首当其冲就是那些边缘性的存在，比如自然、儿童、妇女和遥远的外族人，也会有邻近的反对者。自然和妇女的主体性都被剥夺了，犹太人和反法西斯主义者的主体性更会被剥夺。如果说，荷马史诗中的神灵还掌控着人的命运，奥德修斯再聪明也只能是在得到神启之后才能运用自己的聪明才智取得成功，那么，近代启蒙之后的"上帝之死"便会逐渐呈现出来，没了神灵的后启蒙世界更成了工具理性的天下。当信仰科学理性的朱莉埃特处处成功，而信奉上帝遵循道德的朱斯蒂娜一再失败，而这种对比彰显科学理性的威力时，"《朱斯蒂娜》则成了失去神话遗迹的荷马史诗"①。霍克海默与阿多诺在自然、女人的被统治的境况下看到了犹太人的命运：被剥夺了主体性品格的自然、妇女，成为被统治的对象；犹太人的被统治和束手就擒，只不过是自然、妇女、野蛮人被统治和束手就擒的延伸罢了。

当然，揭示启蒙的情感基础可以导向对启蒙的反思与批判，也可以导向对启蒙的肯定与辩护。由上述分析延伸而来的反犹主义分析属于前者，而反法西斯主义战士面对恐惧的勇敢则属于后者。对前者，希特勒对付犹太人的策略也是典型的惧怕—扼杀—心安（空虚）的路子："法西斯主义并不把犹太人看做是少数民族，而把他们看做是敌对种族，看做是消极原则本身的体现。只有灭绝这个种族，才能保证世界的幸福。"因

---

① ［美］马丁·杰：《法兰克福学派史》，单世联译，301 页，广州，广东人民出版社，1996。

为"他们的愿望就是不惜一切代价地拥有所有财产，摄取无限权力"，就是做统治者。① 犹太人是统治者的代名词。反对和消灭犹太人也是出于对犹太人统治的惧怕与担心而采取的反向措施，其目的一样是获取统治权。双方都是统治哲学的信奉者和实践者，都在争当这个统治者。"理性连同统治一起仍旧建立在苦难的基础上。在攻与守的盲目较量中，迫害者和他的受害者都属于同一个不幸的阵营。反犹主义行为方式是在因为被剥夺了主体性而变得盲目的人重新获得主体性的情况下出现的。"②迫害者与受迫害者都是为了获得主体性和统治。因此，"反犹主义是一种精致的图式，也是一种文明仪式"。这种精致的文明图式隐含着无边无际的仇恨，在不断寻找着憎恶的对象。通过露骨的反对摧毁（对不听话的殖民地野蛮人，以及犹太人等）和温和的统治改造（对自然和本国公民），以及对这些憎恶对象和仇恨对象提供的靶子的制服，统治者获得了满足感。这种满足体系不断地、持续地需要这些对手，需要不断地制服他们，使他们就范而获取主人感、满足感。阿多诺指出，尽管如此，这种谋求统治的意识形态还在不断地寻找更合理的理由，比如"发展生产"，无上光荣的劳动等，但其掩饰的还是统治、支配的本质"资产阶级反犹主义的形成具有一种极为特殊的经济原因：即用发展生产来掩饰统治支配"③。

而就后者来说，面对恐惧的启蒙必须战胜恐惧。主体是在对恐惧的

① 参见[德]霍克海默、阿多诺：《启蒙辩证法》，渠敬东、曹卫东译，188、189页，上海，上海人民出版社，2003。
② 同上书，191页。
③ 同上书，194页。

战胜中形成和维系的。的确，恐惧造就纳粹统治的持续。任何人对纳粹实行的反抗便会遭到灭绝的做法深感恐惧，因而采取顺从和漠视的态度。对生命的自我保护是天生的本能，面对生命的消失，人们都会恐惧，即使是当时参加"白玫瑰"团体的汉斯、索菲兄妹也是如此。但他们还是承担起了启蒙的责任：告诉人们事实真相，唤醒人们，教育人们，这正是启蒙者的日常责任和工作。的确，如果大家都明白真相并采取不合作的态度，再残酷的制度也可以因此而崩溃。可启蒙又总是面对着多数惧怕者不敢接受真相、更不敢向他人传播真相的事实——要非如此也就不需要启蒙了。正如索菲·朔尔所说的："我害怕，但我并不屈服，"也许这就是启蒙者的良知和光明所在。这是启蒙之光，是星星之火可以燎原的火种。

看来，依次严峻化的三种主体性策略都离不开恐惧：秩序化归置、疏远与遗忘是在极力掩饰恐惧，而厌憎招致的消解则是露骨的恐惧，或者就是恐怖！源自恐惧的主体性，由于内在的情感偏差与缺失，必然造就不健全的关系格局。通过压制甚至消解他者构造起来的主体性，不是高级的策略。只有把成就自己与成就他者统一起来的策略才是值得推崇的。对他者的尊重和敬爱，并依据这种尊重与敬爱建构的关系格局，才是更高级的、更值得追求的。星丛状态就是这样的一种关系格局。

为探寻现代资产阶级世界观的最早萌芽，《启蒙辩证法》把反思批判的矛头从苏格拉底转向荷马，从柏拉图主义转向荷马史诗。即便还不是标准的主体性，奥德修斯式的主体性也必然导致简单化，隐匿恐惧。主体性的逻辑建构，势必简化主体性，势必剥脱掉与主体性无法分开的一些东西而使主体性失去真实面貌，孤立无援地空行于世，从而造成主体性的孤独和极端。拒斥这种主体性的恐惧和焦虑品性，从逻辑上应该走向对焦虑对象的信任、关爱。尼采看到了恐惧与焦虑的问题所在，是否由此走向了对一般存在、平俗存在的关怀、看护和责任承担？走向了对它们的大爱？这是需要进一步追问的问题。《启蒙辩证法》利用尼采启蒙文化内含着深刻的恐惧、焦虑之论，对法西斯主义展开一种历史性批判，把它的根源追溯到西方文明的源头。与尼采在不同于苏格拉底启蒙文化的西方传统文化中探寻那个直面恐惧、焦虑的健康文化不同，《启蒙辩证法》在尼采鄙夷的艺术文化和辩证法中探寻未被工具化并孕育着希望的健康精神。这意味着，《启蒙辩证法》虽然根本上从尼采那里获得很多借鉴，甚至主题就是继承尼采的，但其受到马克思主义和浪漫主义传统的影响也不容忽视。或许可以这样说，对问题的分析更多继承自尼采，对解决问题的探寻方法则更多来源于马克思主义和浪漫主义。

残酷与关怀：《启蒙辩证法》的尼采形象纠偏

一、《启蒙辩证法》的尼采形象："强横派"解读的典型

《启蒙辩证法》一方面声称尼采"是黑格尔以来能够认识到启蒙辩证法的少数思想家之一"，并在诸多方面继承、发挥尼采对西方启蒙的反思，另一方面却又把尼采与萨德甚至法西斯主义等同起来，认定尼采对弱者的憎恨和轻蔑"毫不亚于萨德"。当萨德笔下的朱莉埃特喊出了"该死的上帝"之声，甚至发问"为犯罪而寻找借口真的有必要吗？"，并以此拒斥基督教传统背景下的伦理道德，都与被霍克海默、阿多诺跟尼采所说的"上帝之死"，以及基督教道德的基础、理由不能成立的看法直接等同起来。甚至萨德所做的伤风败俗之事，都被两位作者归罪于尼采头上，两位作者认为尼采和萨德是一丘之貉。两位作者都是德国思想

家，细读尼采之书、查找尼采更多原始文献并不难，他们仍认定尼采像法西斯主义那样力主铲除疲弱与失败，以至于断定，"尼采的理论就是弱者有罪"①。把萨德的主张强加给尼采，而且竟然在萨德和尼采两种不同的话语中穿插引用，全然不顾尼采与萨德的明显区别，不顾两人相似语词背后不同的意思，这种天才的联想是会抹杀很多差别的。如果进一步不顾尼采在反犹主义问题上的复杂性，把尼采主张的"强力意志"与法西斯主义对强力的崇拜不加区别地联系起来，抹杀的差别将会更多，而且跟《启蒙辩证法》断定尼采深知启蒙辩证法的结论无法相一致。与萨德甚至法西斯主义一致的尼采，如何跟作者自己一样成为启蒙思想家，反思推进启蒙而不是扼杀启蒙的思想家呢？有些人为了调动批判资本主义、法西斯主义的思想资源，不惜把荷马笔下的奥德修斯说成资产阶级的最早原型也就罢了，还要直接把被法西斯主义利用的尼采说成法西斯主义的先驱。他们把为本书作者奠定基本立场和基本观点的一流哲学家尼采，与声名狼藉的萨德等同视之，难道不是在自我矮化吗？众多读者把《启蒙辩证法》解读成彻头彻尾的反启蒙，不正是对霍克海默、阿多诺的做法的应用吗？以上都是误读。这些误读却不是空穴来风，是因为霍克海默、阿多诺对尼采的这种解读，同样也是误读；沿着对尼采的误读，便走向对《启蒙辩证法》的误读。调动各种思想资源批判法西斯主义的动机纯粹，但采取的手段却不够正当，甚至有些急于求成。荷马被误读但因为去世已久便无法正名，刚去世不久的尼采遭受的非议却值得纠

---

① ［德］霍克海默、阿多诺：《启蒙辩证法》，渠敬东、曹卫东译，108 页，上海，上海人民出版社，2003。

正。因为引介到中国的尼采，更多是被当作个性、解放的正面形象存在
的。相比之下，《启蒙辩证法》的尼采解读直接构成了"强横派"解读的
典型。

尼采解读的"强横派"是针对"温和派"而言的。"温和派"是反对专
制、追求个性解放的人士从尼采著作中寻求启发和支持，强调尼采思想
中个性解放的进步意义。尼采刚被引进中国时就是被当作反封建、宣扬
个性解放的思想家。改革开放以来的中国学界更多地以积极的态度看待
尼采。而所谓"强横"派，则是指那些虽然也不满现状，但不顾及弱势社
群利益，崇尚暴力，倾向强权及强人统治的人们——他们也从尼采著作
中找出片言只语，按字面解释为支持他们的论据。值得注意的是，原苏
东社会主义阵营对尼采的评论，多是依照"强横"派的观点进行解读的，
"不同的只是，凡是'强横'派加以鼓吹歌颂的，他们则加以抨击反对。
在价值观上他们与'强横'派虽然对立，但在理解和诠释问题上却跟'强
横'派一致"。① "温和"与"强横"的区分是克兰·布林顿根据"二战"前解
释尼采的情况概括出来的。应该说，阿多诺并不是没有意识到温和与强
硬的两种解读方式。在稍晚于《启蒙辩证法》出版的《最低限度的道德》
中，阿多诺指出其实有两个尼采：一个是著名的时尚哲学家、闪光的诗
人和独具风格的语言能手，并且是一个被误解、可疑的公共形象；另一
个是深不可测、未被理解的思想家和心理学家，一个以尚未达到的精神
力量和思想力量指向更远未来的可爱的人。第二个尼采在未来不断地将

---

① 参见［澳］张钊贻：《鲁迅：中国"温和"的尼采》，22 页，北京，北京大学出版
社，2011。

丰富的见解呈现给现代人，是一位哲学家和高尚的人。①

　　不过这种区分我们在《启蒙辩证法》中根本看不到。在这本书中我们能看到的尼采显然是"强横派"的解读。由于同时代人不理解，尼采为了引人注目故意在著作中说些令人惊异的话，以至于尼采大多著述基本采用非逻辑严谨的语言、断片式写法，不同语境、不同场合下同一问题经常出现相互矛盾的表述，更加大了尼采被误解的可能性。我们对当时尼采著述的搜寻、编辑、出版研究还欠缺，霍克海默与阿多诺《启蒙辩证法》中对尼采的解读放在今天就明显需要被纠正了。

二、等级制的多元主体

　　我们知道，恩格斯跟尼采一样（几乎同时）指出过基督教的平等诉求"来源于被压迫者的团结"，而非来源于真正的平等观念。"基督教只承认一切人的一种平等，即原罪的平等，这同它曾经作为奴隶和被压迫者的宗教的性质是完全适合的。"②但恩格斯明确积极评价基督教的平等观，认为无产阶级的平等诉求"起初采取宗教的形式，借助于原始基督教，以后就以资产阶级的平等理论本身为依据了"③，最后才以马克思主义为依据。恩格斯的话意味着，以原始基督教为依据的平等诉求从历

―――――――――――

　　① Theodor W. Adorno, *Minima Moralia*, Suhrkamp Verlag Frankfurt am Main, 2003, S. 237.

　　② 《马克思恩格斯选集》第3卷，445页，北京，人民出版社，2012。

　　③ 同上书，484页。

史上看具有积极意义。以永恒轮回替代了近代进步观的尼采，却否定基督教的平等观，认为它是无能者、失败者的幻相，虽然在历史上具有一定的合理性，却对未来的塑造毫无积极性价值。相反，认定资产阶级文明已陷入绝境的尼采，强烈要求揭穿现代文明的平庸、颓废的本性，揭穿其起源于原始基督教并与之一脉相承的低俗本性，揭穿其一切价值、道德信条都建立在一个没有牢靠根基的形而上学基础上，并需要反思重建的现实。由此，尼采力主放弃建立在基督教基础上的一切形而上学、存在同质性的一般主体所推动的一切柏拉图主义的观念，求索一种新的文明。由此出发，他强调，一切与基督教意识形态、传统哲学（柏拉图主义）相一致的观念，都应当放弃，而代之以一种崭新的理论。这种理论以拒斥传统形而上学（虚无主义）、拥戴强力意志、崇尚永恒轮回和超人为基本特色。否定存在一种绝对的、一般的、固定的立场与视角，是其基本立场。

由此，要说尼采在某个问题上的观点，就必须道出这一观点出自哪一视角，由哪一种"主体"所主张。隐去立场、视角的观点对于尼采来说肯定是具有欺骗性的意识形态。比如，在某个方面，什么是现实，末人与超人各自的看法可能是完全不同的。末人有末人的"现实"，超人有超人的"现实"，要问一般的"现实"是什么，超越末人与超人的一般现实何在？尼采的回答肯定是：没有这种东西。

在尼采的眼里，世界就是处于相互关联中的各种强力意志的争执。"积聚力量的意志是生命现象、养活、生殖、遗传所特有的……不仅储存能量，还有最大限度地节约能耗，以至于来自每一个力量中心的变得更强大的意愿成为唯一的现实；不只是保存自我，而是想占有，成为主人，变得更多，更强大。"①更强大的意志力图吸附其他的意志，组织起一个更具强大力量的存在。而传统哲学主张的向内挖掘出来的那种奥古斯丁—笛卡尔式的我思主体，可能起因于无能者无力向外拓展，无奈地返回自身之内所确立的"自因"概念。这个"自因"概念导致了"自我"概念，而由"自我"概念才得出"存在"的概念。由此，"他先从自我这个概念里，取出存在这个概念，根据他的样子，根据他的作为原因的自我概念，把'物'设定为存在者。他以后在物中不断重新找到的，只是他塞入其中的东西，这又有什么奇怪？物自身，再说一遍，物的概念，只是关于相信自我是原因的一个反映罢了……"②这样一来，尼采把传统的主体概念归结于并不存在的"上帝"："总之，所谓'主体'能够证明自己的说法是很值得怀疑的，——为了能够证明自己，必须在外部有一个固定的点，而这个点却不存在！"③这个"点"就是所谓的"上帝"。在尼采的眼里，把一切归于上帝的做法，恰恰是无能者、失败者无力整合世界、无力推行自己的意志，又无力独自承担失败的后果时所杜撰的一个虚妄的理由：世界是上帝的，是非成败也都是由上帝掌控的，把自己交给上帝就行了，一切都是上帝的事。沿着这样的逻辑推下去，传统哲学的"主体"就是人们寻找行为的原因时得到的剩余物：人们区分行为和行为者，

---

① ［德］尼采：《重估一切价值》，林笳译，306 页，上海，华东师范大学出版社，2013。

② ［德］尼采：《偶像的黄昏》，卫茂平译，80 页，上海，华东师范大学出版社，2007。

③ ［德］尼采：《重估一切价值》，林笳译，120 页，上海，华东师范大学出版社，2013。

行为者作为行为的原因"最终使'主体'作为剩余物遗留下来"①。

　　既然传统"主体"概念在尼采看来起因于意志无能的失败者寻找原因时确认的一种剩余物，因此它就是一种虚构。实际上，不同能力不同境况下的行动者，完全可以建构另外某种作为行为原因的"主体"概念。所以，从逻辑上说，主体不是一个，而应该是多个："假设一个主体是没有必要的，也许，可以允许假设多个主体"；"我的假设，主体是多个的"。② 他们在争执，竞争更多的资源以成就自己。所以，主体不是实体，"而是某种追求壮大的东西；并且只是间接希望'维持'自身（它希望超越自身）"③。自我不是一个单独的存在，而是处于一种与周边他者效用性的关系之中，力图建构一种自己主导的关系，组成的一个具有隶属关系的群体或体系。这一点，尼采与马克思没有多大区别。他们的区别可能是，对于尼采，主导者是一个强力意志上的强者：超人。超人出于一种自然本能性的力量追求支配和强大。而马克思则把强者看作在历史进步意义上的职能承担者：无产阶级。

　　马克思和恩格斯根据人们所占有的生产资料的不同来区分不同的阶级，尼采则是根据人的自然本能、强力意志的强弱把人分三等：他认为在每一个健康的社会中，都有三种生理上侧重点不同但又相互制约的类型。第一种是侧重精神的；第二种是侧重膂力、性情热烈；第三种则是普通大众的。前两种是遴选出来的："最高的种姓——我称之为极少数

---

　　① ［德］尼采：《重估一切价值》，林笳译，122 页，上海，华东师范大学出版社，2013。

　　② 同上书，359、360 页。

　　③ 同上书，360 页。

人——作为最完善的等级，拥有极少数人的特权：它代表幸福，代表美，代表地上所有的善。只有那些最具精神性的人，才获准追求美，追求美的东西；只有在他们身上，善才不是软弱。……他们统治，不是因为他们想统治，而是因为他们存在：他们不能随心所欲地退居其次。"①第二等种姓是正义的守护者，秩序、安全的守护人，最具精神性的执行人，是第一等级的追求者。第三等的种姓代表大多数人的普通、平庸。尼采并不认为平庸有什么不好，反而认为大多数人就是处在这样的层面上的。显然，尼采的标准不同于马克思和恩格斯。资产阶级由于占有大量生产资料而在马克思的理论中可以占据很高地位（至少历史上），而在尼采的理论中却不是高等级的。无产阶级在马克思的理论中是具有最高历史发展前景的阶级，在尼采的理论中却是该好好从事职业化劳作的普通群众。

与《启蒙辩证法》的解读相反，尼采并不反感第三等种姓的人，反而认为这一等级的人是大多数人，本来就没有什么值得谴责和批评的。他谴责和批评的是，把这一等级作为标准对更高的两个等级进行挖苦、讽刺、反对，特别是采取一种美化自己的虚伪形式：明明由于怨恨、嫉妒、能力不足，却还想出一些美化自己的理由，把自己伪装成善和美的，崇高和伟大的。尼采的意思很清楚，第三等级顺从并支持更高等级是很自然的事，反对和反抗甚至颠覆则是不自然和不合理的事。

显然，尼采的意思是，不能让等级高的人服从等级低的人，而应该

---

① ［德］尼采：《敌基督》，见吴增定：《〈敌基督者〉讲稿》，250～251页，北京，生活·读书·新知三联书店，2012。

相反。"天赋高的人学习服从是很困难的；因为他只听从更高天赋、更完美的人。"①如果等级高的人服从等级低的人，那就是有问题的，需要批判和纠正。在尼采看来，基督教以来的西方历史恰恰就是如此，所以他才不遗余力地批判弱者发明并使得西方历史上占主导地位的基督教意识形态的行为，特别是其中包含的道德、价值信条及其逻辑构架（柏拉图主义）。尼采反对的不是弱者本身，而是本不该处于支配地位的弱者占据了支配地位的状况，尤其是文化上的。如果弱者没有以低俗、实出于惧怕的自欺冒充高贵与伟大，那尼采是对这样的弱者抱以"特殊的尊敬"的。所以，虽然"尼采蔑视与瞧不起大多数人的价值与生活，尽管如此，他仍然可以在不自我欺骗的条件下坚持认为'直到今天，我仍然用友善来对待每一个人；我甚至用特殊的尊敬来对待那些最低等的人'"②。

正是在尼采认为是弱者出于恐惧而发明的、以虚妄的形而上学为根基的，因而没有现实基础的基督教道德盛行的情境下，尼采才不遗余力地批评这种道德。批评的目的就在于呼吁更多的人从中解放出来，塑造、成全一种真正崇高的、有切实根基的道德。这种道德是以超人为载体的。所以，如霍克海默、阿多诺所说，尼采不主张把自我、主体普遍

---

① ［德］尼采：《重估一切价值》，林笳译，621 页，上海，华东师范大学出版社，2013。

② ［美］亚历山大·内哈马斯：《尼采：生命之为文学》，郝苑译，256 页，杭州，浙江大学出版社，2016。在此所引尼采原话为《瞧，这个人》第二章第 10 节。参见 Friedrich Nietzsche, *Sämtliche Werke*, KSA Bänden6, Deutscer Taschenbuch Verlag, 1999, S. 297. "我用特殊的尊敬来对待那些最低等的人"原文为"Ich bin selbst voller Auszeichnung für die Niedrigsten"。该书与中译本的相关翻译有所不同。

化，而是重新构筑一种更高等的自我、主体：尼采"赞成的却是'高等自我'，不是自然的，而是比自然更高的自我"。把这种高等自我看作康德自我的升级版，大体也可以成立：

> 高等自我把自身展现为一种挽救（已死了的）上帝的无望努力，一种为拯救西方文明将天条转变为自律这种康德式的尝试的继续，它根本弃绝了英国怀疑主义那里的鬼神形象。康德的原则——"在意志准则基础上所做的一切，同时也是通过普遍规定把自身作为一种对象的行为"——也是超人的秘密。他的意志就像绝对命令一样，同样是专横霸道的。这两种原则的目标，就是要在启蒙本质的绝对成熟中摆脱外在强权，赢得自我独立。[1]

除了把超人的意志等同于康德的绝对命令，并且把这种绝对命令等同于"专横霸道"的说法很不确切之外，把尼采的超人等同高等人大体成立。

尼采认为，要求把启蒙付诸所有人的普遍启蒙是走错了路——并不是所有人都能到达足够高水平的启蒙，也不是所有人都能理解高水平的启蒙。让所有人都成为主人，特别是那些压根儿就不会做主人的人成为主人，会引发诸多问题，会让这个世界更加颠倒和混乱。为此，他考虑的的确是能达到高水平启蒙的高等人，其他的都次要，一切都以产生高

---

① ［德］霍克海默、阿多诺：《启蒙辩证法》，渠敬东、曹卫东译，123～124，上海，上海人民出版社，2003。

等的人高等的存在为唯一的、最高的目的。尼采曾说，我"不考虑数量：
群众，苦难者和不幸者与我没有多少关系——有关的是头等的、最成功
的样本，他们不能因为对失败者（即群众）的考虑而吃亏"①。"目标不是
'人类'，而是超人！"他甚至说出这样更极端的话："消灭失败者——为
此，人们必须从以往的道德中解放出来。"②但从上下文来看，尼采的意
思很明确：要消灭的是失败者的道德价值观或他们奉行的意识形态，而
不是他们的身体、生命或其他。仔细阅读过尼采著述的人，不难理解这
一特点。

三、等级：能力与责任

能到达高水平启蒙并不只是尼采的"超人"的唯一目标。处在等级制
最高端的超人并不是对低层次者施以强制、胁迫，更不是扼杀。在历史
上，也许这种强制、胁迫起过积极的作用，并被尼采所肯定，但这并不
适合于对未来的创造（对此下面我们还会分析）。尼采的超人并不是掌握
暴力的人（动辄就以暴力对待他者的人应是出于恐惧的反应，是低级和
无能的表现）。"超人"只是具有最高的强力意志，首先是个内在自然品
质、道德和启蒙水准上的概念，不是经济学和政治学的概念。强力意志
除了意味着能达到最高的启蒙认知水平，还得具有组织能力，具有高度

---

① ［德］尼采：《重估一切价值》，林笳译，966 页，上海，华东师范大学出版社，
2013。

② 同上书，967 页。

责任感和承受力。不能把一般意义上掌握暴力机关的"强者"附加于尼采身上，且不考虑实质的不同却只从字面和形式上随便附会。尼采的超人倒是有点像马克思所说的"无产阶级"：他们都能达到至高的启蒙水平（不再自我欺骗、真正从现实出发、掌握"真理"），并用标志着这种启蒙的"哲学"去唤醒更多志同道合的人，同时具有为了远大目标的实现必须具有很强的承受利益损失，为了长远利益牺牲小恩小利、不惧险阻的大无畏精神的能力，具有坚强的意志、饱满的热情、创造的欲望和出众的组织能力，以及持有一种不断地行动而不是满足于某种固定的状态。① 站在马克思的角度，尼采的"超人"可能过于孤傲、势单力薄，脱离群众。但用马克思所说的剥削、压迫、统治去解说尼采的"超人"，并不恰当，至少需要更高的谨慎态度。尼采赋予了"超人"以下几种品质和能力。

第一，**责任**。生命向高处攀登总是变得越来越艰难——寒冷在增加，责任在增加。一种高级的文化是一个金字塔：它只能建立在一个宽大的地基上，并首先必须以某种强有力、健全稳固的平凡为前提。手工业、贸易、农业、科学以及绝大部分艺术等全部职业的总和，都仅仅是与平庸者的能力和追求相适应的；这样的职业活动似乎不适合与众不同

---

① 尼采的超人不是指一类具体的已达到某种状态固定不变的什么类型的人，"超人不是那种超级人，超人就不是人，不是个体，而是一种活动的名称、一种个体的积极性的名称"。[德]安内马丽·彼珀：《动物与超人之维》，50 页，北京，华夏出版社，2001。超人是行动，是向很多人开放着的一类行动。借用尼采借扎拉图斯特拉之口所说的，超人就是一个沉睡在"人"这种"最坚硬、最丑陋的石头"中的一个形象（Bild），是多种形象中的一个形象。只有通过强有力的石匠手中那坚硬的铁锤才能把它锻打出来。参见尼采《扎拉图斯特拉如是说》卷 2"在幸福岛上"结尾处。

的人。按照尼采的观点，人的等级与他的能力与责任是相适应的。处于第三等级的大多数人就应该有一个相对固定的职业，"掌握一门手艺、专业化是一种自然本能。一种更深刻的精神，完全不值得对平庸本身表示抗议。为了使与众不同者存在，首先需要平庸；平庸是高级文化的条件。当与众不同的人对待平庸者比对自己和同类更温和，这不仅仅是心灵的礼貌——这直接是他的义务……"①。也就是说，普通的现代人仅仅在自己从事的职业范围内尽职尽责，而第一、二等级的人所担当的职责更大更重。正像施特格迈尔所说的，你担负的责任取决于你的能力，也就是"是否有力量去判断、去决定，去行动，去帮助解脱困境"②。在基督教理论中，上帝要为所有人负责，那是因为他有最大的能力。尼采当然不认可具有这样能力的神，而主张用"要成为创造者，自己需要为此受苦和尽力改变自己"③的"超人"替代没有现实性、一种假想和妄想的"上帝"。但能力的不平等是尼采强烈赞同的。当尼采用实在的"超人"取代过于虚妄、不切实际的"上帝"后，"上帝"担负的责任的一部分在可承受的程度上便由"超人"继承下来了。承担责任的独立性、高贵性、意志力都驱使尼采的"超人"为未来担保，为他人担责。"从这种独立的、超道德的自我责任中，从超越传统道德规范的伦理的这种前提条件中，尼采引出最强有力的、今天几乎不再能够承受的后果：一个成为人类定

----

① ［德］尼采：《敌基督》，载吴增定：《〈敌基督者〉讲稿》附录，252 页，北京，生活·读书·新知三联书店，2012。

② ［德］施特格迈尔：《尼采引论》，田立年译，134 页，北京，华夏出版社，2016。

③ ［德］尼采：《扎拉图斯特拉如是说》，黄敬甫、李柳明译，103 页，北京，中华书局，2013。

向的实验站并扩展了人类的视野的哲学家，因此同时也是'担负最广泛责任之人'。他对'人类的整体发展怀有天良'，并为了他的'培训和教育工作'甚至必然利用宗教，以及'当下的政治和经济形势'（《善恶的彼岸》）。但是，除了他的哲学他身无长物，而这种哲学不断处于与其他哲学的竞赛中。"①超人是为未来新文明而生的，担负着呼唤、引领、启发新文明的任务，甚至必要时为此献出自己的时间、精力、工作或生命。他不是为自己这么做的，而是为人类（这跟马克思赋予无产阶级的很类似）。

于是，在不违背自己自然本性，不至于改变自己，以及弱者不以虚伪的真善美强迫强者的前提下，强者应该关怀弱者、他者。也就是说，强者对弱者的关怀以不改变自然秩序和本性为前提。强者不关怀反而对弱者的正当性横加指责，用虚妄的理想、伪善的道德标榜的强者才会出现。在弱者心甘情愿、安心立命做回自然的自己的状态下，强者应该对弱者予以关照并履行责任。在这方面，尼采旗帜鲜明地反对只顾自己的狭隘利己主义，主张以强力意志照料他人、他物："难道人们总是只有强盗和小偷的利己主义？为什么不是园丁的利己主义？乐于照料其他事物，譬如照料花园！"②在这个意义上，关怀他者是统治与高贵的必然要求！只有没有追求的狭隘利己主义者，才会狭隘地只顾自己，才会追求低级的自我保存。关怀他者、有远大追求的，尼采称之为健康者，与之相反的则是颓废者。颓废者与健康者的区别在于，后者把能量散发给事

---

① ［德］施特格迈尔：《尼采引论》，田立年译，135 页，北京，华夏出版社，2016。

② ［德］尼采：《重估一切价值》，林笳译，303 页，上海，华东师范大学出版社，2013。

物，前者则使得价值减少："体现并感到精力充沛的人，不由自主地将能量散发给事物，看着它们更完满、更强大、更有前景，——这种人至少能够赐予——，与此相反，衰竭的人贬低和损害他所看见的一切事物，——这种人使价值减少；他们是有害的……生命力贫乏的人，弱者，会使生命更加贫困；生命力充沛的人，强者，会使生命更加富足。……前者是生命的寄生虫；后者是生命的施与者……两者怎么可能混淆？"①被霍布斯视为现代人基本特征的自我保存，被尼采视为次要的，只有自我释放才是首要的："一个生物首先想要做的是释放自我的力量——生命本身即权力意志；保存自我只不过是间接而又最常见的结果之一。"②致力于自我保存的平庸者自顾既有的东西，属于过往的历史，没有未来。只有"健康人才是未来公民，他们才对人类的未来承担义务"③。

第二，**承受力**。超人因为身上更强的意志力必须承受更多的负担、职责、痛苦、失败甚至生命。创造是一种冒险，势必伴随着失败和超负荷的风险。当平庸者享受安稳、保险、舒适的生活时，富有未来创造使命的"超人"则要马不停蹄地奋斗、不断试验，通过努力和各种风险系数较高的创新实验探索新的文明。舒适、闲散、小资的生活方式注定无法做出新的创造，强者注定与冒险、实验、不断付出、不可避免的失败、风餐露宿、努力奋进等相伴。关键是，"超人"身上强力意志的增加，并

---

① ［德］尼采：《重估一切价值》，林笳译，510 页，上海，华东师范大学出版社，2013。

② ［德］尼采：《善与恶的彼岸》，梁余晶译，19 页，北京，光明日报出版社，2007。

③ ［德］尼采：《论道德的谱系》，周红译，101 页，北京，生活·读书·新知三联书店，1992。

不意味着力量的无限性增强，也不意味着控制力的加强。由于所具有的力量的有限性，也因为可能缺少必要的配合与协助，或缺少"上帝"所具有的种种能力与品质，"超人"放弃了常人的自我保存原则，为创新采取不断试验、进取、伸张的原则，便可能出现"旨在强力的扩张，并……频繁地冒险，甚至牺牲自我的保存"的结果。内哈马斯正确地解释道："第一，尼采认为，被他描述为'强力'的东西的增加，并不必然导致力量的增加；恰恰相反，它常常让一个人更容易遭受伤害与损害。强力的基础是与一个特定事物相关的效果的激增，而在这个激增的过程中，这个'事物'轻易就会分崩离析。第二，尼采还相信，一个人散布的效果越多，他必然改变得越多，他以可辨认的方式保留下来的过去的样子就越少。"①

这也是对于超人的内在要求，甚至是残酷的要求。按常人的视角看，超人很辛苦，要承担更多责任，不愿躺在保险箱里而去经受更多的试验和创生，就得经历难免的失败，遭受更多的挫折与苦痛。人们不能根据现代幸福论思维方式假设超人在享受生活，那是彻头彻尾的误解，因为追求清闲、享乐和享福的恰恰是超人的对立面（末人）所为的。尼采反对用快乐作为标准评价意志及其价值，认为那是"明显功利性的命令式的缩略"②。尼采主张区分两种快乐——静下来的快乐与胜利的快乐，并推崇后者。"筋疲力尽的人想休息，伸展四肢、平和、宁静，——这

---

① ［美］亚历山大·内哈马斯：《尼采：生命之为文学》，郝苑译，101页，杭州，浙江大学出版社，2016。

② ［德］尼采：《重估一切价值》，林笳译，440页，上海，华东师范大学出版社，2013。

是虚无主义宗教与哲学的幸福；丰富的人与有活力的人希望胜利，征服对手，权力感超越迄今为止的范围。"①尼采反复强调，痛苦（而不是廉价的快乐）是智力发展过程中重要一环，具有强烈的理智性，具有积极的意义：痛苦不是受到伤害，而是显示这种伤害对个体有什么启示意义。痛苦不是廉价快乐的对立面，不是创造性快乐的对立面。创造性快乐建立在权力的增长感之上，痛苦则是创伤对整个有机体造成的后果。总之，"痛苦，是一种同时包含着大量思想的深刻的情感运动；它是因为失去平衡而患上的病，是一瞬间意志被克服"②。总之，就像维茨巴哈概括的："个人对未来的决定作用越大，其痛苦也越大，因为，创造的力量在痛苦中撞击和运动。"③尼采用这种经过努力能在一些人身上呈现出来的"超人"视为法力无边的传统上帝的替代者。虽然"超人"的能力和责任无法直接对接"上帝"，但其中存在类似性。超人不是享乐者，而是创造者，而创造者"自己需要为此受苦和尽力改变自己"，"为此他也要当产妇，也要受产妇之痛苦"④。尼采鄙视追求享乐、舒适、保险的资产阶级文化，认为资产阶级主体逐渐把责任转嫁给无名的他者，诸如

---

① Friedrich Nietzsche, *Umwertung aller Werte*, Band 1, Deutscher Taschenbuch Verlag GmbH, München, 1969, S. 368. 中译文参见尼采：《重估一切价值》，445 页，有改动。

② 同上书，443 页。

③ ［德］维茨巴赫：《尼采哲学的"主楼"》，见尼采：《重估一切价值》，林笳译，32 页，上海，华东师范大学出版社，2013。

④ ［德］尼采：《扎拉图斯特拉如是说》，黄敬甫、李柳明译，103 页，北京，中华书局，2013。

被制度、自然无限推远了的他者，是颓废的标志。[①] 而主动追求创造和开辟新局面的人，即使可能遭受失败，却被尼采寄予厚望。尼采的"超人"绝不是贪图享受、与他人特别是低层次的众人争夺各种资源、把责任和义务转嫁给他人的人（这样的人是颓废者、平庸者），而是一种经常与悲剧、重负、冒险失败联系在一起的悲剧英雄。他的身上不会毫无缺点，却又不是实施扼杀、残酷、剥夺他人生存机会的萨德笔下的朱莉埃特。他身上是孕育着某种残酷性，但却有别于出于恐惧打压、攻击他者的那种残酷。马克思所说的凭借所占有的生产资料获得享乐并实施剥削与压迫的资产阶级，在尼采的眼里不但根本不是"超人"、强者，反而是十足的"末人"。

四、等级制下的残酷：自然与故意

站在尼采的角度，应该区分出在恐惧压制、攻击他者的残酷与等级制下不平等造成的残酷。前者是能力低下的群畜出于恐惧和防卫而主观故意制造的，不同于等级制下不公平造就的状况。而《启蒙辩证法》把两种残酷等同视之了。阿多诺用如下《道德的谱系》第一节中对高贵的野蛮人的描述，来论证尼采主张主观故意地对弱者施加的酷刑，就像法西斯主义消灭犹太人那般，这确实误读了反对反犹主义的尼采。

---

① 尼采说过，"较高等的人与较低等的人之间的差别，在于无所畏惧和挑战不幸：如果幸福论的价值标准开始被看做最高标准，那么，这将是衰落的标志（——心理疲惫，意志贫乏——）"。［德］尼采：《重估一切价值》，林笳译，512 页，上海，华东师范大学出版社，2013。

　　是的，尼采谈道，高贵的野蛮人摆脱了所有社会的禁锢，享受着自由，他们在野蛮状态中弥补着在和睦的团体生活中形成的长期禁锢和封闭所带来的紧张心理，他们返回到了野兽良心的无辜中，变成幸灾乐祸的猛兽，他们在进行了屠杀、纵火、强暴、殴打等一系列可憎的暴行之后也许会大摇大摆、心安理得地离去，仿佛只是完成了一场学生式的恶作剧，他们也许还相信，在很长一段时间内诗人们又有值得歌咏和颂扬的素材了，所有这些高贵种族的内心都是野兽，他们无异于非常漂亮的、伺机追求战利品和胜利的金发猛兽；隐藏着的内心时不时地会爆发出来，野兽必然要重新挣脱，必然要回到野蛮状态中去——罗马的贵族、阿拉伯的贵族、日耳曼的和日本的贵族，荷马史诗中的英雄和斯堪的纳维亚的海盗，他们都同样具有这种需要。这是在历史地描述野蛮的贵族，而非描述现实当下的事。同时，这也是在说他们高贵文化的自然基础和史前状态，而非在论证现实，更不是呼唤未来的事情。尼采颂扬"高贵种族的这种表现得如此疯狂、荒谬、突兀的'果敢'，这种不可捉摸，这种甚至对他们自己的行动都难以把握（佩利克勒斯特别强调了雅典人的 rathumia），他们的这种满不在乎，以及对安全、肉体、生命、舒适的蔑视，对所有破坏行为，对所有胜利的淫欲和残酷的淫欲的那种令人恐惧的兴致和发自内心的爱好——所有这一切都为他们的受害者勾画出'野蛮人'、'邪恶的敌人'的形象，或许是'哥特人'或者'汪达尔人'的形象。"①霍克海默、阿多诺大段引述了尼采的这段话，来论证尼采对

① ［德］尼采：《论道德的谱系》，周红译，25页，北京，生活·读书·新知三联书店，1992。

弱者的残酷，以及与萨德观点的一致性。

这种高贵的野蛮人引发的"残酷"的确是一种尼采认可的"残酷"：是历史上发生的，并且有助于尼采认可的伟大、高贵价值实现的残酷。历史上对如此发生的，在历史上起到了有助于高贵、冒险、创生、勇敢、健康等尼采推崇的高贵价值的"积极作用"的，已经得到了批评相反的基督教道德的尼采的认同。但正如尼采一生不遗余力地反对传统形而上学，却明确地肯定传统形而上学的有益作用一样（看透了真相的超人"他还必须极为审慎地克服形而上学。这样的话就有必要向后倒退，即他必须理解这类观点的历史合理性和心理合理性，他必须认识到，这类观点极大地促进了人类的发展，如若没有这样一种后退运动，就会失去人类迄今为止的最佳成就"①），他也肯定高贵的野蛮人做出的这类历史上发生的"恶行"有时所发挥的"积极作用"。对历史上已发生之事的肯定，绝不等于认为未来还应该如此发生；正如认同一个人年少时的所为绝不意味着赞成他以后还如此作为一样。何况，对此恩格斯也有非常类似的观点。恩格斯在写于1886年（尼采写出上述观点是1887年）的《费尔巴哈与德国古典哲学的终结》中高度肯定黑格尔的"恶是历史发展的动力的表现形式"之论段，认为它有两个意思：一是"每一种新的进步都必然表现为对某一神圣事物的亵渎"，二是"自从阶级对立产生以来，正是人的恶劣的情欲——贪欲和权势欲成了历史发展的杠杆"。在高度肯定主张"恶"起积极作用的黑格尔的同时，主张"追求幸福的欲望"并把它视为道

---

① [德]尼采：《人性的，太人性的》（上），魏育青译，37页，上海，华东师范大学出版社，2008。

德基础的费尔巴哈，却遭到恩格斯的批判和嘲笑，他的理论被认定为"极其贫乏"和"空泛"的。① 尼采与恩格斯在这方面明显类似。恩格斯肯定的"恶"有积极作用的第二点，就是肯定历史上的"恶"的积极意义，与尼采的意思较为接近。而第一点"每一种新的进步都必然表现为对某一神圣事物的亵渎"则是由于视角不同、标准改变带来的结果；正如尼采所说的，站在创生未来的超人立场对现代资产阶级道德的批判道理是一样的：都是站在另一个立场上才判定其为"恶"，而站在自己的立场上就不是。

在这个意义上，内哈马斯认为，尼采钦佩野蛮的贵族，但"他并不是因为他们的残酷而钦佩他们（尽管公正地说，他也没有因此而批评他们）。他钦佩他们，主要是因为他们没有绝对主义的教条，因为他们认为每个人不可能被相同的行为规则束缚的态度，因为他们的'距离感'"②。因为某一品性钦佩某种人，并不意味着钦佩这种人身上所有的品性。何况，尼采并不主张强者对弱者的主观故意的残酷，或者说，只要低层次人顺从自然态度，没有反过来诋毁、压抑高层次人，高贵者对平庸者的道德价值就应该温和和宽容，而不是相反："当与众不同的人对待平庸者比对自己和同类更温和，这不仅是心灵的礼貌——这直接是他的义务。"③因为已达到更高启蒙水平的他非常清楚，众人所持价值信

---

① 参见《马克思恩格斯选集》第4卷，244～245页，北京，人民出版社，2012。

② ［美］亚历山大·内哈马斯：《尼采：生命之为文学》，郝苑译，239页，杭州，浙江大学出版社，2016。

③ ［德］尼采：《敌基督》，载吴增定：《〈敌基督者〉讲稿》，附录252页，北京，生活·读书·新知三联书店，2012。

条及其理由虽在逻辑上经不起推敲，却具有实在的功效和作用。只要它不妄想压制、残害更高的价值和文化，就应该对它抱有宽容和认可的自然状态。但尼采认可的高贵者自己应该追求伟大，并把这种伟大"定义为人的广博和全面，定义为人的多才多艺；他甚至要根据一个人所能忍受和承担的数量和种类，根据一个人所能肩负更多责任的程度，来确定其价值和等级。"①"伟大"是超越狭隘的专业化，具有"强大的意志、坚韧和做出长远决定的能力"，具有更大的责任感，与未来的自觉承担意识密不可分的。

尼采肯定"残酷"的第二种情形，就是基于他所谓"自然的"不平等而产生的。尼采并不坚持主观故意的残酷，而认同自然的不平等所衍生出来的"残酷"，认为那是大自然赋予的，源自每个存在者的本性的——因而，它是盲目的、自然的。与自然本性不一致的"残酷"是被他反对的，而对于与自然本性相一致的"残酷"他是赞同的。甚至自然本身就是在追求权力：不是追求幸福或道德。在这里，虽然在自然不追求道德这一点上尼采与萨德类似，萨德也"通常总是以恒动状态下的自然取代上帝"②，但萨德的"自然"是竭尽全力寻求欲望的满足和毫无怜悯、无所谓善恶的状态下的自然，或像保罗·纽曼所概括的，是"并不回避强奸、乱伦、兽奸、谋杀、偷盗和淫荡的毁灭"的自然，是具有如此欲望和活

---

① Friedrich Nietzsche, *Sämtliche Werke*, KSA Bänden 5, Deutscer Taschenbuch Verlag, 1999, S. 213. 中译文参见《尼采论善恶》，朱泱译，202页，北京，团结出版社，2006。

② 参见[法]乔治·巴塔耶：《文学与恶》，董澄波译，83页，北京，北京燕山出版社，2006。

力的自然，甚至是被萨德夸张并赋予古怪性质的自然。① 即使有福柯为萨德做如下辩护，也无法把萨德的自然观赋予尼采：

> 萨德的书揭示了如下真理，欲望是自然赋予人的，而且自然用世上循环往复的生生死死的伟大教训教导着欲望，因此，欲望怎么会与自然相抵触呢？欲望的疯癫，疯狂的谋杀，最无理智的激情，这些都属于智慧和理性，因为它们是自然秩序的一部分。人身上一切被道德、宗教以及拙劣的社会所窒息的东西都在这个凶杀城堡中复活了。在这些地方，人最终与自己的自然本性协调起来。②

因为尼采的"自然"只是一个反思基督教文明、重新开创新文明的中介环节，尼采绝不主张回到自然了事。回到自然只是获得一个创造新文化的新起点而已，这绝不意味着以野蛮的自然反对文化，为此尼采甚至主张"宁可让人追求虚无，也不能无所追求"③。何况尼采的"自然"着眼于强力意志的提升，不像萨德的"自然"那样不加区别地伸张各种自然欲望及其任何形式的满足。

按照尼采的逻辑，"残酷"至少有健康者与颓废者两种：健康者的"残酷"给自己带来不愉快、苦痛，是强力意志扩张的障碍，而这种"障

---

① 参见[美]保罗·纽曼：《恐怖：起源、发展和演变》，赵康、于洋译，140 页，上海，上海人民出版社，2005。

② [法]福柯：《疯癫与文明》，刘北成、杨远婴译，263 页，北京，生活·读书·新知三联书店，1999。

③ [德]尼采：《论道德的谱系》，周红译，136 页，北京，生活·读书·新知三联书店，1992。

碍是权力意志的兴奋剂"，起着刺激、生发、调动自身力量的作用。而与颓废者相关的"残酷"也有两种：一是他通过意识形态施加给健康者的，表现为对本来的积极价值（如冒险、创造、痛苦、承担）的贬低；二是当健康者的世界观占据主导地位时把他们规定为第三等级，不给予他们平等权利时因为遭受不平等而衍生出来的可怜、难以忍受等状况。尤其是经历了现代文明历练的现代人，因为习惯于平等的理念和制度，对于不平等衍生的状态可能产生难以忍受的苦痛。《启蒙辩证法》力图批判、痛斥的"残酷"正是如此。尼采的确把弱者、失败者、颓废者归于最低等级之列，不能享受跟第一、第二等级一样的权利，并在这个意义上显示出对弱者的"残酷"。弱者对于主动承担冒险、实验、创造、探索之责的"超人"肯定不感冒，认为那是很"苦"的差事。但因为这种"苦痛"自己不能体验，所以不会对此有多少关注。他不能忘怀却以各种手段预防这种"残酷"，除了基本需要不能很好满足的"残酷"之外，恐怕只能如此了。

批评现代平等观念的尼采的确很容易引发针对这种"残酷"的批评，但不能由此得出尼采把一切基督教主张的善、道德信条统统颠倒过来，甚至得出尼采把杀人、放火、奸淫都视为正常和非恶行的夸张结论。尼采认定基督教的道德是失败者出于无奈而虚构的一根救命稻草，并不积极也不健康，但并不意味着基督教道德一无是处，毫无价值可言。在基督教的道德信条中，虽有许多不健康、非道德的东西，但在基督教所谓的"非道德"里，却可能有积极、健康的东西。当尼采说"摆脱一切价值"，"要肯定与相信一切迄今为止被禁止、被鄙视、被诅咒的东西"时，就是在表达对基督教道德的批判和否定。**这里的关键是，尼采批判、否定传统基督教道德的根本之处，不是基督教的具体道德信条，而是将这**

些信条作为唯一真和善的那种理由。那种理由无法支持其为唯一的真和善。内哈马斯说得对，要严格区分尼采所反对的具体道德信条和这些道德信条作为道德真理、不可怀疑的价值信仰成立的理由！尼采反对的不一定是具体道德信条，而是把它们说成真理、崇高价值的理由或根据。也就是说，尼采反对、批判的是把那些道德信条说成唯一真理和善的哲学理由，尼采的批判是一种哲学批判、形而上学批判，批判的是其哲学论证，不是具体的那几个道德信条。哲学批判是一种彻底的、连根拔起的批判，它否定的是整个大厦，但这绝不意味着建构该大厦的每一项建筑材料都是毫无价值的、该扔掉的。否认大厦是真理，跟否定大厦是否有意义是两码事，并且跟否定建筑大厦所用的某块建筑材料有价值更是完全不同的两回事。不是真理，不等于没有意义；整体不是真理，更不意味着部分也没有意义。"主要关切的并不是某些特定行为的具体内容，而是我们如此行动的理由与动机。……尼采想要重新解释道德与非道德，而不是直接攻击道德与非道德。这个观点既不新颖，也不令人惊奇。"①对尼采来说，重构道德的根基不必完全拒斥和否定所有的传统道德信条，"甚至没有必要为了超善恶而放弃这个体系所要求的所有品质"②。再退一步，尼采对传统基督教道德的批判绝不意味着对基督教所贬斥、谴责的所有不道德予以肯定和赞扬。批判一种观点绝不就是完全同意对这种观点的谴责和否定。一些公认的恶是不会因为道德的重构而被赞赏的。对此，尼采也特别强调过，"我对道德的否定"，是否将其

---

① ［美］亚历山大·内哈马斯：《尼采：生命之为文学》，郝苑译，225 页，杭州，浙江大学出版社，2016。

② 同上书，229 页。

定为前提，并否定其作为真理的理由，但"不用说——除非我是一个傻瓜——，我不否认，许多被称为不道德的行为应该加以避免和抵制，或许多被称为道德的行为应该加以实施和受到鼓励，然而我认为，当我们鼓励一些行为而避免另一些行为时，我们的理由应该是一些与我们迄今为止所见到的理由不同的理由"①。如果像《启蒙辩证法》那样，把尼采萨德化，甚至法西斯主义化，那是对尼采莫大的误解。我们不能跟着怀着不可告人目的歪曲利用尼采只言片语的法西斯主义走，把尼采描写成法西斯主义的同伙。就像内哈马斯严正强调的："尼采的'非道德主义'并不是对自私与残酷的粗鄙赞颂，尽管人们常常将这两者混淆起来。"②

我们这样澄清尼采对传统道德的批判，绝不意味着完全肯定尼采。为了对抗现代资产阶级的平等理念和制度，尼采走向了对贵族制的肯定，而不是像马克思、恩格斯那样走向更激进的无产阶级平等观。这的确会引发问题并招致批评。特别是，尼采"反对缩短工作时间——在巴塞尔从每天 12 小时减到 11 小时；他赞成童工，在巴塞尔允许从 12 岁起的孩子每天工作 10 到 11 小时；他反对为工人组织的教育协会。当然，他指出，不能过分地推广残酷：无论如何工人得能够承受这种残酷，以便他和他的后代能好好地同时也为我们的后代工作"③。在这里，残酷表现为了远大目标，劳动者需努力多干活，不要想着享乐、休

---

① ［德］尼采：《朝霞》，田立年译，139 页，上海，华东师范大学出版社，2007。

② ［美］亚历山大·内哈马斯：《尼采：生命之为文学》，郝苑译，183 页，杭州，浙江大学出版社，2016。

③ 参见［德］萨弗兰斯基：《尼采思想传记》，卫茂平译，164 页，上海，华东师范大学出版社，2007。

闲。这种"残酷"对于不同意、不认同的参与者来说，是一种煎熬和残酷，但对于认同者和积极地主动参与者来说，就是甘愿奉献与牺牲。"残酷性"是不认同的参与者或者不认同的外部评价者所理解的。问题在于，谁有权利要求劳动者努力奉献、牺牲自己成全某种"伟大目标"？对于认同现代性价值的现代人来说，我们会质问尼采，为什么要我们跟着超人去冒险，去追求另一种新文明新文化？为什么放弃现代制度和技术给我们带来的舒适、安全、充裕物质、肉体快乐，而去跟随超人去过一种可能是悲剧性的英雄生活？对于经历过甘愿牺牲、奉献去追逐一种理想主义生活的人来说，这种舒适、安全、物质充裕、肉体快乐的生活可能是一种遭受贬抑的资产阶级庸俗生活，不及尼采的悲剧英雄式生活富有意义；但对于经历这种生活后告别了它、觉得它毫无意义的人们来说，可能它没有价值，对于那些当时就不认同而被迫参与的人来说，那种别人视为英雄主义的生活就夹杂着残酷和难以忍耐的痛苦。

对于视平等为当然价值的现代人来说，不平等引发的诸种状况的确是令人难以忍受的。但这种残酷毕竟与人为故意施加给弱者的是有区别的。尼采的意思是，**"残酷"不能从道德上进行评价，而应该从力量的增长角度来看，从力量的增加、成功获得、崇高的视角看待**。因为力量的增加意味着成功、生命力的更新、健康和未来，而"道德"特别是基督教的道德，是非科学的，甚至是一种伪装、意识形态欺骗，其中蕴含着失败、低俗、平庸、颓废等因素。尼采的主张在下面这段话里体现得很明显：首先，"谁具有最大的力量，迫使他人变为职能，谁就成为统治者；——然而从属者又有自己的从属者，——从属者持续斗争：在一定程度上维持他们，是整体存在的条件。这个整体又寻觅自己的优势，并找到对手"①。其次，"权力感表现为首先占据，然后进行控制（组织），——它将被制服的东西用于自己的维持，并且进而维持了被制服的东西。——职能也产生于权力感，产生于跟较弱的力量的斗争中。职能的维持，是在压倒和支配更低等的职能中实现的，——其中，它得到更高权力的支持"。尼采认为，基督教其实也是奴役、等级制，只不过是"用宗教外衣伪装自己；通过道德达到美化的目的"。所以，"命令与服从是基本事实：这是以等级制度为前提的"②。可以这样说，尼采主张健康的、自然的等级制，而非非自然的、伪善的等级制。

虽然尼采主张的"力量"不是马克思和恩格斯所说的"生产力"，而是"强力意志"，但他与历史唯物主义一样分享和继承着马基雅维利开创的不能道德地评价社会历史现象，而要客观、科学地从事实、增长、提升、发展的角度看待社会历史现象的、西方现代以来的传统。毕竟恩格斯提醒过我们，绝不能道德主义地把历史理解为小人当道、君子失势的历史，那是前唯物史观的水平，是前科学的历史唯心主义观点。虽然尼采认定的"力量"不如历史唯物主义认定的"生产力"科学，但两种理论在反思传统道德主义、批判基督教与资产阶级道德方面是类似的。

总之，尼采因多种缘故很容易引起误解。这需要我们在阅读和理解，以及运用尼采的思想时尤为谨慎。根据当下现实的某种需要来解读

---

① ［德］尼采：《重估一切价值》，林笳译，471 页，上海，华东师范大学出版社，2013。

② 同上书，487 页。

尼采，尤其如此。霍克海默、阿多诺在《启蒙辩证法》中这种根据现实之需对尼采的随意注解，为我们提供了一个注释随意、问题泛起的典型范例，可供我们作为教训加以防范和自我提醒。

《启蒙辩证法》对马克思的再激进化策略

　　《启蒙辩证法》对资本主义现代性的批判使用了许多理论资源。马克思和尼采的思想是其中非常重要的两种。在我看来，马克思和尼采分别从无产阶级或"左"的角度，以及从贵族或"右"的角度对资本主义进行激进批判。应该说，他们从各自角度对资本主义的批判已然很激进，但《启蒙辩证法》的批判比起马克思和尼采却更为激进。在马克思肯定现代性的地方，他们加以否定。在尼采的抨击发展到现代资本主义的基督教文明根植于"恐惧"且具有一种糟糕的情感基础的地方，霍克海默与阿多诺却把这一点继续往前推，把尼采赞赏的前苏格拉底文化一样视为基于"恐惧"的形而上学建构，从而不但把基督教文明而且把前基督教西方文明一概判定为源于"恐惧"因而根基"糟糕"。相比马克思和尼采，这种更为激进的启蒙批判在什么意义上具有合理性，又在什么意义上面临危险，甚至濒临绝境？社会批判理论从中可以得出什么样的经验教训？激进批判是否存在合理限度？篇幅所限，本章只探究《启蒙辩证法》对马克思思想的再激进化策略。

一、马克思、恩格斯：抽象的同一性与具体的同一性

在反思启蒙的社会基础和情感基础时，在追溯法西斯主义的哲学基础时，《启蒙辩证法》把矛头指向了同一性哲学，认为对众多他者差异性的抹杀，是通过语言、哲学、社会、经济、政治机制完成和强化的同一性，奠定了对他者进行宰制、不顺从就施以残暴对待的思想和社会基础。同一性真的就是如此残酷的东西吗？同一性是人的实现基础还是阻碍？是个性的实现基础还是阻碍？

我们知道，对思想成熟后的马克思来说，现代社会的生产和生活依赖于高度发达的分工和交换，所以，直接的使用价值让位于交换价值，即"在资产阶级社会里，交换价值必定被看作统治的形式，因此生产者把自己的产品当作使用价值的一切直接关系都取消了；一切产品都是交易品"①。每个人每天都得进行多种多样的交换，而交换依赖于对自己所需要的产品或服务同等价值的认定。交换是等价物之间的转让。"只有通过流通，即通过自己的等价物的转让，才能占有他人的等价物，因此，必须承认自己的劳动是最初的占有过程，而流通实际上只是体现在

---

① 《马克思恩格斯全集》第 31 卷，352 页，北京，人民出版社，1998。

各种各样产品中的劳动的相互交换。"①在交换中，每个参与者都把自己抽象为一般的、普遍的、无差别的人类劳动的等量所有者和提供者，在这样的意义上是同一的。

第一，这种同一性依赖现代社会较为完善的分工为基本前提，它"既不是从个人的意志，也不是从个人的直接本性中产生的，而是从那些使个人已成为社会的个人，成为由社会规定的个人的历史条件和关系中产生的"②，因而，它超越个人意志，超越个性，而且更为关键的是，它支撑和促进现代个性的产生。"就是说，这种个人的孤立化，他在生产内部在单个点上独立化，是受分工制约的，而分工又建立在一系列经济条件的基础上，这些经济条件全面地制约着个人同他人的联系和他自己的存在方式。"③

第二，这种同一性是现代社会中每天都在发生着的日常事件。因为每个现代人都离不开社会交换，每天都得进行社会交换。而在社会交换中，"主体作为流通的主体首先是交换者，每个主体都处在这一规定中，即处在同一规定中，这恰好构成他们的社会规定。其实，他们只是作为主体化的交换价值，即作为活的等价物，作为价值相等的人互相对立。作为这样的人，他们不仅相等，他们之间甚至不会产生任何差别。他们只是作为交换价值的占有者和需要交换的人，即作为同一的、一般的、无差别的社会劳动的代表互相对立……因为他们只是彼此作为等价的主体而存在，所以他们是价值相等的人，同时是彼此漠不关心的人。他们

---

① 《马克思恩格斯全集》第 31 卷，348 页，北京，人民出版社，1998。

② 同上书，351 页。

③ 同上书，352 页。

的其他差别与他们无关。他们的个人的特性并不进入过程"①。

由此看来，个人首先是具有社会性的个人，每个人的个性并不介入这个必须通过同一性置换的社会过程。因此，这个同一性是抽象的，但"抽象"在这里没有什么可谴责的，绝不是一个糟糕的、应消除的负面事件。因为个人的社会性是现代人生存的基本事实，现代社会生活每天都需要所有人的同一性置换。"流通中一定的环节上不仅使每个人同另一个人相等，而且使他们成为同样的人，并且流通的运动就在于，从社会职能来看，每个人都交替地同另一个人换位。"②而且，尤其需要强调的是，社会化、同一性在这里不完全是个人的对立面，不仅仅是意味着统治、压制、埋没个性，还是一种为个性奠基、促进个人发展的东西。只有在这个抽象同一性不断发生的社会交换中，每个人才得以生存和生活，进一步超越谋生的层次，把自己提升到追求尊严和自由的层面。

如果说现代社会中存在一种不受社会干预和决定的个性、独立人格，那它也依赖于一种"社会的个人"，至少脱不开社会化的个人而独自存在和发展。首先是一种社会联系的扩大，生产关系的发达，生产力水平的提高，才使得个性、独立人格成为众多个体的一种追求，成为一个普遍的、有意义的问题。对于独立的个人来说，"他们是作为社会的个人，在社会里生产并为社会而生产，但同时这仅仅表现为使他们的个性对象化的手段。因为他们既不从属于自然发生的共同体，另一方面又不是作为自觉的共同体成员使共同体从属于自己，所以这种共同体必然作

---

① 《马克思恩格斯全集》第 31 卷，358~359 页，北京，人民出版社，1998。
② 同上书，360 页。

为同样是独立的、外在的、偶然的、物的东西同他们这些独立的主体相对立而存在"①。也就是说，这种"社会的个人"是个性、独立人格普遍产生的历史前提，也是每个人每天必须完成的社会责任。在此基础上，他们才能进一步追求自己的个性和独立人格。个性和独立人格的追求必须以履行的社会职责为基础和前提。社会的个人与个性、独立人格并不矛盾，是继承和交叉的关系。社会的个人能够为个性和独立人格奠定根基。

如此看来，同一性在现代市场经济中是一种无法否认的基本事实。问题不在于承认还是否定，而只在于分清抽象的同一性与具体的同一性。如果仅仅看到同一性，无视其中隐含着的矛盾和对立，那就是抽象的同一性；而进一步看到同一之中的矛盾和对立，才能把握到全面的事实，也才能看到问题和进一步发展的可能性，即具体的同一性。对此马克思曾经谈到，同一是存在的，但其中一定存在着矛盾。为了否定矛盾和对立而大谈同一，是为了否认危机，是资产阶级意识形态的表现。个人和资本家在资本主义的生产、消费中是不一样的，不能因为他们都参与社会交换，认同了一种同一性，就否认他们之间的差别。所以，"主张把资本主义生产中的消费者(买者)和生产者(卖者)等同起来，从而否定危机，是再荒谬不过的了"②。仅仅注重同一性，是狭隘的、没有长远眼光的。但由此否认同一性，那也是对现代性的基本事实的否认，是睁着眼说瞎话。可以说，这是超越自然经济，进一步扩大视野，从国家

---

① 《马克思恩格斯全集》第31卷，355页，北京，人民出版社，1998。

② 《马克思恩格斯全集》第26卷(下)，592页，北京，人民出版社，1973。

甚至世界整体角度才能看到的同一性，是扩展现代视野得来的基本同一性。

恩格斯曾经进一步将此类观点扩展到自然领域谈及"各种自然力的同一性及其相互转化"，认为"这种转化使范畴的一切固定性都终结了"，从而看到一种更大的同一性。初等数学中才有那种"是就是、不是就不是"的固定不变和严格对立模式。当这种对立被打破，便走向了高等数学用点和面完全可以相互转化的同一性。这里的同一性是一种站在更高高度才能看到的基本事实。如果说前一种同一性是视野扩展得来的，那么，后一种同一性便是开阔视野得来的。自然力的同一性就是扩展视野得来的；而点与面的同一性则是从初等数学上升到高等数学才能得到。从初等数学上升到高等数学，就是从形式逻辑上升到辩证逻辑，从形而上学上升到辩证法。恩格斯欣慰地看到，正在接受辩证法的"自然科学已经离开了这样的领域，在那里，固定不变的范畴，犹如逻辑的初等数学，足以供日常使用"①。无论是扩展视野得以呈现的同一性，还是提升视界得来的同一性，对于恩格斯来说，都意味着，辩证法不仅主张统一性，也主张同一性。

与马克思略有不同，恩格斯把否认差异的抽象的同一性称作旧形而上学的主张。"旧形而上学意义下的同一律是旧世界观的基本定律：a＝a。每一事物都与自身同一。"②但他绝没有否定这种同一性的价值与意义，反而明确在日常使用和初等教育的意义上肯定它的价值与意义。

---

① 《马克思恩格斯选集》第 3 卷，893 页，北京，人民出版社，2012。
② 同上书，915 页。

"抽象的同一性，像形而上学的一切范畴一样，足以满足日常应用，在这种场合涉及的只是狭小的环境或很短的时间；它所适用的范围差不多在每一个场合都是不相同的，并且是由对象的性质所决定的。"[①]当他把形而上学与辩证法的关系规定为初等数学与高等数学的关系时，作为初等数学认可的抽象的同一性，在初等教育中的实用性是一目了然的。不能因为它达不到高等数学的高度就否认它在一定范围内的适用性。只有从高等数学或辩证法的角度来看，"同一性自身中包含着差异……与自身的同一，从一开始起就必须有与一切他物的差异作为补充，这是不言而喻的"[②]。只有从辩证法的角度来说，"对同一性内部的差异的考察也越重要，而旧的、抽象的、形式的同一性观点，即把有机物看做只和自身同一的东西、看作固定不变的东西的观点过时了"[③]。

确实，《启蒙辩证法》是在辩证法的意义上批评同一性的。但看不出霍克海默与阿多诺区分抽象的同一性与具体的同一性。该书给人以谴责、否定一切同一性的感觉。

二、霍克海默、阿多诺：同一性的暴政

在马克思认定同一性、社会化个性、独立人格奠基和支撑的地方，霍克海默与阿多诺看到了完全不一样的东西：对众多他者的隐匿、抹杀

---

① 《马克思恩格斯选集》第 3 卷，915 页，北京，人民出版社，2012。

② 同上书，914 页。

③ 同上书，914 页。

和否定；对主体自身的确认甚至自恋；伴随这种自信和自恋所隐蔽起来的主体内在的恐惧与焦虑；随焦虑和恐惧的彰显而必然显现出来的压迫和宰制；恐惧和宰制的对象从自然存在物最后转向他人的历史与逻辑结局。

（一）同一性压抑和否定他者。在霍克海默与阿多诺看来，同一性有意地抹杀差异，强行建构一致，"同一性存在于一致性之中"①。这种一致性是哲学理性和科学理性建构一个同一世界的追求。当所有五花八门的存在物用一个抽象概念表达和指称时，当这个抽象概念指称的对象被视为一般本质，其他存在物都得从其中被推演出来时，同一性就建构起来了。他们由此批评理性以追求一般性为己任，理性简直就是"一种'从一般性中推演出特殊性的能力'"②。而且，思想同一性还随着体系的同一性逐步加重和强化。数学的体系和哲学的体系都在加固着抽象的同一性，塑造体系的理论需要进一步加重同一性的灾难。为此，他们继承德国早期浪漫派的做法，弃绝逻辑严密的体系性的表达方式，采取了断片式的记述和表达式。虽然《启蒙辩证法》成书时勉强改成了传统学院式的逻辑表述形式，但断片式的拼接痕迹比比皆是。这是他们从形式上抗拒同一性的表现。

（二）同一性是主体性的作为，是主体性赋予复杂对象体系的。遵循康德的哥白尼革命，霍克海默和阿多诺看到，同一性来自主体性，来自先验自我。无论从笛卡尔的我思主体，还是从康德的先验统觉入手，同

---

① ［德］霍克海默、阿多诺：《启蒙辩证法》，渠敬东、曹卫东译，90 页，上海，上海人民出版社，2003。

② 同上书，90～91 页。

一性最终都得归于主体性。只有那个绝对、先验的主体才能赋予富有差异的世界以绝对同一的特质。只有先验的绝对主体性，才能建构起绝对、抽象的同一性。在这种赋予和建构中，隐含着对复杂、多质的有意识忽略，甚至是有预谋的扼杀。所以，在此意义上，同一性是主观的幻想，是阴谋诡计和别有用心。主体性对同一性的塑造，露骨地展示出自己的权力本性和宰制本色："权力与知识是同义词"；或者，"存在也能按照制造和管理的角度去理解"①。总之，"无所不能的自我也陷入了单纯的占有状态，即变成了抽象的同一性"②。

把同一性的根源归于主体性，通常是在近代主体性的意义上被确认的。进一步把衍生同一性的主体性哲学回溯到古希腊时代，是面临质疑的，因而是需要论证的。《启蒙辩证法》没有给出这样的论证，就直接断定"从巴门尼德到罗素，同一性一直是一句口号，旨在坚持不懈地摧毁诸神与多质"③。

（三）在此基础上，漠视和抹杀不顺从就摧毁多样性的同一性，就成了压迫、宰制、专制的基础或象征，因而顺理成章地成了法西斯主义的根源。只要是压制、否定他者正当的存在权，强行推行思想和行为的同一性，就是法西斯主义。这种显然有些极端的逻辑虽然就它当时的发生处境可以被理解，但却难以得到更广泛的认同。

（四）同一性造就群氓，而不是支撑自由和解放的物质基础。在马克思认定具体的同一性既意味着生产力、生产关系的进步，又意味着不同

---

① ［德］霍克海默、阿多诺：《启蒙辩证法》，渠敬东、曹卫东译，2、92 页，上海，上海人民出版社，2003。

② 同上书，7 页。

③ 同上书，5 页。

阶级群体之间的竞争和斗争，从而促进社会发展的地方，霍克海默与阿多诺看到的是同一性不断造就出的群氓或庸众。在马克思把历史的未来诉诸无产阶级的地方，霍克海默与阿多诺通过群体与盲从、无意识的内在连接封闭了群体的解放功能，把历史自由和解放的可能性空间仅仅留给了具有个性和独立人格的个体，因而必然从寄希望于群体转向寄希望于精英个体。

霍克海默与阿多诺认为，资产阶级的个体概念是抽象的，在资产阶级的经济权力面前，"个人变得一钱不值"，为此，必须诉诸历史才能发现有希望的个体。早在 1939 年 1 月 19 日为准备《启蒙辩证法》的写作进行的关于个体的讨论中，他们就通过对个体的历史性求解，获得一种迥异于资产阶级个体概念的可能性，把个体与所有权、焦虑（Angst）联系起来。与所有权密切相关的焦虑被视为个体概念的一个构成部分。① 在这里，《启蒙辩证法》使社会批判理论至少发生了两个重要的转折。

第一，同一性批判与焦虑（Angst）、恐惧（Furcht）的连接，使马克思与海德格尔、弗洛伊德、尼采联系起来，并发生可能的整合，从而社会批判理论的思想资源得以进一步扩大。海德格尔在《存在与时间》中大谈 Angst（中译本译为"畏"）、Furcht（中译本译为"怕"），并继承先前弗洛伊德对两者的区分（通常，中文译为"焦虑"的 Angst 是指没有具体对象的怕，而通常译为"恐惧"的 Furcht 是指有具体对象的怕），进一步做出了哲学的分析和论证。由于尼采最早从反思、批判的意义上指出

---

① 参见 *Max Horkheimer Gesammelte Schriften*，Band 12，Fischer Verlag Frankfurt am Main，1985，S. 452.

Furcht 对于主体性建构的关键性作用，揭示光鲜亮丽的"理性""崇高"其实是出于一种卑劣和虚弱的情感，具有一种低下和虚弱的内在根基，因此才为后来者开辟了一个批判考察西方理性、启蒙的心理基础和自然基础，以及从心理学、本体论角度推进社会批判的方向。海德格尔对尼采、弗洛伊德的继承和批判，霍克海默、阿多诺跟海德格尔的批判性联系，使得社会批判理论对整合马克思和尼采的思想资源、推进社会批判理论具有了现实的可能。

第二，这种整合一方面深化和推进社会批判，另一方面也在调整和改变着社会批判理论的基本观点。其中，批判理论所依据的历史主体一直是群体性主体，但随着尼采、弗洛伊德、海德格尔思想资源的引入，尼采对"庸众"、弗洛伊德对社会性的"超我"、海德格尔对"常人"的批评的基本逻辑和观点，也融入《启蒙辩证法》的启蒙批判之中。反映在同一性问题上，马克思、恩格斯首先肯定资本主义同一性的进步意义，然后才批判资本主义抽象同一性的立场，被转化为对资本主义同一性的彻底批判。霍克海默、阿多诺认为，同一性不但隐含着法西斯主义的历史根源，也把大众变成了没有个性的应声虫，甚至成为同一性秩序的帮凶，"随着财富的不断增加，大众变得更加易于支配和诱导"[①]；同时，他们强调，由于依赖于越来越高的生产力水平，"社会对自然的暴力达到了前所未有的程度"[②]，所以，抽象同一性就成了资本主义工业化的必然结果，抽象同一性被归于资本主义工业。"抽象的同一支配使得每一个

---

① ［德］霍克海默、阿多诺：《启蒙辩证法》，渠敬东、曹卫东译，前言 4 页，上海，上海人民出版社，2003。

② 同上书，前言 4 页。

自然事物变成可以再现的，并把这一切都用到工业的支配过程中。在这两种支配下，正是获得自由的人最终变成了'群氓'，黑格尔称他们是启蒙的结果。"①由此导致的结果，必然是对自由和解放的新理解。历史唯物主义对共同体、生产力的强调，在《启蒙辩证法》这里表现为对个性和自然的强调。"人类解放就是个性的解放"，"个人之间的相互独立和互不相容"，个性的维护与坚守，被设想为一种理想的、互不妨碍却相互闪耀着的"星丛"，因为它是"使人们形成了反抗整个非理性世界盲目的压制力量的结晶"②。

不过，同一性批判的最大成就，是在痛诉、批评同一性的拙劣本质和残暴性质时，霍克海默与阿多诺进一步把同一性与恐惧联系起来，揭示同一性的情感本质。即不仅在现代社会的经济结构、社会结构中探寻宰制的根源，而且还进一步把马克思的政治经济学批判与尼采的权力意志批判融通起来，沿着尼采揭示同一性的情感基础的思路，把同一性与恐惧联系起来，进一步把同一性送上审判的舞台。他们不仅极力倾诉同一性残暴的外观，还极力倾诉它内在虚弱、渺小、畏惧他者的不良品质。通过马克思与尼采的整合，他们对同一性的批判获得了更大的威力与效应，使同一性批判的激进性空前提升了。

---

① ［德］霍克海默、阿多诺：《启蒙辩证法》，渠敬东、曹卫东译，10～11页，上海，上海人民出版社，2003。

② 同上书，275页。

三、恐惧与同一性的统一：马克思与尼采的结合

《启蒙辩证法》高度评价尼采，认为他是自黑格尔以来能够认识到启蒙辩证法的少数思想家之一。正是尼采，揭示了启蒙与统治之间的矛盾关系。因为尼采清楚地认识到，启蒙当中既有自主精神的普遍运动（他觉得自己就是这种精神的执行官），也有破坏生命的"虚无主义"力量。为此他们还引证了尼采的话："这就是启蒙的任务：让诸侯和政客们清晰地认识到，他们所做的一切都是彻头彻尾的欺骗。"①但他们对尼采的解释和利用却引起诸多争议和质疑。除了他们遵循德国晚期浪漫派的做法，对希腊古典时代进行现代资产阶级的解释，力图在奥德修斯身上发现资产阶级的品性甚至过度解释并牵强附会为希特勒的影子之外，更是对尼采做出一种显然是"强横派"的解释，即立足当时的现实需求（而不是尼采本人思想），实用主义地解释尼采，曲解了尼采的本意。在本文范围内，我们只从《启蒙辩证法》沿着尼采关于西方现代文明的同一性、神圣性皆起源于恐惧这一警世观点做一点分析。

我们知道，在尼采看来，西方文明传统中隐含着一种深深的恐惧，而不是一种对高贵的崇敬，那是对基督教文明和苏格拉底之后的西方文明而言的，并不能推广到前苏格拉底文化之中。尼采在《善恶的彼岸》中指出："古希腊的虔敬散发出慷慨丰盈的感恩，只有极其卓越杰出的人才与自然和生命处于这种关系之中。后来，当群氓开始统治希腊时，恐

---

① ［德］霍克海默、阿多诺：《启蒙辩证法》，渠敬东、曹卫东译，45 页，上海，上海人民出版社，2003。

惧扼杀了宗教，并为基督教开辟了道路。"①恐惧跟群氓、低下、卑微等密切相关。原始基督徒是出于对打败他们的世界的嫉恨和恐惧，发明了一种神圣与世俗、善与恶截然对立的宗教意识形态。通过把一切权力诉诸一个全知全能的神，把多神教转换为一神教而惩治打败他们的人，从而自己建立一个保护自己、迎合自己甚至为自己所用的形而上学王国。这个王国的彼岸性，也就是非现实性，其实正反映了它的虚幻，反映了它的主观拟造性，反映了拟造者内在的贫弱和对所处世界的惧怕。按照尼采的意思，只有无法在现实世界中成功的弱者才幻想一种形而上学的拟造"实现"自己的"理想"。在这里，"理想"的虚幻性印证的恰恰是提出者的贫弱性。

当然，在尼采看来，这种形而上学的塑造之所以在西方历史上取得成功，还得益于柏拉图主义的帮助。正是由于开启了理性传统（按照《启蒙辩证法》的逻辑就是塑造同一性）的苏格拉底的死，使柏拉图出于惧怕心理而发明了专门对付当局和庸众的简单形而上学，二分地塑造出一个永恒不变、凝聚了真善美、跟永远生成变化着的感性世界对立的理念世界、本质世界，才与原始基督徒幻想的那种"上帝"形而上学顺利接轨。在这个意义上，尼采把基督教视为一种柏拉图主义的宗教表现形式。朗佩特的如下解释很能代表这个意思："对基督教而言，最重要的转变莫过于希腊宗教在民主制下发生的转变，即从一种高贵的感激向大众的恐惧转变；这场转变最终之所以能成功地导致大众宗教，在尼采看来，责

① 科利版《尼采全集》第5卷，Deutscer Taschenbuch Verlag，1999，S. 70. 中译文参见[德]尼采：《善与恶的彼岸》，梁余晶译，76页，北京，光明日报出版社，2007。

任最大的莫过于柏拉图。……荷马宗教出于感激，以一种高贵的姿态站立在自然与生命面前，产生了迄今为止人类最高的艺术成果和智识成就。而柏拉图的宗教则基于恐惧，奴隶般地屈服于某些被发明出来的超自然力量，最终导致欧洲人沦为一种亚洲宗教的猎物，这种亚洲宗教要让整个人在一个至高无上的救赎之神面前自我否弃。"①

但是，霍克海默与阿多诺却扭转了尼采的方向，把这种恐惧推及整个希腊文化。尼采批判柏拉图主义和基督教文化，却赞赏前苏格拉底希腊文化。《启蒙辩证法》却把批判指向了西方文明的任何一个时期。于是，恐惧不仅是基督教形而上学和柏拉图主义的基础，也是前苏格拉底甚至希腊神话时代文化的基础。在尼采赞赏荷马的地方，《启蒙辩证法》却指出荷马不但与柏拉图，还与现代资产阶级具有同一性，因为"奥德修斯是西方资产阶级最早的一个原型"②，从他身上可以看到神话与启蒙的同一性。

在霍克海默、阿多诺的逻辑里，个体相互之间即使不能保持爱的关系，起码可以保持一种像繁星一样各自发亮、互不妨碍的"星丛"状态。但自从希腊神话时代开始，奥德修斯们就一直试图建立一种把一切存在物一网打尽、把一切都纳入统一体系，把握住、统治住一切他者才心安理得的同一性格局。不是尼采所说的自从苏格拉底开始，而是从希腊神话开始，"生存者之间各种各样的亲密关系，被有意义的主体与无意义

---

① [美]朗佩特：《尼采的使命》，李致远、李小均译，133页，北京，华夏出版社，2009。

② [德]霍克海默、阿多诺：《启蒙辩证法》，渠敬东、曹卫东译，前言5页，上海，上海人民出版社，2003。

的客体、理性意义与偶然意义中介之间的简单关系所抑制"①。复杂关系被简单化，包括爱的各种关系被主体对客体的恐惧和掌控、把握、改造、遏制、宰制所替代了。

霍克海默曾说："人总是被无数的恐惧纠缠着。在前文字时代的文化中，世界在人们的设想中跟邪恶力量有关，人们通过安抚行为和魔法来控制它。从这种宇宙观中解放出来，是人类文化史中的首要动机。科学的每一次胜利都把斗争推进了恐惧领域的更深处。科学个人以力量来支配那些以前看来完全受制于某些神秘力量的东西。人们曾以为自然是一种凌驾于一切的、不可预测的存在，从而敬畏它；但是，对抽象公式的信心已经代替了这种敬畏。"②这种思想充斥在《启蒙辩证法》一书中。

尼采曾在人们面对陌生他者产生的危险、不安、忧虑中看到了一种权力意志的冲动，为了消除这种令人难堪的状况，这种冲动首先包含着命名与解释，一种因果性、必然性的解释。即使是"高级"的"科学"解释，也都属于此类。所以，"原因的冲动，也就是由恐惧感决定和激起"③。紧随尼采的脚步，《启蒙辩证法》也把同一性的起源定位于恐惧："面对陌生之物，人们因恐惧而惊呼，而这种惊呼之词就成了该物的名

---

① ［德］霍克海默、阿多诺：《启蒙辩证法》，渠敬东、曹卫东译，8页，上海，上海人民出版社，2003。

② ［德］霍克海默：《反对自己的理性：对启蒙运动的一些评论》，见［美］詹姆斯·施密特编：《启蒙运动与现代性》，徐向东译，369页，上海，上海人民出版社，2005。

③ ［德］尼采：《偶像的黄昏》，卫茂平译，82～83页，上海，华东师范大学出版社，2007。

称。……恐惧的表达则变成了解释。"①而在近代获得大发展和特别推崇的理性、科学的解释中，人们发现了一种行之有效的，理性地祛除恐惧的方略。这种方略的强处不是别的什么真理性，只是它的有效性。它比祛除恐惧的巫术、神话、宗教都更为有效。在历史上出现的克服恐惧的各种方式中，启蒙理性的方式倒是很类似于巫术的方式。宗教方式是对令人惧怕的世界或掌控这个世界的神满怀尊敬，以此化解内在的恐惧。巫术的方式意味着，面对令人恐惧的世界，或者诉诸人力和神力、巫力并举，或者把人自己打扮成神灵鬼怪而对世界发挥作用，借助某种神秘的巫力对抗世界。启蒙理性的方式，就是用理性之光照亮那令人焦虑与恐惧的世界，使这个世界呈现为秩序井然、规则严密的世界，祛除其偶然、随机的诗性特质，塑造其严密的逻各斯性质。个体凭借自给自足的内在的理性独自承担克服焦虑与恐惧的任务，就是自古希腊以来日渐兴盛的启蒙理性的方式，但它不见得就是最好的办法，更不是唯一具有合理性的方式。启蒙理性的方式与巫术的方式都是致力于通过某种手段把控、统治、宰制原本恐惧的对象，使之顺从主体的愿望。因而，《启蒙辩证法》引证了弗洛伊德《图腾与禁忌》中巫术"坚信能够彻底统治世界"的说法后认为，"这种信念只有通过更加成熟的科学，才能与现实的统治世界相一致"②。只有在现代科学技术体系中，人们才能达到巫术时期人们曾期盼的那种无所不能。

巫术时期是如此，希腊神话时代就更不用说了。霍克海默与阿多诺

① ［德］霍克海默、阿多诺：《启蒙辩证法》，渠敬东、曹卫东译，12 页，上海，上海人民出版社，2003。

② 同上书，8 页。

对奥德修斯的分析表明，奥德修斯不是惯常人们所认为的那样，向往一种人与神、人与自然以及人与人的和解，而是面临深深的恐惧："对丧失自我的恐惧，对把自己与其他生命之间的界限连同自我一并取消的恐惧，对死亡和毁灭的恐惧，每时每刻都与一种威胁文明的幸福许诺紧密地联系在一起。这条道路就是通往顺从和劳作的道路，尽管在它的前方总是临照着烂漫之光，但那仅仅是一种假象，是一种毫无生气的美景。"①为了解除这种恐惧，奥德修斯不惜使用诡计，蒙骗巨人，忍受诱惑。霍克海默与阿多诺绝不提起《奥德赛》中的奥德修斯关键时刻总是先求助于神灵启示的特点，反倒一再地强调他的恐惧和作为手段的诡计（理性）。似乎早于宗教的巫师们所希求的无所不知、无所不能，到了奥德修斯还做不到，只有到现代启蒙之后才能凭借科学技术做到（虽然会受时间的限制）。于是，霍克海默与阿多诺得出结论："人类也只能假想唯有在其无所不能之时，方能最终摆脱恐惧，获得自由。……启蒙就是彻底而又神秘的恐惧。"②

众所周知，马克思更重视的是社会资源的占有和利用，阶级的区别主要取决于对生产资料的占有、在生产方式中的地位；尼采重视的却是个人内在的健康。一个更看重生产力，另一个看重强力意志。按照马克思的理论看尼采，强力意志强的不一定占有生产力，或在生产关系中具有强势地位。而按照尼采的思想看马克思，占据统治地位的阶级不一定具有强的强力意志，却完全可能是内在恐惧的弱者。一旦把马克思与尼

① ［德］霍克海默、阿多诺：《启蒙辩证法》，渠敬东、曹卫东译，30～31 页，上海，上海人民出版社，2003。

② 同上书，13 页。

采嫁接起来，在着重生产力、生产关系的资本批判中再增加上出于恐惧的强力意志批判，必将进一步显露被批判对象的问题、不合理性、虚弱性和卑劣性，从而大大增强批判的效力。

一旦结合了马克思与尼采，批判的意味立即变得不一样了。当霍克海默、阿多诺强调"在奴隶主、自由企业家和管理人员中出现的成功的资产者形象，就成为了启蒙的逻辑主体"[①]时，他们不再仅仅表达一种资本占据统治地位的事实，更表达统治者的虚弱和恐惧，或者卑劣与绝望。如此一来，批判效果立刻增强。而且，考虑到尼采所谓出于恐惧、原本虚弱的统治者行使统治权要靠数量而非质量，靠虚弱的意识形态而非高贵的文化，社会批判跟群体主体的分离、对个性的赞赏和钦佩，就顺理成章了。而马克思肯定的生产力的积极意义势必降低，资本和机器对个人的支配权却更为重要。由此，霍克海默与阿多诺肯定，"经济生产力的提高，一方面为世界变得更加公正奠定了基础，另一方面又让机器和掌握机器的社会集团对其他人群享有绝对的支配权。在经济权力部门面前，个人变得一钱不值"[②]。集体统一性、同一性否定每个个体，"因为个性正是对那种把所有个体统归于单一集体的社会的嘲讽"[③]。他们不但强调生产力的增长给个人造成了压抑，更忧虑群体主体的媚俗化，大众变得不可救药，即随着财富的不断增加，大众变得更加易于支配和诱导。在马克思那里，群体主体之所以能承担历史职能，是因为他

---

① ［德］霍克海默、阿多诺：《启蒙辩证法》，渠敬东、曹卫东译，92页，上海，上海人民出版社，2003。

② 同上书，前言4页。

③ 同上书，10页。

们能与最先进的文化相结合，而现在，经济生产与文化日益结合，文化精神产品日益资本化和技术化，产生了越来越强势的文化工业，使得"精神不断媚俗化。精神的真正功劳在于对物化的否定。一旦精神变成了文化财富，被用于消费，精神就必定会走向消亡"。于是，本来的主体成了客体，而"权力集团成为了社会主体"①。

于是，把马克思与尼采予以整合的社会批判理论，就势必导致物化批判与虚无主义批判的嫁接和统一，从而导致物化批判与虚无主义批判的等同，至少是相互转化。我认为，在马克思那里，物化批判并不等于虚无主义批判，物化既有进步性又有被批判性，而虚无主义只是资产阶级的问题。但对尼采来说，现代文明的物化就是虚无，势必衍生出虚无主义。② 在此，《启蒙辩证法》不是继了马克思，反倒继承了尼采，继承了主张唯科学主义势必导致虚无主义的屠格涅夫。于是，物化是同一性，是对各种亲密关系的遗忘，是对除理性关系之外的一切关系的遗忘，是对差异和有意义的其他存在者的漠视与遗忘。这种遗忘奠定了抽象的同一性一统天下的地位。于是，在马克思那里还有积极意义的物化，成了遮蔽和漠视有意义的他者，封闭优良情感、只顾自身壮大的资本和理性系统的十足帮凶。而同时，精神的不断媚俗化就是虚无主义。计算理性消解着意义：在通往现代科学的道路上，人们放弃了任何对意义的探求；工具理性与价值理性分离了。"对启蒙运动而言，任何不符

① ［德］霍克海默、阿多诺：《启蒙辩证法》，渠敬东、曹卫东译，前言4、5页，上海，上海人民出版社，2003。

② 详见刘森林：《物化通向虚无吗？马克思与尼采的不同之路》，载《哲学动态》，2014(6)。《新华文摘》2014年第22期、《中国社会科学文摘》2014年第10期亦有转载。

合算计与实用规则的东西都是值得怀疑的。"①它们都会被视为旧形而上学的东西否弃。同一性的造就需要消解存在的不同层次性，消解"诸神"，以便能够一致性地予以比较衡量。同时，同一性的造就也需要消解多元性，以便能够同质性地予以比较。所以，"从巴门尼德到罗素，同一性一直是一句口号，旨在坚持不懈地摧毁诸神与多质"②。摧毁了立足于不同层次的崇高存在(诸神)，又奠立了平面、无深度的"神"，也就是理性、启蒙的神话。用诺瓦利斯的话说，就是真神死去，鬼神登场。③ 拜物教的"神"，跟启蒙理性自身崇拜的"神"，都是不够格的"神"，都是诺瓦利斯所说的"鬼神"。

看来，《启蒙辩证法》对马克思和尼采的整合虽然提升了资本主义社会批判的激进程度，却也带来了一系列学理和社会效果上的麻烦与问题。古希腊哲学的主体性怎样与现代主体性等量齐观？既依赖于神灵启示又屡屡巧施诡计的奥德修斯怎么能与现代资产阶级甚至希特勒等量齐观？当《启蒙辩证法》提醒或暗示人们，从希腊神话开始就在孕育法西斯，奥德修斯就是现代资产阶级甚至希特勒的原型，塞壬的歌声穿越历

---

① ［德］霍克海默、阿多诺：《启蒙辩证法》，渠敬东、曹卫东译，3、4 页，上海，上海人民出版社，2003。

② 同上书，5 页。

③ 诺瓦利斯坚定地看到，诸神隐去，鬼神马上就会来统治。从古希腊的诸神统治到基督教的过渡阶段，曾经经历过这样的事情。"通过行动重新承认并宣告自然的神圣性、艺术的无限性、知识的必要性、世俗的价值和真实的历史事件无所不在，并像他们以为的那样，最终结束了一直更高的、更普遍的、更可怕的鬼神统治。"参见刘小枫编：《夜颂中的革命和宗教：诺瓦利斯选集卷一》，214 页，北京，华夏出版社，2007。

史长廊就回荡在现代资产阶级的文化工业之中之时；当霍克海默与阿多诺力图在欧洲文明的开端处揭示一个隐藏着的法西斯主义的种子，甚至一个隐藏着的希特勒就存在于西方文明的始端处之时，《启蒙辩证法》与其说提升了批判的力度，还不如说会招致更多的质疑。古典学家会质疑他们对希腊神话的解释，哲学家会怀疑他们对希腊文化和哲学的理解，更会怀疑他们对尼采的解释，怀疑他们以当时法西斯主义的现实处境中触发的刺激替代了对思想史中这些思想的确切理解，因而被认为是过度解释。当这么多的质疑袭来之时，对资本主义的社会批判是效力的提升，还是退减？聪明人不难做出判断。由此而论，批判有一个合理的限度，超越这个限度，形式上的激进很可能是效果上的减退。当激进性喻示着效果递减时，激进性在社会批判中就是一个该反思调整的问题了。不得不说，越激进越好是个糟糕的逻辑。

现代启蒙主体的古典溯源：奥德修斯

《启蒙辩证法》极力凸显近代资产阶级主体与奥德修斯式主体的共同点，声称"奥德修斯是西方资产阶级最早的一个原型"[①]。作者虽然强调全书是"从思想史和现实的角度理解启蒙和神话这两个概念"，但奥德修斯身处离作者异常遥远的"史前史"，资产阶级却身处作者的现实社会，这巨大的差异能否（以及在何种程度上）被撇开，能否被舍弃掉，从而使得提取两者的共同和一致是合理的？两位作者极力撇开两种主体的区别，跨越如此大的历史差异而建立两种主体的类似与雷同，能成立吗？

[①] ［德］霍克海默、阿多诺：《启蒙辩证法》，渠敬东、曹卫东译，前言 5 页，上海，上海人民出版社，2003。

一、趋神而不祛神

如果说现代启蒙主体诞生时，（比如在笛卡尔、康德那里）其背后还站立着一个上帝，在进一步的发展中才日益远离上帝，对神灵保持一种敬而远之甚至嘲讽拒斥的态度，以至于尼采在 1882 年的《快乐的科学》中说出喻示着上帝和一切神灵死亡的"上帝之死"。通过这种现代声音，现代启蒙主体已拒斥超验之神，在对经验之物或人不断崇拜、超验存在不断坍塌的意义空场中日益遭受虚无主义的侵袭。也就是说，现代启蒙主体与超验神灵是冲突的。在这种背景下，《启蒙辩证法》致力于在希腊神话中找寻现代主体性精神，力图以奥德修斯为主角注解荷马史诗的做法显得别具一格。

但实际上，奥林匹斯山的诸神才是荷马史诗的主角。这种更接近于"东方"舶来文化的观念，与占据现代主导地位的主体性原则多有隔阂。《启蒙辩证法》却有意识地淡化、隐匿与奥德修斯须臾不可分的各种神灵及其作用，不提及这些各司其职的神灵对奥德修斯返乡事业至关重要的帮助和导向，给人一种似乎返乡事业的关键不是神灵的帮助而是奥德修斯自我的努力，是奥德修斯的理智、聪明发挥主导作用，并战胜自然诱惑、自然破坏力量以及各种艰难险阻的结果的印象。

的确，《启蒙辩证法》的解读是要淡化、隐匿神灵，把颇受"东方"（如今的"中东"）影响的希腊神话解释为一个主体觉醒的故事。启蒙元素包含和隐匿在神话之中，一个祛神话化和祛魅化的世界欲挣脱神话的束缚破土而出。[①] 如果说启蒙也将成为一个神话，那这个神话是从希腊多神的古老神话中挣脱出来的，是那个古老神话的转化。与希腊多神教联系在一起的奥德修斯返乡神话之中，隐藏着理性启蒙的因素，把这种因素发扬光大，或对其加以神化，奥德修斯返乡神话就可能会蜕变为神化理性的现代神话。自足自立的主体，是这个现代神话的故事核心。在奥德修斯返乡的故事中，作为近代资产阶级主体原型的奥德修斯，还处在一种被希腊神庇护之中，尚未达到真正的自足自立。但这个处在神衣襁褓中的理性主体，已经显示出把强大神灵工具化的理性倾向：一切存在和力量，都是他达到最终目的（返乡）所利用和借助的手段。为了最终目的的实现，一切都是可以利用的工具，不管是至高的神灵，还是魔鬼、巨人，都是如此。作者所处时代早已被思想家们（比如马克斯·韦伯）阐述清晰的工具理性至上思想，被用来解读古老的希腊神话。启蒙理性因素在希腊神话中具有怎样的地位，是一个需要进一步讨论的问题。正如安东尼·朗所说，荷马史诗意在诉诸我们的情感，而非理智。与其他"荷马笔下的大部分人物（有神也有人）都大体或完全受情感的驱使"不同，奥德修斯具有"控制自己感受，从而追求最终目标的明智"。[②] 但我们不能套用后来"理性—非理性"的二元模式来分析荷马，不能用以身体—灵魂的二分法为前提以及发展起来的现代理论为基本框架分析奥德修斯。《启蒙辩证法》却正是力求凸显启蒙理性因素的地位与作用，无疑

---

① 参见 Konstantinos Rantis, *Psychoanalyse und "Dialektik der Aufklärung"*, zu Klampen Verlag, 2001, S. 40。

② 参见[美]安东尼·朗：《心灵与自我的希腊模式》，何博超译，15、30 页，北京，北京大学出版社，2015。

是不自觉地按照马克思所谓从后思索法的逻辑解读的结果。就是说，解释者所处的法西斯主义窘境，理性工具化甚至被用于扼杀人性，崇高的价值理性甚至底线式的基本规范理性丧失作用，使理性仅仅被视为、被当做一种工具和手段来使用这些诸如此类的现实，从而导致了由神明包裹着的、非主导性的理性因素被《启蒙辩证法》提升为主导因素的现实主义解读，导致理性启蒙因素被解释为奥德修斯返乡神话的主导因素。启蒙理性由此成为这个故事的主线和"主角"。

在荷马的笔下，**谋略**十分重要。比如，奥德修斯说自己是"无人"，outis（无人，没有人）与 Outis（乌提斯）谐音，由于古希腊男子以 s 结尾的特别多，奥德修斯就以此欺骗了强健、力大无比但已经喝醉的波鲁菲摩斯，然后进攻他。当他呼救喊来库克洛佩斯们时，又向他们说出了"无人杀我，我的朋友们，通过谋诈或是武力"①极易令人误解的话。没人进攻还如此乱喊乱叫，不是无中生有吗？库克洛佩斯们于是就走了，临走还把波鲁菲摩斯讥讽一顿。而"无人"的另一个词 me tis 如果连写成 metis，就成了计划、谋略或智慧。利用这么一点计谋，就可以使一个"小不点儿，一个侏儒虚软"②奥德修斯轻而易举地战胜了有勇而无谋、力大无比的波鲁菲摩斯。自然力被文明的理性力战胜，野蛮被文明战胜，粗鲁被智慧要弄，这就是启蒙的意蕴。与计谋相关，奥德修斯即使欢笑也是"笑在心里"。奥德修斯远不是一个浪漫主义者，而是一个启蒙理性主义者。"小不点儿"做王？那可是不同于身强力壮者做王的新规则

---

① ［古希腊］荷马：《奥德赛》，陈中梅译，275 页，南京，译林出版社，2003。

② 同上书，281 页。

文明的新规则。

实际上，奥德修斯生活于其中的世界是一个人与神共生的世界。神灵对这个世界具有凌驾于人之上的决定性作用。如果无视神灵的存在和作用，那肯定是一事无成、处处失败的。奥德修斯式的主体是脱离不开神的，是在与神共处的世界中追求自身目的的主体。神明的存在与作用是奥德修斯主体性成立的前提。在那个时代，重大事件和人间的争斗都是由命运掌控的。"命运"甚至高于神明，因为命运是"客观""必然"和"无情"的，而诸神均有七情六欲，"在奥林匹斯以外，神的活动也受情、欲以及个人喜好的支配"，所以，"即便是大神宙斯也不能无所顾忌，为所欲为"①。在命运之外、人之上，还有不死、能力远高于人的众神存在。即便能力高于普通人的奥德修斯式的英雄，也得受制于命运和众神，绝没有现代式、能自足自立的自我主体独立认知和掌控自己的能力。奥德修斯聪颖、慷慨、足智多谋、心志坚韧，"全军中谁也不敢和他试比谋算""以谋略的精巧在人间蜚声"，心胸豪壮（出现最多的是"足智多谋"），甚至是"神一样的奥德修斯"②，但他终究比不上各种神祇，更不用说宙斯，只有"大神宙斯无所不能，有时使某人走运，有时让他遭祸"③。命运的世界就是一个完全没有偶然性的世界，也就是一个近现代科学所认定或者《启蒙辩证法》所强烈批判的那种世界。按照这种看

---

① 陈中梅：《荷马的启示：从命运观到认识论》，10～11 页，北京，北京大学出版社，2009。

② ［古希腊］荷马：《奥德赛》，陈中梅译，251、457、5 页，南京，译林出版社，2003。

③ 同上书，102 页。

法，命运就是一个必然性的别名。偶然性是凡人的看法，对神明来说，虽偶有情欲驱动的主观作为，但终究会呈现完全客观的定命。所以，在《奥德赛》中，从神明的视角来看，一切都是命运，没有偶然性。这正是《启蒙辩证法》批评的那种（科学所揭示的）必然性的世界。这个世界早就存在于荷马的《奥德赛》之中了。"《奥德赛》中，对人物来说是偶然发生的事情，在听众看来却是神意的安排，比如瑙西卡临时起意，要去洗衣、野餐。……《奥德赛》的世界是一个没有偶然性的世界，如果不重视这一点，就没法理解这部史诗；而神明一直在发挥作用，引领凡人并决定他们的命运——不管凡人是否意识到这一点。"①

但因为荷马史诗中的神明并不是基督教意义上绝对的、一神论的神，反而是与人一样轻率、自私、小心眼、算计，总之是不完美的存在，不是前所未有、不可名状、难以理解的超验存在。所以，这种神明身上有着明显的人性光辉，甚至可以理解为一种对英雄的进一步提升。当然，坚守神明与英雄的区分，是希腊神话英雄展示的才"是人在这世上的位置、潜力和局限"；只有荷马笔下的英雄才能告诉人们，"在痛苦与灾难之中，人类的本性仍然可以是高贵的，甚至几乎是神样的"②才是更为合理的。根据这种理解，虽然希腊神话中的英雄远高于普通的个人，但奥德修斯式的英雄特征可被理解为代表人性光辉所能达到的高度，象征着可以进一步普遍化的人性潜力。只是，《奥德赛》中还找不到这样的逻辑，即《启蒙辩证法》的两位作者解读出来的逻辑。奥德修斯是

---

① ［英］加斯帕·格里芬：《荷马史诗中的生与死》，刘淳译，165～166页，北京，北京大学出版社，2015。

② 同上书，178页。

现代资产阶级的原型这个观点，荷马想必是无法接受的。同理，如果把
神明逻辑里包含的必然性与奥德修斯式英雄喻示的主体性按照现代哲学
的原则统一起来，无疑是一种过度的解释。霍克海默与阿多诺似乎知道
这一点。因为他们指出过："这种命中注定的必然性原则取代了神话中
的英雄，同时也将自己看作是神谕启示的逻辑结果。"①据此，近现代哲
学关于必然性世界与主体性原则完全一致的立场被挪移到希腊神话中，
严格说是不恰当的。《启蒙辩证法》的作者明白这一点。他们把奥德修斯
视为现代资产阶级的原型，把现代科学力图建构的必然性世界类比甚至
等同于希腊众神眼中的命运世界。这便是一种跨越历史空间的过度简
化，如果不能视之为文学的类比夸张的话。

　　在这个意义上，莱斯特所提出的荷马史诗中的人物的行动有两种动
因的理论受到大部分古希腊研究者的认同。神明的启示与驱使，人的动
机和抉择，共同促成了行为的发生。行动者本人没有现代意义上的自由
意志，如果说有自己的意志，那也是对神灵敬畏之下的一种意志，或者
是一种被神灵力量所制约的意志，正是神灵力量赋予了人内在。促成人
做出最终决定如此行动的因素，终归"还是一个定数（可以理解为命运），
一个由神所强加的定数，一种打破最初的平衡局势的'必然性'"②。在
这样的意义上，霍克海默与阿多诺的确具有古希腊研究者极力"避免将
我们今天的意志行为的组织体系、决定的构建形式、自我在行为中的参

---

① ［德］霍克海默、阿多诺：《启蒙辩证法》，渠敬东、曹卫东译，9 页，上海，上
海人民出版社，2003。
② ［法］让-皮埃尔·韦尔南、皮埃尔·维达尔-纳凯：《古希腊神话与悲剧》，张苗、
杨淑岚译，39 页，上海，华东师范大学出版社，2016。

与方式都投射到古希腊人的身上"①的嫌疑。如果没有其他因素的稀释，这个嫌疑就会被放大，成为人们批评《启蒙辩证法》的把柄。

当然，古希腊的多神教没有赋予神灵绝对的权力。深受尼采喜欢的古希腊众神跟人一样有七情六欲，相互之间也有算计，这都为人的抉择留出了一定的空间。实际上，只有在奥德修斯与众神区别的基础上，才能更好地理解奥德修斯的主体性。奥德修斯之上还有众多的神祇。凡人不能以自己有限的智慧与力量跟神祇比肩，也不能把天功据为己有。正是因为奥德修斯不是宙斯，做不到无所不能，才有主体性，其努力、算计、计谋、谋划、毅力、胆识才有更意义。加上神祇也是众多的，相互之间的关系也比较复杂，不像一神教那样把世界上的一切事情都交给一个神掌控。在神的启示下，在多神的复杂关系中，不同的人力行为才有了更大的意义。即使像奥德修斯这样的英雄，也要在神灵的保护、启发、帮助下，才能返回家园。对此，雅典娜对奥德修斯说道：

> ……可你没有认出
>
> 帕拉丝·雅典娜，宙斯的女姣，总是站护
>
> 你的身边，把你的每一次辛苦关照。
>
> 是我使所有的法伊阿基亚人爱你，
>
> 现在，我又来到这里，帮助你谋设高招，
>
> 匿藏高豪的法伊阿基亚人给你的财物，

① ［法］让-皮埃尔·韦尔南、皮埃尔·维达尔-纳凯：《古希腊神话与悲剧》，张苗、杨淑岚译，37 页，上海，华东师范大学出版社，2016。

在你返家之前，按照我的计划和意愿做到，

告诉你必将遇到的所有麻烦，在你的

房屋精工建造。但你必须，是的，

必须忍受一切，不要说你已浪迹归来，

对任何男人女子称告；你要默默忍受

许多悲愁，面对那帮人的狂暴。①

荷马描绘的奥德修斯的故事显示，神祇背后谋设帮助，他才能得到那样的结局；如果认为一切都是自己所为，那是僭妄和不自量力。奥德修斯有时看不出这一点，有点狂妄自大。谋划与成功都是这样离不开神祇，何况一般人呢？运气、机缘，甚至勇气、胆识有时都需要神灵适时的注入，才能使他及时摆脱困境，迎来曙光。《奥德赛》的汉译者陈中梅认为：“荷马史诗里的人物不认为可以实现完全和完整的**自控**。强烈的情感和违规行为的操作受制于神的激挑。神分享凡人的成功，也分担他们的过错。神祇控掌人在关键时刻的心理活动，支配他们的意识和情绪变动的走向。……神力和神的外来干预，被古希腊人用来解释一切在他们看来人力无法有效掌控的活动，包括心理的‘变态’和激情的非理性或反理性勃发。……神不仅掌管宇宙，而且（可以）控制人的心灵。”②如果说人有自主性，那也只是受到神力制衡的自主性。荷马“相信人在一定范围内能够有效把握（或配合）自己的命运。他相信神的意志并不会在根

① ［古希腊］荷马：《奥德赛》，陈中梅译，411～412 页，南京，译林出版社，2003。

② 同上书，104 页，译者注释 1。

本上与人的生存构成对立，相信神意的定导将逐渐趋于符合并支持人的道德意愿，增进人对世界和自身的了解，使人们在争斗和摩擦中逐步促进并学会维持生活的和谐"①。

不过，为了凸显奥德修斯的资产阶级主体性质，霍克海默与阿多诺特别强调奥德修斯对神明的欺骗和利用，似乎神灵在他面前更多的是作为一种工具、手段获得价值的。奥德修斯虽然明白，"奥德修斯从来就没有与外来的神话力量发生过正面冲突。他必须承认，他不断参加的各种牺牲仪式都是已经给定的，他从来都不敢抵触它们。为此，他从形式上把这些仪式当成了自己进行理性决断的前提条件"②，但是，他并不膜拜神灵，而是利用神灵来达到自己的目的。于是，他与神灵的关系就被描述成相互交换、利用的关系："如果交换本身就是一种牺牲的世俗形式，那么，祭祀也就变成了一种合理交换的巫术模式，变成了一种人支配神的工具：对众神的僭越恰恰是通过遵奉众神的制度而实现的。"③

作为对克拉格斯思想的引述和发挥，霍克海默、阿多诺用商品交换模式解释对神的祭祀，把对神的尊崇解释为对神的功利主义利用。欺诈于是替代了膜拜，使得形式上的膜拜变为实质上的利用。利用通过欺诈表现得更为显著。为了达到自我的目的，他不但有时暂时牺牲自己，而且有时牺牲神灵："祭祀中的欺骗因素就是奥德修斯式的狡诈的原型；

---

① ［古希腊］荷马：《奥德赛》，陈中梅译，808 页注释 2，南京，译林出版社，2003。

② ［德］霍克海默、阿多诺：《启蒙辩证法》，渠敬东、曹卫东译，56 页，上海，上海人民出版社，2003。

③ 同上书，50 页。

也就是说，奥德修斯的许多诡计都具有牺牲自然神的背景。"①牺牲自己的某些利益来成全自己的另外一些目的，就使得对神的遵奉显得不那么纯粹，或者欺骗神灵："一旦所有人的牺牲被有条不紊地付诸实行，那么所有这些牺牲所造就出来的神就会受到欺骗：它们让神服从于人类的首要目的，并以此瓦解了神的权力；而且，它们对神的欺骗同时也会很顺利地转变成为那些根本没有信仰的神甫对信仰者的欺骗。于是，欺诈便在崇拜中获得了它的起源。"②有意识地欺诈，是奥德修斯联系自我意识的突出标志。"只有牺牲中的欺骗因素——也许还包括神话虚构中完美无瑕的理性——才能被提升为自我意识。"③

之所以认定奥德修斯是资产阶级主体，具有追求自我利益最大化的经济理性，是由于有目的地诈骗正是自我意识和经济理性的显著表征。以利用神去谋取成功为目的，奥德修斯正是在这个意义上成为一个资产阶级主体。他所遵奉的神灵，是一种谋取成功的工具。他所送奉的礼物，他的祭祀品，是一种等价交换意义上的获取，而不是单方面的膜拜。④ 如果神灵只具有功利利用价值，而没有膜拜价值，那倒的确可以增强奥德修斯的资产阶级、启蒙形象。但这到底是对现代启蒙精神的从

---

① ［德］霍克海默、阿多诺：《启蒙辩证法》，渠敬东、曹卫东译，50 页，上海，上海人民出版社，2003。

② 同上书，50～51 页。

③ 同上书，51 页。

④ 按照马丁·杰的看法，用交换原则分析西方古典文化，"把交换原则看成是理解西方社会的关键，这既使人想到马克思的《资本论》的讨论，也使人想到尼采《道德的谱系》中的主张"。即交换原则不只与马克思相关，也与尼采相关。参见［美］马丁·杰《法兰克福学派史》，单世联译，294 页，广州，广东人民出版社，1996。

后思索式解释，还是奥德修斯当时的现象，是非常令人存疑的。这种奥德修斯敬神的功利主义解释能在什么样的程度上成立，是非常令人质疑的。

随着启蒙理性因素的凸显，奥德修斯返乡故事就被解读成一个现代故事，一个浮士德模式的故事，一个资产阶级的故事。启蒙理性的因素和作用，会在这个以现代模式重新解读的古代故事中被明显放大，成为至关重要的主导性因素，作为故事的"主角"而被赋予第一的位置。古戏新编，故事新解，现代版的奥德修斯的返乡故事被重新编排为一个现代主体诞生的崭新事件。从而奥德修斯浮士德化、现代化了。

现代主体的诞生是一个把神隐藏起来，使之退居幕后的主体的诞生。笛卡尔的我思故我在的"我"，有神在其背后隐藏着。康德的那个在认识论上人无法把握的自在之物，其实只有上帝才能把握。如果说认识论上把握自在之物无甚意义，那么在道德实践意义上把握自在之物（自由）的人就变成了绝对的实践主体。只是随着启蒙理性的不断推进，在上帝、人、自然的现代关系格局中，上帝才逐渐死亡，被视为虚妄的存在，而人逐渐成为一个不再相信神的主体。他所面对的世界只有客体自然，最多还有他人，但没有神灵发挥作用了。就像尼采所说的：上帝已死，神已俱亡。

皮平认为，奥德赛、安提戈涅、修昔底德等人物"并不关心自己所追求的价值是否具有什么普遍地位或保持着全部合理的力量（他们始终明确地坚持只为某个阶级的希腊人），这一点虽然真实，但并没有肯定他们是在维护个人'创造价值的权利'。任何这些人物都不是积极地在为自我立法；他们对这些价值的感受来自于（依赖于）某种更大的对于在整

体中之地位的感受。他们始终对确证自己的价值非常敏感，没有简单地
'感到自己'是幸福的。他们特殊的荣耀'产生'于对军队首领之作用的某
种感觉，或产生于对人类本质、血缘、传统、祖先、诸神等的某种普遍
看法"①。奥德修斯们关注自我，对确证自我非常敏感。但他们还没有
走到完全现代的地步，即没有走到认为自我能自足自立的地步，而是仍
然认为自己依赖于一个更大的整体，自己的生存和作用无法脱离开对这
个整体的依赖。

二、满怀各种情感：悲愁驱动的狡诈

从情感角度反思西方启蒙，是《启蒙辩证法》的一大特色。这一特色
也反映在作者对古代启蒙的分析上。如果说现代启蒙拼命隐藏自身的情
感秘密，那么，最早的古代启蒙则对自身的情感根基毫不掩饰。即使奥
德修斯展示的是悲愁、恐惧这些"不良"的情感，也在所不辞。丰富的情
感表达，是奥德修斯式启蒙主体的另一个特点。

如果说奥德修斯"是西方资产阶级最早的一个原型"，那么，这个原
型身上的原始品质便明显优于现代资产阶级。在与古典原型与现代后生
的对比中，霍克海默与阿多诺无疑继承了尼采向往前苏格拉底古典精神
的传统。即使《启蒙辩证法》的作者没有那么肯定前苏格拉底文化，即使

①　[美]皮平：《作为哲学问题的现代主义——论对欧洲高雅文化的不满》，阎嘉译，
167 页，北京，商务印书馆，2007。

他们比尼采更具有批判精神，仍然可以发现奥德修斯这种"古典资产阶级"身上的优点所在。

跟奥德修斯相比，现代资产阶级乐观、自信、理性等品质往往被视为促进现代化的优良品质，而奥德修斯悲愁、自私、短视等特征就显得落后和小家子气。我们知道，马克思站在历史进步的意义上曾积极地肯定资产阶级有助于发展生产力的那些品质，《启蒙辩证法》也借助荷马史诗的批判性分析重新予以批判审视。这起码包括以下三点。第一，与奥德修斯总想着回家不同，现代资产阶级到处安营扎寨，营造家园，四海为家："不断扩大产品销路的需要，驱使资产阶级奔走于全球各地。它必须到处落户，到处开发，到处建立联系。"①第二，与奥德修斯无法摆脱囿于家族小天地的情感羁绊不同，现代资产阶级更具有世界眼光，有着眼于更大利益的冷静算计："资产阶级在它已经取得了统治的地方把一切封建的、宗法的和田园诗般的关系都破坏了。它无情地斩断了把人们束缚于天然尊长的形形色色的封建羁绊……它把宗教虔诚、骑士热忱、小市民伤感这些情感的神圣发作，淹没在利己主义打算的冰水之中。"②第三，与奥德修斯满怀悲苦不同，现代资产阶级乐观自信，预先消费未来。对于为无产阶级未来事业奠基这一点来说，恩格斯曾给予资产阶级极大的肯定："凡是我们目力所及的地方，资产阶级到处都做出了巨大的成绩，它昂首阔步，傲慢地向敌人挑战。资产阶级期待着决定性的胜利，而且它的希望不会落空。……我们一点也不反对资产阶级到

---

① 《马克思恩格斯选集》第 1 卷，404 页，北京，人民出版社，2012。

② 同上书，402～403 页。

处实现他们的愿望。不仅如此，当我们看到资产者在几乎处处都是得心应手的时候所表现的那种俨然不可一世、得意忘形的样子，我们不仅要报以冷笑。这些先生真的以为，他们是在替自己干。他们鼠目寸光，以为他们一胜利世界就会最后改变面貌。可是很显然，他们到处都只是为我们民主主义者和共产主义者开辟道路，他们充其量只能提心吊胆地享几年福，然后，很快也会被打倒。"①

马克思、恩格斯对资产阶级的历史进步性的肯定，与尼采批判"借知识和理由而免除死亡恐惧（Todesfurcht）"、把理性捧上天、以理性消除悲苦、建立廉价乐观主义的苏格拉底文化，以及肯定能够直面悲苦的悲剧文化形成鲜明对比。霍克海默、阿多诺用马克思的阶级理论批评尼采：把尼采肯定的荷马史诗中的奥德修斯也归于如此批评的"资产阶级"之列。他们用尼采的悲剧文化论批评马克思：把马克思给予历史肯定的资产阶级理性品质还原到古典境域中予以审视，揭示其糟糕的情感秘密。

《启蒙辩证法》解读的奥德修斯，没有现代资产阶级的全球视野，攻打特洛伊后还要历经千难万险返回家园；也没有现代资产阶级那么乐观，倒是深深为一种恐惧和悲苦所驱动，以至于必须靠神灵的帮助才能得以缓解，才能得以建立一种对成功的确信。通过尼采，霍克海默与阿多诺揭露，奥德修斯满怀悲伤、恐惧、痛苦，甚至经常哭鼻子。带有一些不良情感在现代资产阶级眼里想必是没有出息的奥德修斯的返乡之途。谋略、坚强意志与悲哀、苦楚联系在一起。《奥德赛》第十三卷中

① 《马克思恩格斯全集》第 4 卷，514 页，北京，人民出版社，1958。

说，奥德修斯作为一个凡人，"和神明一样多谋善断，心灵已忍受许多痛苦，历经各种折磨悲哀"。悲苦无法消除，在安眠时才"忘却了所有受过的苦难"①。打发这些痛苦、悲哀，抑制住它们，才能达到返乡的最终目的。也许在这个意义上，谋略就是忘却、抑制、赶走、平衡悲哀与痛苦的最好途径和办法。另外，奥德修斯也惧怕，"对长生不老的神祇的惧怕"；面对汹涌海浪也会"吓得双膝酥软，尽散心力"；经常"带着极大的愤烦""彻骨的恐惧"等。② "神样的"奥德修斯甚至爱哭，虽然在荷马时代哭泣不是丢人的事，爱哭与坚韧似乎不冲突，荷马在描写了哭之后很快就出现"神样的奥德修斯""足智多谋的奥德修斯"之说；爱哭不妨碍他仍然是一个"卓著和历经磨难的"英雄，但哭泣肯定显示的是无助、悲楚、不自信等这些与现代英雄不很协调的元素。试想，跪在一个女人面前，双手抱住她的膝盖，请求"助我回返家园"③的人，一个如下所描述的哭泣着要返乡的人，能轻易就跟一个"神一样"的大英雄联系起来吗？

> 他坐临海滩，眼里的泪水从来
>
> 未有干过，生活的甜美于他已经远去，
>
> 哭着，只盼回抵家门，不再愉悦仙女的情真。
>
> 夜晚，他卧躺仙女身边，一个不愿，
>
> 另一个愿意，在空旷的洞里应付，

---

① ［古希腊］荷马：《奥德赛》，陈中梅译，396～397 页，南京，译林出版社，2003。

② 参见同上书，16、156、163、167、807 页等。

③ 同上书，199 页。

> 白天，他便蹲坐岩石，在那滩涂，
>
> 浇泼碎心的眼泪，悲嚎，伤愁，
>
> 睁着泪眼凝视荒漠的洋流。①

但这悲苦不像在尼采那里意味着勇敢、创造，而是使他变得恐惧、愤怒，而在恐惧、愤怒之下就很容易大肆杀戮。"我攻破城池，把居民屠杀，掳掠他们的妻子，抢来众多财产，大家伙分光，均等、公平，对谁也不欺诓。"②对外杀戮，对内公平，这倒很像现代资产阶级！回到家，面对众多向他妻子求婚的人，他射杀之。当欧鲁马科斯想用支付黄金青铜（即现代资产阶级处理纷争的基本原则）舒缓奥德修斯的怒气，他也这样回答：

> 即使拿出你父亲的全部财产，欧鲁马科斯，
>
> 给我你拥有的一切，加之能从别地弄到的东西，
>
> 即便如此，我也不会罢手，停止杀击，
>
> 直到仇报过求婚人的侵害，全部劣迹！③

即使杀得"地上血水流淌，溢横"，奥德修斯仍不罢休。当卜者流得斯向他乞求，他仍然抓起劈剑砍断脖子使其"头颅滚落尘泥"。甚至于，他杀完求婚人再杀死那些跟求婚人同宿的女仆。如果不是雅典娜的阻

---

① 〔古希腊〕荷马：《奥德赛》，陈中梅译，148 页，南京，译林出版社，2003。

② 同上书，252 页。

③ 同上书，705 页。

止，杀戮不会终止，和解不会到来。这一点显然完全不同于现代资产阶级！

看来，就像伯纳德特所说："奥德修斯算计得越深，他就会变得越恐怖。……不过如此多的证据积累起来，已经足以形成一个冷血的奥德修斯形象，结果人们也许就无法把自言自语的奥德修斯，和那个主要关心自己是否能够免于流放的奥德修斯，联系起来了。"①这样一来，从另一种解释的角度来看，"要把愤怒说成理智，仅是一步之遥"②。构成主体性之关键的理智，从另一角度看也不过是愤怒而已。也就是说，理智不过是一种不算优良的情感，其中掺杂着愤怒、焦虑、担忧等。为了回家，为了达到自己的目的，不惜杀戮。在尼采那里根本不同于原始基督徒的奥德修斯，经过《启蒙辩证法》的现代解释，成了出于恐惧、愤怒而大肆杀戮的蛮勇之士，没了高贵的品质与气度，甚至比尼采批评的原始基督徒更为暴虐。《启蒙辩证法》为了增强批判效果，超越了尼采和马克思，不惜把荷马笔下的大英雄矮化。

而且，霍克海默和阿多诺通过揭示悲苦、不良的情感，昭示现代资产阶级的秘密，弱化、抵消现代资产阶级的正面形象和进步性，用尼采的教诲抵消马克思对资产阶级的肯定；同时也用马克思的教诲，把尼采所肯定的荷马笔下的奥德修斯解读成不折不扣的资产阶级，从而整合马克思与尼采的现代性批判。

看来，奥德修斯的时代富有情感。无论是正面的还是负面的情感，

①　[美]伯纳德特：《弓弦与竖琴——从柏拉图解读〈奥德赛〉》，程志敏译，157～158 页，北京，华夏出版社，2003。

②　同上书，158 页。

都一概表现出来，丝毫没有隐瞒。他把恐惧、悲伤、愁苦、痛苦与兴奋都直接表现出来。这一点不像后来的资产阶级，他们拼命隐匿情感，特别是不良的情感。以至于让人们看不出文明的背后隐含着焦虑、恐惧、愤怒等不良情绪。《奥德赛》中经常出现心里"强烈的恐惧填塞""心中满是忧愁"①的句子。在这个意义上，希腊神话中的启蒙才更具本色。针对现代启蒙有意地隐匿和遮蔽，古代启蒙具有还原真相的启蒙意义。希腊神话中这种本真状态的启蒙，并不只有显示不良本相的意义，也有积极的意蕴。比如对死亡的恐惧就给予英雄的存在以积极的意义，对死亡的恐惧使得英雄们寻求美德，把自己修炼得更好："正是必死的压力强行驱使凡人去拥有美德；而免于这种压力的诸神，拥有完美的永恒，却比凡人少了'美德'……死亡萦绕在他生时的思绪里，给他的存在带来了局限，也赋予了意义。"②

对死非常敏感的希腊英雄，会对生命本身抱有积极的看法。珍惜生命、赋予生命更高的价值，成为他们的重要之事。苦难和死亡带来了对荣耀、声名、价值的歌吟。现代资产阶级不会这样为了荣耀大肆杀戮，而是在用价格标注的利益赔付中谈判和解，但这样的方案是不符合希腊神话时代英雄们的处事方式和价值观的。他们一概不会以生命换取荣誉，不会把用生命换来的荣誉视为必定高于生命本身（奥德修斯曾赞美阿喀琉斯"活着时有若神明，死后亦强大超群"，但阿喀琉斯回绝了这个赞美，"什么也不能慰藉死亡；他宁可身处人世间最低微的角色，给一

---

① ［古希腊］荷马：《奥德赛》，陈中梅译，427、489 页，南京，译林出版社，2003。

② ［英］加斯帕·格里芬：《荷马史诗中的生与死》，刘淳译，92、93 页，北京，北京大学出版社，2015。

个穷困的人做奴仆，也不愿在死人中称王"①。阿伽门农的看法也是如此），更不用说苟且，就是轻浮、帕里斯式的享乐、廉价的幸福等类似于资产阶级文化工业的东西，在荷马史诗中也是不受待见的。

《启蒙辩证法》对追求廉价享乐的资产阶级大众文化的批评，可以在《伊利亚特》对胜利者阿开亚人的品质（良好的军纪、对统帅的服从、专注、对死亡的不惧怕）的赞美中，以及尼采对艺术文化的拒斥中找到前提。"特洛伊人战败，因为他们正是这样的人——漂亮、莽撞、轻率、缺乏纪律。而特洛伊人的典型代表即是帕里斯。"他显摆自己的装束，当他从战争中归来，像刚跳过舞，或正要去参加舞会一样。这样的"帕里斯令特洛伊注定灭亡，因为他选择了阿弗洛狄忒和享乐的生活"②，他总是"避开那可怕的、战斗和死亡的世界，逗留在亲爱的女性之间"，他不像作为榜样的赫克托耳，而是追求漂亮、轻浮和享乐，"正是这个漂亮却轻浮的帕里斯，在对三位女神的裁判中选择了享乐，由此招致赫拉与雅典娜的怒火，为特洛伊带来灭顶之灾"③。霍克海默、阿多诺想必是在荷马史诗对帕里斯的描述中发现了资产阶级大众文化的"起源"：漂亮、轻浮、声色享乐和得过且过。这些东西的背后隐藏着的是死亡。而对死亡，奥德修斯满怀恐惧："对丧失自我的恐惧，对把自我与其他生命之间的界限连同自我一并取消的恐惧，对死亡和毁灭的恐惧，每时每

---

① ［英］加斯帕·格里芬：《荷马史诗中的生与死》，刘淳译，99 页，北京，北京大学出版社，2015。

② 同上书，5 页。

③ 同上书，8 页。

刻都与一种威胁文明的幸福许诺紧密地联系在一起。"①只有不为廉价幸福感浪费气力、心系返乡大业的奥德修斯，才不会为幸福假象所迷惑，虽然心知路的前方"总是临照着烂漫之光，但那仅仅是一种假象，是一种毫无生气的美景。奥德修斯对此心领神会，他既不屑于死亡，也不屑于幸福"②。为了生存，他甚至建议打破（将帅）死亡后需要禁食的固定习俗，坚持打仗之前最好还是吃顿饭，显示出资产阶级基于生命和效率的合理选择。

三、自然与主体

奥德修斯式的启蒙主体既然听从命运、敬畏神明，那势必与自然也不会尖锐冲突，即使没有与自然建立起一种和解关系。循着尼采和马克思从康德式主体回归自然的传统，霍克海默与阿多诺明白，基于纯粹理性、以迥然异于自然的自由为本质的实践主体，是个形而上学的虚幻想象。具有七情六欲，无法摆脱各种情绪、意志、欲望、本能影响的现实主体，基于自然本能的影响，所能达到的能力和品格是被明显限制的。情绪、意志、欲望、本能是声称以理性为本质的启蒙主体根本无法回避和消解的现实力量，甚至是消解主体性的关键性力量。即使超越个体角度从群体演化、累积的大历史过程角度来看，现实的人作为主体也必须

---

① ［德］霍克海默、阿多诺：《启蒙辩证法》，渠敬东、曹卫东译，30 页，上海，上海人民出版社，2003。

② 同上书，31 页。

接受自然所施予的基本限制。奥德修斯式的启蒙主体还没有走到笛卡尔那种可以基于与身体分离的灵魂得以确立的我思主体的程度，或者康德那种以纯粹（实践）理性为驱动力建立的自由主体的程度。即使奥德修斯式的主体与命运的内在关联被近代启蒙运动改造为主体与必然性的内在关系，而且这种必然性已经处于现代科学技术的把握和掌控之中，不再与人处处作对；即使必须遵从的神明已在现代启蒙运动的进一步推动中被杀死（上帝之死），还是有一个大自然横在主体的面前。

按照马克思、尼采的观点，自我首先是一种自然，必须根据自然来理解人及人的理想。[①] 但近代主体性哲学却把自我主体视为绝对内在性的东西，其内在性完全排斥自然。自然处于它之外。它与外部存在——首先是自然——切断一切关系方能呈现自身。但由于对异在他者的恐惧，自然成了精神化自我千方百计去统治的对象。正如康德所说，以自由为至高目标的自我跟自然是决然不同、直接对立的。为了控制自然才能确立起来的、恐惧着的自我，按照自马克思、尼采到《启蒙辩证法》的思路，本来是要"把自身彻底地从自然中解放出来"，但由于"人们在思想中远离自然，目的是要以想象的方式把自然呈现在自己面前，以便按照他们设定的支配方式来控制自然"[②]，这使得自我仍然摆脱不了自然，却直接"成为一种不可救药和自我异化的自然"。也就是说，启蒙出于解除恐惧的需要以理性方式调控自然，不仅把自身弄成一种异化的自然，

---

① 参见刘森林：《回归自然：马克思与尼采的共同旨趣》，载《学术月刊》，2017（10）。

② ［德］霍克海默、阿多诺：《启蒙辩证法》，渠敬东、曹卫东译，36 页，上海，上海人民出版社，2003。

根本没有摆脱自然，更把外在自然弄成了"一种闭目塞听、残缺不全的存在。自然的衰败就在于征服自然，没有这种征服，精神就不会存在"①。虽然霍克海默、阿多诺是要把近代主体性哲学的逻辑推到奥德修斯身上，但他们很清楚，只有到了近代，"自我的确立割断了人们与自我牺牲所确立起来的自然之间起伏不定的联系"②，但在荷马时代，还不可能有这样的自我。那时的自我反而总是处于神明、自然的有机联系之中，接受命运的摆布。于是，仅靠对立于自然其实还不足以确立主体，还得靠神话："面对自然力，自我的身体永远都显得软弱无力，而只有通过神话，自我才能在自我意识中树立起来。"③在这个意义上，自我主体的诞生是一种神话的诞生，不全靠自然的力量。在某种意义上，甚至可以说，主体必须摆脱自然，并把摆脱了自然的自我神化才行。这也就意味着，启蒙与神话一开始就密切交织在一起。没有神化、神话，就不可能有启蒙主体的诞生。

如果自我仍然作为一种有机体与自然处于有机联系之中，那它是不会陷入主客体对立，不会面临归于有机自然或化为有机自然的担忧而受物化的煎熬的。正像阿多诺所说："尽管自我作为有机体，依旧被囚禁在自然条件之中，但它却试图在反抗有机存在的过程中确证自身。"④这也意味着，受物化煎熬的"主体自我"是一种非有机体的自我，是一种机

---

① ［德］霍克海默、阿多诺：《启蒙辩证法》，渠敬东、曹卫东译，37 页，上海，上海人民出版社，2003。

② 同上书，51 页。

③ 同上书，47 页。

④ 同上书，53 页。

械、因果性的自我，也就是康德意义上那种作为现象的自我。

这种自我被哲学从与自然的有机联系中独立出来，摆脱掉自身的经验状态，从而不再具有随身体不断变更甚至死亡的特性，成为一种持续同一的自我。因而，为了不至于成为那种更崇高更伟大的存在的一个部分，为了不至于为之献祭，不至于为了某种崇高的目的把自我化掉，归于更崇高的存在之中，自我必须获得一种独立的崇高性。这就是阿多诺所说的废除牺牲，废除献祭。由此获得的自我持存性和自我同一性，会使主体获得自足自立的品格与能力，获得足以与自然对立的品格与能力，获得与崇高存在等同或至少相似的品格与能力。阿多诺说："尽管在废除牺牲的过程中产生了能够始终维持同一性的自我，但自我很快就会变成一种顽固僵硬的祭祀仪式，在这种仪式中，人们只有通过把自我意识与自然条件对立起来，才能宣布自身的胜利。"①

自然（尤其人身上的自然）被否定，生命本身的目的就会被否定，一种虚妄的、与自然对立的"目的"就会凌驾于被创造出的"主体"之上，成为一种敌视生命的力量，成为一种非目的的手段。"由于人的自然被否定了，因此，不仅控制外部自然的目的（telos），而且人类自身生命的目的，也都遭到了歪曲，变得模糊不清。一旦人们不再意识到其本身就是自然，那么，他维持自身生命的所有目的，包括社会的进步、一切物质力量和精神力量的增强，一句话，就是其自我意识本身都变得毫无意义了，手段变成了目的，并达到了登峰造极的地步，在晚期资本主义社会

---

① ［德］霍克海默、阿多诺：《启蒙辩证法》，渠敬东、曹卫东译，53 页，上海，上海人民出版社，2003。

里，这完全可以称得上是一种明目张胆的张狂，然而在主体性的史前史中，人们早就已经感觉到这样的情况了。"①

奥德修斯对自然的主宰还不是近代式的，而是一种先适应而后再统治自然的模式。与现代人意识到的一样，对抗自然时，奥德修斯清楚地意识到自身的无能为力。"奥德修斯式的狡诈模式就是借助这种适应方式而形成的对自然的主宰。"所以，"奥德修斯从未占有一切；他总是要等待和忍耐，总是要不断地放弃。他从来没有尝到过莲子的滋味，……奥德修斯式的狡诈实际上就是一种被救赎了的工具精神，他让自己臣服于自然，把自然转换成为自然的东西，并在把自己奉献给自然的过程中出卖了自然"②。

霍克海默、阿多诺仍试图用回归自然的路子来注释启蒙主体性，并在奥德修斯身上发现更加真实的主体。众所周知，马克思的思想中的确有一种让主体性回归自然与改造自然从而提升生产力之间的张力结构。霍克海默、阿多诺过于重视改造自然、统治自然方面，倾向于认为"如果按照马克思的思路，全部世界将被转换成'大工作车间'"③。在与马克思保持一定距离的姿态中，他们描绘奥德修斯式启蒙主体与自然千丝万缕的关系。这种关系可以从近代主体的角度批评其不彻底性，也可以从反思近代主体的角度肯定其原初性。从肯定的角度看，奥德修斯还没

---

① ［德］霍克海默、阿多诺：《启蒙辩证法》，渠敬东、曹卫东译，54 页，上海，上海人民出版社，2003。

② 同上书，57 页。

③ ［德］马丁·杰：《法兰克福学派史》，单世联译，294 页，广州，广东人民出版社，1996。

有完全摆脱自然，还很自然、很可爱、很真实。他知道自己不能彻底摆脱塞壬的诱惑，所以只能把自己捆绑在桅杆上，使自己奋力挣扎的窘态暴露出来，也不会盲信自己能够完全不理会塞壬。而最后摆脱自然，则需经历漫长、痛苦的过程。这个过程，被福柯描述为自我的炼狱过程，是自我经历艰难险阻历练自身的过程，是无法根除的自然力被约束、被限制、被提升（而不是被消除）的过程，是恐惧、焦虑、悲愁常常伴随着的过程。最后，当他完成返乡的艰难行程，他才算战胜了自然："他有意识地让自己从他可能成为的自然中脱离出来，如果他留心听到了自然的声音，他就会继续顺服于自然。奥德修斯仍旧与他的奴役状态保持着契约关系，即使他已经被捆绑在桅杆上，还依然奋力挣扎着，企图再次投入毁灭者的怀抱。然而，他还是在这种契约关系中发现了一个缺口，这可以使他在满足契约关系的同时，把它摆脱掉。"[1]这就是奥德修斯的主体性，是这种主体性力所能及的范围和界限。这种范围与界限意味着它的有限性，即与近代主体性相比的那种有限性。

奥德修斯式的主体还不是靠内在性的独立支撑起来的，而是靠各种力量的交叉而共存的。自然不管是作为内在还是外在的力量，神明或命运，都在这种主体性中有着自己的位置和空间。各种因素时常存在冲突与矛盾。"针对冒险活动，自我并没有坚定不移地构成一种对立力量，然而，正是由于其顽固不化的特点，他只能采取对立的形式来塑造自

---

① ［德］霍克海默、阿多诺：《启蒙辩证法》，渠敬东、曹卫东译，59 页，上海，上海人民出版社，2003。

身，也就是说，只能在同一性遭到否定的多样性中获得新的同一性。"①
在这样一种多元共存中，比如奥德修斯的精神与体力就会分裂，无法总
是统一："狡诈的奥德修斯似乎总是被当成这种精神的载体，作为一位
发号施令的人，尽管人们对他的英雄事迹作过相当完整的描述，但就他
的体力来说，始终要比他毕生追求的绝对权力弱得多。"②奥德修斯还不
是一种纯粹的精神存在，还不是笛卡尔我思故我在意义上的那种可以与
身体分离的灵魂，而只是一种自然人，是时常需要施展欺骗和狡诈，但
仍是既要敬畏神灵又无法摆脱自然限制的英雄。

　　马丁·杰曾把此时法兰克福学派的思想重心界定为"从阶级斗争向
人与自然斗争"的转变。③ 其实，与其说重心转变，还不如说发现两种
斗争内在相关，后者必然导致前者。霍克海默、阿多诺发现，对自然的
统治必然导致对人的统治，"随着支配自然的力量一步步地增长，制度
支配人的权力也在同步增长"④。人与自然的不和谐必然导致人与人的
不和谐。可以设想，人们和谐地联合起来统治自然是存在内在矛盾的，
是一种"幻象"，而"在这样一种幻象中，被彻底启蒙了的人类丧失了自
我"⑤。从肯定和积极的角度来看，奥德修斯式的主体才是原本的主体，

---

　　① ［德］霍克海默、阿多诺：《启蒙辩证法》，渠敬东、曹卫东译，48 页，上海，上
海人民出版社，2003。

　　② 同上书，55 页。

　　③ ［德］马丁·杰：《法兰克福学派史》，单世联译，317 页，广州，广东人民出版
社，1996。

　　④ ［德］霍克海默、阿多诺：《启蒙辩证法》，渠敬东、曹卫东译，36 页，上海，上
海人民出版社，2003。

　　⑤ 同上书，36 页。

是真实的主体。在这种主体中，霍克海默与阿多诺令人有了更多的亲近感。人与自然的有机统一（和解），也是他们所向往的。

四、结　论

在对奥德修斯式主体的现代解读中，《启蒙辩证法》加入了诸多的现代经济、工具理性、自足自立的主体等"现实因素"，使得解读具有明显的现代色彩；但这样也同时对保持着古典特色的古典主体表达了一种敬意。虽然被解读的奥德修斯式主体身上具有那么多足以发展成现代主体的特质，但它毕竟保留着本真的情感，保持着对高于人的更高存在及其力量（神明）的敬畏，以及对自然的尊重和向往。也许我们可以确认，《启蒙辩证法》的两位作者力图在批判反思奥德修斯式主体与从此主体中获得启示的张力之间求得某种平衡，企图从这种平衡中获得启发，而不是仅仅把对现代主体性的批判回溯到荷马时代。这种平衡提醒我们，既不能无限发挥奥德修斯跟现代资产阶级甚至希特勒雷同的一面，也不能无限发挥奥德修斯式主体身上具有的闪烁着原始光辉、具有救赎性潜力的另一面。这也是"启蒙辩证法"的一个表现，也是一种启蒙逻辑内在的辩证法和历史发展的辩证法。霍克海默、阿多诺的历史溯源式批判，既是一种延伸、拓展批判的方式，也是一种还原真实与具体的方式。批判中蕴含着求实，否定中蕴含着肯定，是一种标准的辩证法演练。

借助辩证法的光辉，这种既被妖魔化又予以尊重的奥德修斯式主体显然是有救的。这种肯定和希望更接近于尼采对前苏格拉底文化的肯定与敬重，而不是接续马克思的历史进步论。在这个意义上，虽然《启蒙辩证法》对问题的分析更接近尼采，而对问题解决方式的分析更接近于马克思（主义），但在对问题解决方式的求解中，仍然明显存在着对尼采的吸收和借鉴。虽然奥德修斯是现代资产阶级的一个原型，但这个原型比现代资产阶级更可爱、更真实、更有希望。对现代资产阶级主体的谴责批判可以扩展到对古典奥德修斯式主体的批判，但奥德修斯式主体的可爱可敬却是现代资产阶级身上缺乏的。回到原初、呈现本真、凸显问题、探寻答案是尼采的教诲。而从后思索、阶级归类分析、经济人批判、物化反思则是马克思的教诲。使主体回归自然，立足自然反思现代主体性、反思现代乌托邦和形而上学，着眼未来确立哲学、哲人的历史责任，则是马克思和尼采共同的教诲。《启蒙辩证法》力图把马克思和尼采辩证统一于一种更大的理论逻辑之中。这是一种颇值得肯定的辩证法，一种应予褒扬的辩证视野、辩证立场和辩证方法。

主题Ⅱ："自我"还是"和解"

——《启蒙辩证法》的主体与主题

《启蒙辩证法》遵循尼采，把面对焦虑、恐惧、挫败威胁的自我发掘出以理性策略对抗惧怕对象之法，以及不断完善这种有效之法的发展之路，视为西方文明的基本发展路径；甚至还进一步沿着被尼采判定为伊始的苏格拉底理性主义继续向前挖掘，把希腊神话时代的奥德修斯视为更早的发端，力图从《奥德赛》中挖掘理性主体的缘起和诞生地。出于恐惧而理性化自己的奥德修斯，是撇开（无视之、牺牲之、利用之、扼杀之）异在他者建构一个高高在上并且力图宰制一切的主体自我，还是处于与神明、伙伴、自然力量复杂关系中，并且力图与这些他者和解的智慧主体呢？独立自存、不依赖于任何他者的孤独主体，就是启蒙的起点、依靠和目标吗？霍克海默、阿多诺所说的如下断论是真切的吗？"启蒙思想体系成为既可以把握事实又可以帮助个体最有效地支配自然的知识形式。它的原则就是自我持存（Selbsterhaitung），不成熟性（Unmuendigkeit）指的便是不具备维持自身生存的能力。在奴隶主、自由企业家和管理人员中出现的成功的资产者形象，就成为了启蒙的逻辑主体。"[①]

而且，这种"逻辑主体"自我认定的理性实际上包含着一种隐藏起来的焦虑、恐惧情感，而"情感，以及人们的一切最终表达，甚至于整个文化，都逃避了对思想的责任；它们转变为一种无所不包的理性的中性因素，而理性本身早已将自身转化为非理性的经世体系。理性形成伊始，就不再靠自己的魅力，而是靠一种充满感情色彩的膜拜仪式来增加自己的吸引力。但是，一旦理性求助于情感，它就违背了其特有的中介，即思想，与此同时，理性本身，即自我异化的理性无时无刻不对这种中介，即思想投去怀疑的目光"[②]。焦虑和恐惧的情感是否左右了理性与思想，进而主导了形式上自足自立实则恐惧着异在他者的现代主体？如果是这样，这个主体能跟他本不必恐惧的他者存在构筑一种和解的融洽关系吗？以至于，从《奥德赛》开始，理性化的、力图自足自立的主体的自足自立性就是一种遮蔽、牺牲、过分自我的想象吗？就是一种脱离实际的过度解释，从而《启蒙辩证法》也主张应该摆脱这种不靠谱的"自足自立"而转向脚踏实地的"和解"模式吗？

---

① [德]霍克海默、阿多诺：《启蒙辩证法》，渠敬东、曹卫东译，91～92页，上海，上海人民出版社，2003。

② 同上书，100页。

一、奥德赛式自我是主体吗

当《启蒙辩证法》断言"奥德修斯是西方资产阶级最早的一个原型"时，从哲学上说，奥德修斯式自我俨然成了"现代主体"的原型。众所周知，现代主体的最基本品质就是存在论上的自足自立，能够不依赖于任何其他存在而仅仅依靠自己的内在性确立自身。要使自己存在下去，无须考虑与周围其他存在者的任何关系（不管是和解型的还是宰制型的），而径直挖掘自己的内在所有，然后把它做大做强，这就足够了。在这种自足自立品格的基础上，现代主体还进一步具有承担者的职能和地位：它能承担起真理、秩序、意义这些价值，为它们奠基。或者说，真理、正义、秩序、意义必须在自足自立主体的基础上，从他们的内在认同中诞生出来。在这个意义上，此主体性品格构成所有现代价值的内在根据。只有落实到这个内在根据上，这些价值的意义才能被最终确定。

可奥德修斯式自我何以能够成为这样一个现代主体呢？

的确，被视为启蒙的奥德修斯返乡的故事是一个隐匿在神话世界中的理性因素壮大的故事。奥德修斯生活的世界是一个人与神共生的世界。神的因素被隐匿、降低，奥德修斯的理性、谋略等理性启蒙因素被放大，从而使得返乡被解释成一个用理智、计谋，利用或牺牲掉归程中众多他者存在成就自己的目的的，即成就统治自己的王国的意志并最终胜利的故事，一个理性启蒙力量在其中占据主导地位的故事。[①] 如果除了理性力量之外再没有其他（如超自然的神、自然等）力量发挥作用，奥

---

① 参见本书《现代启蒙主体的古典溯源：奥德修斯》一章。

德修斯仅仅利用自己内在的理性智慧得以成功返回故乡，得以实施对自己王国一切存在的全面统治，这的确是启蒙理性力量的全面胜利，从而使奥德修斯返乡成为一个不折不扣的启蒙故事。但可惜这样的解释过于简单、片面，甚至有些失真。

奥德修斯为什么返乡？

显然可以把这解释为对王权、国土、财富、臣民以至于王国内一切生命价值的统治（宰制）。他能放弃伴侣卡吕普索、放弃美妙的塞壬之声、放弃免于轮回并获得长生不老的永恒境界等种种诱惑，克服各种难以想象的困难和障碍而返乡，就是为了恢复自己的"主体"地位！熊彼特在《经济发展理论》中说过，现代企业家的理想就是在自己的领地里做国王。这个国王梦想自己能够被永久地流传。奥德修斯返回自己的故乡就是恋恋不舍自己曾享有的国王地位，在被统治者面前独享统治者的风光。现代主体在认识论、社会各领域都会有各自的范型。鉴于经济成功者在社会领域具有愈来愈重要的地位和影响，按照马克思的唯物史观原理，经济构成上层建筑的基础，经济领域渗透进政治、思想观念等上层建筑领域，并左右、决定上层建筑领域，这是资本主义发展的必然趋势。如此说来，经济领域的辐射力在现代世界里日益强大。熊彼特的意思是，企业家在现代经济世界里的统治地位就像早先国王在自己统治的政治世界里的地位。企业家之为国王俨然类似于政治价值之为国王，虽然范围有所变化和缩小，运行规则有所改变。所谓奥德修斯是现代资产阶级最早的原型，也就是它要再次在自己的王国里确立自己的主体地位——具有自己的疆域、领地以及臣民、臣民听从自己指挥的整个系统，他依赖这样的系统去成就事业。依据能力和资源的多少，现代人都致力于在自己的领地里做这样的国王，参见自己的主体性地位，哪怕拥有最小的领地也要把疆域和臣民都首先定在自身内部，理性地管理好自己内在的"臣民"（防止它们乱来），然后尽力向外拓展，管理好自己的外在王国。他管理好自己，使自己这个王国强大、繁荣，尔后再向外拓展范围，就是传统国王运作的逻辑。

在具备内在的品质能力之后，现代资产阶级的一个特征是"处处为家"，就像马克思所说的那样"到处落户，到处开发，到处建立联系"①。固守范围有限的家园，固守已有的统治范围，不符合其内在的品性。他必须不断地出去开拓家园。对于一个标准的资产阶级成员来说，他总是处于离家和返乡的路途之中。拓展和守护的统一，才更符合现代资产阶级的"家乡"观念。这方面，《奥德赛》中的奥德修斯似乎与现代资产阶级的这一品性有些相反：被迫外出后念念不忘返乡。用霍克海默、阿多诺的话说就是，奥德修斯式的自我确认"具有它的古代模式，这就是我们的主人公不得不四海游荡的形象"②。只有处于返乡路上的漂泊状态才更接近现代资产阶级的形象，才是两者的共同之处。正如伯纳德特所说的："《奥德赛》让奥德修斯游离于回家和离别之间。因而与其说奥德修斯选择了家园，还似乎不如说选择了人间。奥德修斯选择了当凡人，也就还是不完满的存在。或者，奥德修斯懂得了：在某种人间生活的不完满性中有一种完满性，这种人间生活要么中意于记忆的恒定性，要么中

---

① 《马克思恩格斯选集》第1卷，404页，北京，人民出版社，2012。
② ［德］霍克海默、阿多诺：《启蒙辩证法》，渠敬东、曹卫东译，4页，上海，上海人民出版社，2003。

意于神性的永恒性。"①

　　只有面向更大世界的征服，把自己当作一个不完满的统治者，才能不断迈向更大的成功。返乡路上遭遇的各类具有各自存在和目的的人，既定的自然存在，是奥德修斯必须克服的障碍、必须征服的对象。只有各怀绝技、各自具有自己管辖范围的希腊诸神，才是奥德修斯不能征服、必须寻求其帮助或至少避开其锋芒不与之对抗的对象。在跟随自己返乡的水手、路途遭遇到的各类人、自然的障碍、诸神等各类存在之间，奥德修斯如何运筹帷幄，巧妙利用各种力量，达到返乡的目的，就是一个练就自我主体的故事了。奥德修斯的"自我"是一个人，依赖于神并遵从于自然的人。而这样的人给神明和自然都流出了作用和存在的空间。离开神明和自然，如果能把这种凡人理解为接近现代"主体"的话，则无法界定和理解奥德修斯式的凡人。正如伯纳德特所说："奥德修斯的抉择包含了自我的部分不透明性，这种抉择就需要诸神有可能在这种不透明性中发生作用——或许这样说更为妥当。"②实际上，这个主体的能力和作用空间都是有限的，还不足以完全自足自立。或许只有在一个很理想的意义上，这个凡人才能被称为一个类似的现代主体。这个"理想"起码包含以下三点：1. 驱除了跟神明的联系；2. 祛除了跟自然的联系；3. 祛除了跟其他同伴、女性、妨碍者等他人的联系。但实际上，在《奥德赛》中，这三种联系都是祛除不了的。只有在这三种联系中，奥德修斯才得以成功地实现自己的返乡目的。不管是作为牺牲的对象，还

---

① ［美］伯纳德特：《弓弦与竖琴——从柏拉图解读〈奥德赛〉》，程志敏译，5页，北京，华夏出版社，2003。

② 同上书，52页。

是依赖的对象，同伴、塞壬与卡吕普索们，以及那些在家乡一直试图追求王后以便获得他的土地和财产的家伙们，都是奥德修斯返乡得以支撑下来并最后获得成功不可缺少的因素。缺少他们中的任何一个，奥德修斯可能都无法坚持、无法成功。

奥德修斯需要外在（他人）的牺牲，需要外在（神明）的依靠，也需要内在的牺牲！他自己的某些情感、自然需求，都必须在适当的时刻被放弃掉，就像由于塞壬之声的诱惑太大而无法割舍时，他就让部下把他绑在船的桅杆上经过塞壬居住的岛屿，就像与神女一样的卡吕普索生活那么久，他也要义无反顾地抛开她继续返乡。如果不能适时放弃，他就会成为自然人，没有长久和永恒的延续性，而成为短暂甚至瞬间的存在：在塞壬的靡靡之音中堕落，在卡吕普索的温柔乡里了却一生，成就不了连续十余年才能成功的返乡事业。理性的谋划，返乡的意志，是对抗自然存在、成就启蒙事业的关键。要成就永恒的事业，练就刚强的自我，就需要内在的自我牺牲。内在的自我牺牲也是成就"自我"的坚实根基。这一点突出地表明，奥德修斯式的自我恰恰处在一个从依赖他者到依赖自己，从依赖内在的各种能力品质到仅仅依赖理性谋略确立自己的形成过程中，还没有达到不依赖外在他者，也不依赖内在他者，仅独自依靠内在理性确立自己的水平。他还是个成长中的独特自我，还需要各方面能力的锻炼，需要在练就不依赖其他力量，独自依赖理性计谋成就自己的道路上走出更远，而不必害怕脱离开这些力量的支撑自我内在力量是否足够。他是个还没长大的现代人，是个还没长大的现代资产阶级分子。把他直接视为已经长大的现代人，十足的资产阶级分子，是个事后诸葛的判定。

二、锻造中的自我与理想化的自我

如此看来，《奥德赛》中的奥德修斯是一个更重视自我甚至就是历练自我的象征，还是更重视和解，经过千难万险力求与他者实现和解？是一切都为了实现和凸显自我，还是确立一种与神明、自然、同类他者的和解？对于利用《奥德赛》来论证现代主体性的霍克海默、阿多诺来说，是一个根本性的问题。

一种观点认为，和解是《奥德赛》的主题（从而也是《启蒙辩证法》一书致力于追求的结局）。拉埃尔特斯与奥德修斯、波塞冬与奥德修斯、相互仇视的伊塔卡人以及宙斯与凡人之间都建立了这样的和解关系。按此逻辑，孤立、不理睬其他存在的自我，试图把控、宰制一切他者的自我，是个偏执、极端的自我，不是《奥德赛》所倾向的自我，不是《奥德赛》中奥德修斯的形象，也不是《启蒙辩证法》所希望的启蒙主体。

但福柯在《主体解释学》中却认为，类似《奥德赛》的、世纪之初正式产生的希腊小说，其主题不是人与神的和解，或谁胜过谁的问题，而是以考验自身，成就主体为主题的。如果我们把"主体"理解为不但是能依靠自身内在所有能够实现自足自立，而且还能进一步作为根基支撑起一系列价值存在，那么，尽管与需要承担起来的价值存在不完全一致，但奥德修斯式的主体作为承担型主体，要承担起返乡、统治王国的重任，承担起战胜各种诱惑、节制、不动心以成就理性化自我的重任来，使主体自身成为凝聚、延续这些价值的身体与场所。虽然与现代主体的承担任务不同，但都是承担者主体。福柯的这一观点与《启蒙辩证法》关于奥德修斯"那个敢于冒险的英雄，也将自身展现为一种资产阶级个体的原型，一种源自于自始至终自我确认的观念”①的看法一致，把主体的诞生推远到希腊化时期，认为那个时代就有了现代类似意义上的主体，甚至那个时期就“是西方主体性历史上一个比较重要的事件”②。

　　按照这样的理解，《奥德赛》的作者让主人公奥德修斯经历所有不幸——海难、地震、火灾、遭遇海盗、死亡威胁、入狱，遭受奴役等，并遭遇各种诱惑——塞壬的美妙歌声、神女卡吕普索的温柔乡，目的都是为了让奥德修斯得到历练，历练的目的是把他锻造成一个在理性能力、意志品质、目标追求等方面标准的主体！不管是难以克服的自然力量，还是富有诱惑力的塞壬、卡吕普索，这些“充满危险的诱惑，会把自我从他的正常发展逻辑中引向歧途。奥德修斯把每一次诱惑都当成值得一试的新经验”③。早于福柯的霍克海默、阿多诺也有这样的意思。“那些受到诱惑的英雄在磨难中走向成熟。经历过若干次的生命危险，英雄都必须挺身过来，这样才能最终为自己锤炼出一种生命的统一性和人格的认同。”④这些经历诱惑的经验有助于历练和成就主体自我；而主体品格之持续性和同一性的确立更是需要这一次次的经历反复巩固强化。这得到福柯的高度认同。在福柯看来，诸如埃利奥尔多的《埃塞俄比亚人》等作品所展开的叙事都是在叙述考验自身的论题：经历的多种

---

① ［德］霍克海默、阿多诺：《启蒙辩证法》，渠敬东、曹卫东译，44页，上海，上海人民出版社，2003。

② ［法］福柯：《主体解释学》，佘碧平译，466页，上海，上海人民出版社，2005。

③ ［德］霍克海默、阿多诺：《启蒙辩证法》，渠敬东、曹卫东译，48页，上海，上海人民出版社，2003。

④ 同上书，29页。有改动，参考了［德］霍克海默、阿多诺：《启蒙的辩证》，林宏涛译，57页，台北，商周出版，2010。

不幸、降临人身上的一切剧变，"就像在《奥德赛》中一样，最后都落实到自身上，表明生活其实是一种考验。这种考验必须突出什么呢？是与诸神和解吗？根本不是。必须突出自身的纯洁，人要对自身警惕、监督、保护和控制"①。福柯强调，《奥德赛》的关键点是历练中的自我，而不是自我与他者的和解关系。如果非要说关键在于最终的和解，那关键也在于自我自觉的调整，从自我的独大、不理睬他者只关注自己，调整到关注尊重他者、自我与他者的和解关系之中。

福柯的解释富有见地，但仍然是一个典型的反推思索，即立足于奥古斯丁、笛卡尔以后形成的现代主体，反观西方更古老的文化产生的时代，按照古老时代就是为了产生出后来的现代境况，也就是把从古至今本来可以产生出其他种种境况来的可能性都统统忽略不计，认为它们毫无考虑的必要性和意义，就把从古至今的发展视为一种简单、明显的唯一可能性，甚至就是背后有一个神明力量在推动着它，从而导向按照预定轨道如此发展而来的结果。

要解释这种凸显自我主体、把现代自我的诞生视为唯一最终目的的模式，首先得超越极为简单的自我与非我的二分模式。在"非我"中区分出各种不同的、对自我都各有意义的因素来。

自我与非我的二分对立是主体性哲学传统中极为简单的主体性解释模式，它在费希特哲学中非常耀眼。甚至可以说，它是主体性哲学最常见的意识形态模型，正如加迪斯所说："有意识形态要比没有意识形态使人们

---

① ［法]福柯：《主体解释学》，佘碧平译，467页，上海，上海人民出版社，2005。

更容易地对待现实。意识形态为理解复杂的现实提供简单的模式。"①而自我与非我的二分对立就是这样一种源自主体性哲学的简单模式。自我把自己之外的一切他者、异在都同一性地设定为非我，使非我处在自我主体的对立面，成为自我化解、占有的对象。只有在非我被自我占有、穿透、掌握，从而使得非我成为自我的一部分，成为自我的组成部分之时，自我与非我的统一才能完成。也只有在这个时候，自我才能变得更为强大、伟岸。如米德在分析浪漫主义时所说，浪漫主义的问题在于，能否把外部世界纳入自我之中，"一个人是否能够走出自身，进入到支配自我的、先于它且在时间上先于它、比它更持久、完全独立于它的这个大宇宙，并且抓住这个宇宙，把它作为它自己的自我经验的一部分呢？……这就是浪漫主义者的问题。正是这些问题、这些冒险召唤着这些思想者"②。由此，米德把浪漫主义说成一种特殊的观念论，也就是一种新的"唯心主义"、主体性哲学，从而把主体统领客体世界的主体性哲学理解为一种自我占领非我世界的大冒险、大欲望、大理想。在这样的意义上，主体性哲学也是一种米德意义上的浪漫主义。米德的意思是说，唯物主义是把自我归于先于他的世界，而观念论哲学则是把世界归于自我，使世界成为自我的一部分。在这个意义上，关于主体、自我的意识形态概念就是一种理想主义观念，表达着一种理想主义的巨大冲动，即让自我占有整个非我系统，把所有其他存在都纳入自己理解、把

---

① 约翰·刘易斯·加迪斯语，参见他为《作为意识形态的现代化》一书撰写的序，见［美］雷迅马：《作为意识形态的现代化》，牛可译，Ⅶ页，北京，中央编译出版社，2003。

② ［美］乔治·H. 米德：《十九世纪的思想运动》，陈虎平译，106页，北京，中国城市出版社，2003。

握、支配的范围之中。逻辑上能够达到这种理想的自我是"超验自我""先验自我"，这种理想主义冲动为尚且达不到、或许永远也达不到的经验自我提供着行动追求的意义源泉。鉴于"理想主义"与"唯心主义"在德文中都可以是同一个词 Idealismus，而"唯心主义"与"观念论"在指代德国康德到黑格尔哲学时也是同义词，所以，"理想主义""唯心主义""观念论""浪漫主义"在这里也就被统一起来了。

在近代主体性哲学中，从笛卡尔那难以与经验个体的个别性、多样性切断关联的我思主体，到康德那切断与经验主体关联的先验主体，其纯粹性、理想性愈发明显。既然近代主体性哲学的"主体"仍然是一个理想化的存在，并不具有经验现实性，那么，被描述为自足自立主体的希腊神话时代原型的奥德修斯式主体就更是一个理想化的存在了。这种理想化在自我能力不足时甚至会借助神力、采取神话的方式，在《奥德赛》里描述"自我的发展路程"时使人深知，"面对自然力，自我的身体永远都显得软弱无力。而只有通过神话，自我才能在自我意识中树立起来"①。除了内在的自然力量，除了一同回家的伙伴、返乡路上遭遇到的各类人的帮助和激励，奥德修斯式主体还无法脱离奥林匹斯山上诸神力量的帮助。因而，摆脱了他性存在、不与任何他性存在关联的内在主体，对于《奥德赛》来说就更是个十足的理想化自我，并没有现实性。既然现实的主体自我无法摆脱他性存在的约束性关联，那就势必要求这种主体必须与无法扯断的关联性因素建立一种

---

① ［德］霍克海默、阿多诺：《启蒙辩证法》，渠敬东、曹卫东译，47 页，上海，上海人民出版社，2003。

合理的和解性关系，以便能够维持住自身某种意义上的主体性地位，不至于在与各种因素的关联中被各种因素牵扯，丧失掉支撑主体性成立的关键性品质。

三、奥德赛式主体自我的特征

奥德修斯式的自我主体，因为处于早期的诞生时期，显得更为真实、生动且具有本来的面目。在他身上，更能显示出无法掩饰、遮蔽的原本特征。我们至少可以看到如下这些基本特征。

(一)理智处于与各种情感的密切一体性关系之中

由此使得奥德修斯式主体不像后来那么明显理性化的启蒙主体。近代启蒙以来的主体虽然一开始并不是完全理性化的，构成启蒙主体性内在品质的并不只是理性这一种要素，但理性还是在后来的发展中日益凸显为主体唯一重要的品质与能力。其他品质难以与之并列对等。但奥德修斯显然是一种自然、真实的主体形象，从西方现代内生性自我的视角看，这种自然的描绘和流露是一种还原和矫正。

的确，如伯纳德特所说："奥德修斯的思想(mētis)品行与他所谋划的策略大不相同——他的思想品行就是用一切狡诈和欺骗的方式战胜他人，但简单想法（thumos）与老谋深算（boul）却能共存于头脑（noos）中。"①《启蒙辩证法》中描绘的奥德修斯，是一个拥有理智和谋略，能够怀疑、思考并算计，必要时撒谎、不为各种自然诱惑迷住并能摆脱诱惑，能听从理性内在的召唤，用理性来武装起自己的主体形象。按照笛卡尔"我思故我在"的精神，怀疑、不轻信任何东西是这种理性品质的一个突出表现。这方面奥德修斯丝毫不逊于笛卡尔：奥德修斯对每个人都多疑，对妻子，对父亲都是如此。"我们知道奥德修斯一直在沉思，而且全部的泪水、叹息都在撕碎他的心。"②必要时他的怀疑、说谎、狡诈、压制冲动、冷静甚至冷酷，都符合近代资产阶级主体的基本形象。但奥德修斯也经常哭泣。《奥德赛》中的奥德修斯是一个感情非常丰富、对任何情感都不有意隐瞒的人。无论是正面的情感，还是负面的，他都一概表达出来，觉得没有隐瞒的必要。恐惧、悲伤、愁苦、痛苦与兴奋、得意一样，都直接表现出来。这一点不像后来的资产阶级，隐匿不良的情感，让人们看不出文明的背后隐含着焦虑、恐惧、愤怒等不良情绪。《奥德赛》中经常出现心里"强烈的恐惧填塞""心中满是忧愁"③等句子，甚至所描写的奥德修斯也经常惧怕，"对长生不老的神祇的惧怕"，面对汹涌海浪也会"吓得双膝酥软，尽散心力"，甚或还有"彻骨的恐惧"、对神以及神掌控的东西的恐惧，以及经常"带着极大的愤烦"去做事等。④

---

① ［美］伯纳德特：《弓弦与竖琴——从柏拉图解读〈奥德赛〉》，程志敏译，23页，北京，华夏出版社，2003。

② 同上书，44页。

③ ［古希腊］荷马：《奥德赛》，陈中梅译，427、489页，南京，译林出版社，2003。

④ 参见同上书，16、156、807、163、167页等。

而且，大英雄奥德修斯还爱哭，甚至卧躺在仙女身边时还哭：

> 他坐临海滩，眼里的泪水从来
>
> 未有干过，生活的甜美于它已经远去，
>
> 哭着，只盼回抵家门，不再愉悦仙女的情真。
>
> 夜晚，他卧躺仙女身边，一个不愿，
>
> 另一个愿意，在空旷的洞里应付，
>
> 白天，他便蹲坐岩石，在那滩涂，
>
> 浇泼碎心的眼泪，悲嚎，伤愁，
>
> 睁着泪眼凝视荒漠的洋流。[①]

多么无助、悲楚！此时，宙斯派来的女神帮他走上正确的路。由此才又出现了"神样的奥德修斯""足智多谋的奥德修斯"之说。看来，爱哭不妨碍他仍然是一个"卓著和历经磨难的"英雄。在荷马时代，恸哭不是丢人的事。而英雄也不见得总是胸有成竹，有时可能陷入无能为力的境地。因而此时求助于他人就是必然的了。这个时候，奥德修斯能伸能屈，跪在一个女人面前，双手抱住他的膝盖，请求"助我回返家园"。[②]

奇怪的是，奥德修斯的这一特点却没有进入霍克海默、阿多诺的视野，没有得到他们的高度重视。对于承袭尼采"启蒙起始于焦虑与恐惧"的他们来说，利用这一点揭示情感与理智之间的密切关系，是多么好的

---

① ［古希腊］荷马：《奥德赛》，陈中梅译，148 页，南京，译林出版社，2003。

② 参见同上书，151、149、199 页等。

机会。比如像伯纳德特所说，在这里，"要把愤怒说成理智，仅是一步之遥"①构成主体性之关键的理智，从另一角度看也不过是愤怒的一种发泄方式而已；理智不过是一种不怎么优良的情感，其中掺杂着愤怒、焦虑、担忧等。

(二)奥德修斯式主体是没有普遍性的自我主体

皮平说，奥德赛、安提戈涅、修昔底德等著作中的人物"并不关心自己所追求的价值是否具有什么普遍地位或保持着全部合理的力量（他们始终明确地坚持只为某个阶级的希腊人），这一点虽然真实，但并没有肯定他们是在维护个人'创造价值的权利'。任何这些人物都不是积极地在为自我立法；他们对这些价值的感受来自于（依赖于）某种更大的对于在整体中之地位的感受。他们始终对确证自己的价值非常敏感，没有简单地'感到自己'是幸福的。他们特殊的荣耀'产生'于对军队首领之作用的某种感觉，或产生于对人类本质、血缘、传统、祖先、诸神等的某种普遍看法"②。

现代资产阶级自然不会无限尊重其他存在者，把所有其他存在者都视为平等的、予以尊重的主体。妇女、儿童必须通过教育才可能具备产生令人尊敬的主体性品质，殖民地地区的居民更差，必须通过文化教化、制度改革施加的约束甚至军事上的强行压制和扼杀才能彻底地向着

---

① ［美］伯纳德特：《弓弦与竖琴——从柏拉图解读〈奥德赛〉》，程志敏译，158 页，北京，华夏出版社，2003。

② ［美］皮平：《作为哲学问题的现代主义》，阎嘉译，166～167 页，北京，商务印书馆，2007。

成为合格理性主体的方向改变。在近代启蒙文化的发源地，思想家们对妇女、儿童等人的主体性地位的认同是有严格的前提条件的。他们要成为合格的主体必须经过教化和培育。虽然跟非西方文化地区的人相比，这些经过教化和培育可以使成为合格主体的人更具备成为主体的潜质，但在他（她）们成为合格主体之前，还是无法自然地享受公民的资格与权利。如果他（她）们以及他（她）们之外的男性经过教化与培育无法合格，那就会被归于疯子、精神病患者等主体，被排斥在启蒙理性主体范围之外。至于尚未接受西方文明教化和熏陶的非西方人，就更缺乏主体性品格甚至缺乏成为主体的潜质性基础了。由此，制度性奴役、暴力性强迫甚至必要时的杀戮都是驱使他们成为合格主体的必要手段。在尚未具备人认可的主体性能力之前，他（她）们是不具备主体性品格、能力、权利的。他们被排除在主体性之外，还没有迈入主体性的门槛。主体还没有向他（她）们完全开放。他们跟已经具备主体性品格与能力的主体之间不具有平等性，主体性对他们来说也不具备普遍性。他们没有以主体具有普遍性的理由来要求自己相应权利的权利。

但在西方文化启蒙的国家地区，成为启蒙主体的标志还是要求人们以对待自己的一样对待他人。只有把自己遵循的准则视为一种普遍准则时，你才是一个合格的启蒙主体。道德法则是一种普遍法则，这对任何人都不例外，所以，人都是目的，不能被当作手段。法律准则更是如此。虽然成为普遍主体需要教化、启蒙，有时间上的先后，但最终目标却是使所有人都成为主体，都作为目的获得自我实现。

从此角度来看，奥德修斯式的主体自我是个别之主体，还不是普遍主体。奥德修斯式的孤独自我是个别自我，没有与他人建立平等关系的可能性空间。只有普遍的自我才有这种可能性空间。奥德修斯都是以工具性的态度对待他人、他性的存在的，毫无"人是目的，不是手段"的意识。虽然"自我所代表的是理性普遍性，它始终对抗着不可摆脱的命运。然而，正因为在奥德修斯那里，普遍性与不可摆脱的命运之间是相辅相成的，所以除此之外，他的理性必定是一种有限形式的理性，是一种例外形式的理性"①。他的理性包含着牺牲、狡诈、工具性，也就是不仅对神明、自然力量，而且对他人也是工具性的利用态度。他没有时时刻刻都尊敬所有的神明，更不会敬畏自然力量，从现代主体性的角度来看，最严重的问题是他对别人的不尊重，不平等地对待他人的态度。这种态度意味着他只能是一个特殊的、靠牺牲更大力量来成全自己的古代主体。当阿多诺批评荷马"他的心里从来就没有尊重过文明的法律，同时也意味着他的内心和思想从来都是无法无天、杂乱无章和狂妄恣睢的……"②之时，把这个批评用在奥德修斯身上同样是合适的。

(三)神明约束下的自我，被解释为欺骗神灵的理性自我

奥德赛们关注自我，对确证自我非常敏感，但还没有走到完全现代的地步，即并不认为自我能自足自立，仍然处于依赖更大的整体，无法脱离开对这个整体的依赖，特别是对神的依赖与共存的关系体中。作为理性主体的奥德修斯是人神共生关系中的个我主体。《启蒙辩证法》其实深知这一点。霍克海默、阿多诺指出："奥德修斯从来就没有与外来的

---

① ［德］霍克海默、阿多诺：《启蒙辩证法》，渠敬东、曹卫东译，58 页，上海，上海人民出版社，2003。

② 同上书，66 页。

神话力量发生过正面冲突。他必须承认，他不断参加的各种牺牲仪式都是已经给定的，他从来就不敢抵触它们。为此，他从形式上把这些仪式当成了自己进行理性决断的前提条件。而且，牺牲制度是非理性的，不是有意识的理性自觉所致。"①但这却不是两位作者强调的重心。在多神教的境遇中，两位作者更多强调的是在复杂的神明关系中奥德修斯的智慧。这种智慧有时就是对神的蒙骗："就像后来文明的游客用五彩斑斓的玻璃珠换取象牙一样，航海人奥德修斯也用同样的手段蒙骗自然神。"②比如祭祀中的献礼就是利用等价原则对神的利用，献祭是为了让神明对献祭者有所亏欠，从而获得对等的帮衬。对神灵的祭祀，供奉礼物，也就成了利用神灵的标志："礼物既是对自然神的供奉，也是用来防范自然神的基本措施。"③似乎荷马时代就存在人与神之间的交换原则似的。这样的解释把奥德修斯对神的欺骗性利用描绘成不信奉神灵的现代理性主义者了，甚至连与自然的联系也割断了："在这里，自我，指的就是那些不再相信表现魔力的人。自我的确立割断了人们与自我牺牲所确立起来的自然之间的起伏不定的联系。所有牺牲都不过是一种复辟，都受到了它形成于其中的现实历史情境的欺骗。"④经过这样的解释，神灵和自然都成了工具理性对付的对象，都服从于奥德修斯的诡计和自私目的了。这种"祭祀中的欺骗因素就是奥德修斯式的狡诈的原型，

---

① ［德］霍克海默、阿多诺：《启蒙辩证法》，渠敬东、曹卫东译，56页，上海，上海人民出版社，2003。

② 同上书，49页。

③ 同上书，50页。

④ 同上书，51页。

也就是说，奥德修斯的许多诡计都具有牺牲自然神的背景"。甚至于，"只有牺牲中的欺骗因素——也许还包括神话虚构中完美无瑕的理性——才能被提升为自我意识"①。于是，这种对神的欺骗就是神话中仍然存在的理性力量，就是神话中的启蒙因素。比如利用波塞冬出访的时机和在出访地欲实现的目的而躲开波塞冬来缔结奥林匹亚同盟等，以此显示可以"让神服从于人类的首要目的，并以此瓦解了神的权力"②。

（四）何种意义上是依赖内在性的自我

按照 A. 施密特的解释，"现代"这个词可以理解为从外在返回内在，从依赖外在力量转向依赖人的内在力量。如果这样，那"现代"早就有了。晚了几十年的《奥德赛》针对《伊利亚特》就是一种现代。因为前者打破了建立在宗教和权威基础上的习俗秩序，打破了内与外的统一，"人觉得回到了自身。和'古老的'《伊利亚特》相比，《奥德赛》就显得很'现代'了"③。由此，"素朴—自然"和"反思—人为"的二分对立就成了判断现代与非现代历史时期的主要标准：更重视"反思—人为"更关注自我的时期就更像现代，而更重视"素朴—自然"的就更像古代。按照这个标准，"人们可以判定《奥德赛》相对于古老的《伊利亚特》是现代的，因为在这里，人'第一次'感觉到返回到自身"④。在希腊神话时代内部，

---

① ［德］霍克海默、阿多诺：《启蒙辩证法》，渠敬东、曹卫东译，50～51 页，上海，上海人民出版社，2003。

② 同上书，50 页。

③ ［德］A. 施密特：《现代与柏拉图》，郑辟瑞、朱清华译，2 页，上海，上海书店出版社，2009。

④ 同上书，609 页。

《奥德赛》因为更注重自我，而显得更现代。与此相反，《伊利亚特》则相比之下更显得古代。

《启蒙辩证法》不会完全同意 A. 施密特的看法。第一，因为《奥德赛》与《伊利亚特》似乎不是那么简单的关系，“主体从神话力量中摆脱出来的描述”，“这点在《伊利亚特》中已经有了比较深刻的反映”①。第二，依靠内在自我的解释，也只是相对而言才能成立。两位作者看到，希腊神话对描述“自我的发展路程”时深知，“面对自然力，自我的身体永远都显得软弱无力，而只有通过神话，自我才能在自我意识中树立起来”②。虽然奥德修斯更多依靠的是理性力量来获取成功的，身体力量（如巨人身上所体现的）不再是关键：“自我持存与体力分开了”③，自我持存借助的是理性的力量，但这种理性的力量并非完全是主体内在的力量，而是市场需要借助的外在神力和自然力。第三，理性态度还不是绝对与自然和神明对立的，不是对其他力量的完全否定。主体跟神明的关系上面已有分析，主体跟自然的关系也同样如此。奥德修斯无法从自然中超脱出来，就像两位作者指出的：

> 尽管自我从盲目的自然中把自己解救了出来，但自然的支配权还依然在牺牲中持续不断地显现出来。尽管自我作为一种有机体，依旧被囚禁在自然条件之中，但它却试图在反抗有机存在的过程中

---

① ［德］霍克海默、阿多诺：《启蒙辩证法》，渠敬东、曹卫东译，47 页，上海，上海人民出版社，2003。

② 同上书，47 页。

③ 同上书，55 页。

确证自身。尽管自我持存的合理性取代了牺牲，但它仍然像牺牲一样，不过是一种交换而已。尽管在废除牺牲的过程中产生了能够始终维持同一性的自我，但自我很快就会变成一种顽固僵硬的祭祀仪式，在这种祭祀仪式中，人们只有通过把自我意识与自然条件对立起来，才能宣布自身的胜利。①

对外在自然的超越，往往需要奥德修斯对自己内在自然的牺牲。而内在自然的牺牲应有个合理的限度，一旦过度，这种牺牲会导致人的生命的被压制和消灭："由于人的自然被否定了，因此，不仅控制外部自然的目的(telos)，而且人类自身生命的目的，也都遭到了歪曲，变得模糊不清。……因为自我持存所支配、压迫和破坏的实体，不是别的，只是生命，是生命的各种各样的功能，也就是说，在实现自我持存的过程中，必须找到这些功能所特有的定义：实际上，就是究竟要维持什么的问题。"②所以，依靠内在力量的奥德修斯式主体不是与自然截然对立的，而是在以某种方式顺应自然的前提下谋求一定的超脱。比如对塞壬歌声，奥德修斯没有选择绕开塞壬的岛屿，没有完全拒斥，他只是采取一种合理的方式(让手下把自己捆在桅杆上随船经过岛屿)抵制塞壬的诱惑。奥德修斯的方法既没有违反自然(喜欢倾听美妙声音)，又没有使自己陷入自然束缚(陷入靡靡之音不能自拔)，这是一种合适、合理的狡

---

① ［德］霍克海默、阿多诺：《启蒙辩证法》，渠敬东、曹卫东译，53页，上海，上海人民出版社，2003。

② 同上书，54页。

诈，而这种"狡诈却是一种具有理性形式的抗拒"①。

四、自觉的和解：《启蒙辩证法》的主题Ⅱ

既然奥德修斯式主体无法切断与神明、自然的关联，必须借助神明之力和自然力量才能完成返乡的目的，仅仅依靠内在的理性力量还无法顺利返乡，那么，奥德修斯式主体就必须与在达到返乡目的过程中能够发挥作用的因素实现和解。和解才是现实的可取之道。

第一，不依赖于任何他者的独立自我是既不符合实际又会带来各种严峻问题的选择。独立自我理论上不能成立，实践效果上又会导致出现杀人如麻的古代奥德修斯、现代希特勒这样的案例。按照尼采的逻辑，不依赖于任何他者、能独立自存的存在只能是那个被虚幻显现出来的"上帝"之神。而这个神的诞生（被想象）有一个十分糟糕的发生学基础：正是由于想象者什么也不行，什么能力也没有，常常一败涂地，自己解决不了自己所面对的问题，是个十足的失败者和虚弱者，才去想象无所不知、无所不能的万能之神。被想象出来的万能之神对应的恰恰是无能虚弱的失败者，也就是没有什么"主体性"品质的存在者。他（们）的如此想象印证着自己的虚弱无力。而他（们）历经千年积累的能力虽有明显的提升，但仍然无法达到独立自存的目的。继续如此想象并实施下去，命

---

① ［德］霍克海默、阿多诺：《启蒙辩证法》，渠敬东、曹卫东译，58页，上海，上海人民出版社，2003。

运仍然是失败。要改变自己的命运，就必须改弦更张，跟那些自己无法脱离开的存在者和解。

作为目标的这种和解，显然不是启蒙主体一开始就会自觉意识到的目标追求，而只能理解为一个历经种种教训、认识到靠种种牺牲才能成就某种并不可靠的统治式自我，因而必须思考这些牺牲是否值得，并做出很多牺牲维系这种统治目标是否值得，所以才认为从统治转移至和解是一种理智的选择。因而这种和解是历史智慧基础之上的、在被迫前提之下的主动选择。

过分的自我是引发人之生存的种种问题的根源。尊重自我的自然基础，因而尊重这个世界上高于自我的存在力量，主动选择与自然、与高于自己的存在力量和解，是启蒙主体最理智的选择。那个不依赖于任何存在的自主自立个体，只是一个促使自己不断壮大、完善的理想而已，不是随便就能达到的真实。在这"理想"性被自我理智认知的意义上，这"理想"的意识形态性是必须被清醒地知晓的，虽然这绝不意味着欺骗、投降，而是现实、健康。用阿多诺的话说："自我克制的目的不是为了战胜自我和他者的力量，而是要与自我和他者取得和解。"①

第二，问题之丛生。《启蒙辩证法》对和解本身似乎着墨不多。但这没有关系，丝毫不影响全书的内在追求。全书对独立自存式主体蕴含着的各种恶果（扼杀他者、使自己痛苦和牺牲、妨碍他者的存在，周遭的世界变得冷酷和无意义，使整个世界变成一个虚无主义的世界……）的

---

① ［德］霍克海默、阿多诺：《启蒙辩证法》，渠敬东、曹卫东译，55页，上海，上海人民出版社，2003。

揭示，每时每刻都在呼唤着对这种主体的批判和拒绝，呼唤着对那些无法淹没和祛除的各种因素的尊重与宽容。那些因素都有以某种方式存在的权利，都有自己以某种途径和方式存在的机遇和可能，大自然足够的空间让它们注定在这个虽然并不平等也不那么公正，或者不去力争平等与公正的世界上有自己的存在空间。世界足够大，能容得下大家。如果你觉得世界不够大，问题不在世界本身，而在于你自己。世界一如既往地存在，而你将被世界唾弃。

按照伊丽莎白·罗莎的看法，和解是黑格尔辩证法的内在追求：黑格尔不但把直接的、欢快的和解看作古典希腊世界的和谐，并且它也构成欧洲文化的特质。在一个日益分裂、对立、散文化的现代世界中，作为欧洲文化精神传统的和解显得尤其重要。它是修补、矫正、诊治现代世界的对立与分裂病症的古老药方。"黑格尔观点的新颖之处在于，他描述了一致化的需求，和解的需求，也就是解决对立的欲求，和至少把它描述为与对立同样重要。他已经描绘了扬弃对立的可能性并试图在哲学的结构中阐述它。"[1]按照这样的观点，《启蒙辩证法》所致力于批判反思的欧洲传统与致力于恢复的欧洲传统就可以联系起来，就可以把过于凸显孤傲自我的主体性传统视为对本有和解传统的偏离甚至背弃，就可以把视奥德修斯为孤傲主体的解释性策略视为一种批判性反思的尝试。虽然这样的理解无法确立和解传统的起源地，因而可能会显得这样的解释方略是批判性解释的极端化。

---

① Erzsébet Rózsa，"*Versöhnlichkeit*" *als Europäisches Prinzip*，Zu Hegels Versöhnungskonzeption in der Berliner Zeit，in：Michael Quante，Erzsébet Rózsa，(Hrsg.)：*Vermittlung und Versöhnung*，LIT Verlag Münster，2001. S. 42.

不过，不管《启蒙辩证法》推崇的和解具有怎样的传统根基，《奥德赛》与《启蒙辩证法》还是呈现出两种不同的和解模式。《奥德赛》的和解是自我与神明以及自我与自然的和解；而《启蒙辩证法》的和解除了主体与自然的和解之外，更是平等主体间的和解。《奥德赛》中的自我还必须接神灵之力，取得神明的帮助和启示；而《启蒙辩证法》早已处在"上帝已死"的处境中（即使上帝未死，也早已奄奄一息地躺在被人遗忘的乡村医院里了）。使用现代解释模式把奥德修斯对神明之力的借用注解为对工具性的利用，无非是把现代背景下无信仰的行动理性人挪移到遥远的希腊神话时代了而已。虚无主义是现代人无法摆脱的处境，却绝不是奥德修斯们的处境。另外，奥德修斯对异乡人的工具性利用甚至（对妨碍他返乡的那些人的）扼杀，对自己部下的利用、牺牲及其所包含着的非平等对待、不尊重，也无法在现代主体性意识形态中得到认可。即使现代世界体系中仍然存在着明显的等级性、不平等性，但许多主体性哲学给平等、自由甚至多元性以明显的肯定与尊重。《启蒙辩证法》高度肯定这种现代性理想。所以，在霍克海默、阿多诺期待的和解里，还有一种主体间性的内涵：基于每个主体之间平等的主体之间的和解，包括基本权利基础上的相互尊重、相互成全、相互实现，是现代和解的基本要求。

这样一来，自我是不是《奥德赛》的主题的问题就有基本的答案了：如果这个"自我"是自笛卡尔以来自足自立的现代自我，那就肯定不是《奥德赛》的主题；如果这个"自我"是历练中、成长中的自我，理性及其意志还不具备独立地支撑起担当返乡重任的主体性品质，还必须与神明、他人、自己内在的自然力量建立某种合理的关系，才能不仅借自己内在之力而且还要借多种外在之力方可完成任务，那在某种意义上可以说"自我"构成《奥德赛》的主题，但这跟说（某种程度的）"和解"构成《奥德赛》的主题没有多大差别了。因为，奥德修斯式的自我不是任性的自我，而是不断自我克制的自我。"自我克制的目的不是为了战胜自我和他者的力量，而是要与自我和他者取得和解。"①自我克制的自我走向的正是和解！

对于无力单独完成重任、必须借力的奥德修斯来说，和解也许是无奈的选择。但对于继承马克思、尼采的批判现代主体性哲学，已深深知晓现实主体无法达到自足自立品质，反而必须在社会性之中相互成全（马克思）或必须根据自己的内在自然之力发展提升自己（尼采）的霍克海默与阿多诺来说，与他人的和解、与自然的和解，就是一种自觉地选择了。在这两种自觉性之中，包含着对这个世界中自己无法完全把握、掌控反而必须予以崇敬的更大存在及其力量的敬畏。虽然这不能再被界定为"上帝""神明"，但它足以印证现代主体的欠缺和必要的谦逊，足以呈现自觉与自己不能掌控的存在力量予以和解的必要性。

如果说，焦虑与恐惧构成《启蒙辩证法》的第一个隐秘主题，那么，能够通过自我反思认识到这个秘密的主体自我，必定呈现出面前的和解前景。反思之后自觉的和解，就是《启蒙辩证法》的第二个主题。第一个主题导致第二个主题。第二个主题来自第一个主题，作为前景给第一个主题带来希望——如果第一个主题所喻示的问题有希望自我解决的话。两个主题紧密相关、依次递进。

---

① ［德］霍克海默、阿多诺：《启蒙辩证法》，渠敬东、曹卫东译，55页，上海，上海人民出版社，2003。

"主体"在什么意义上是一个意识形态概念

  "主体"是近现代哲学最基础、最核心的概念。而20世纪的西方哲学大多在批判主体哲学，认为主体哲学即形而上学。从马克思到法兰克福学派、阿尔都塞，"主体"概念受到批判的情况日益严重。其中流传较广的一个命题是，"主体"成为一个意识形态概念。在意识形态与科学直接对立的意义上，被判为意识形态概念无疑就等于剥夺了"主体"概念的科学品格。更值得重视的是，主体概念的意识形态性质恰恰是在西方马克思主义的两大思想高峰——法兰克福学派与阿尔都塞学派那里分别得到确认。阿尔都塞与阿多诺都直接或间接地具有这样的思想。到了哈贝马斯那里，主体概念讨论的可能性都被取消了。他关于主体间性哲学已经取代了主体性哲学这种实际上非常成问题的思想在国内流传甚广，使得"主体"成为一个意识形态概念，一谈到它就是把它当作批判对象的做法仍在流行。一谈到"主体",就是被当作一个负面的、待批判的概念来对待。从这一点上也可以看出西方马克思主义主体性批判与中国现代化建设的明显错位:在中国尚嫌缺乏、明显不足的东西(各个层面明显不足的主体性)却被西方传来的马克思主义理论大加挞伐,最后形成跟着西方马克思主义走的局面。这值得认真反思。在主体性问题上,这种做法由于没有关注到如下事实而使问题更加严重:自我主体在意识层面和行动层面还远未被弄清楚,对它的研究正在成为显学,因而主体性哲学不但没有被取代,反而正作为新问题引起人们的更大兴趣。单是当代对自我意识的哲学、心理学、认知科学、神经学研究的兴盛,就已经很明显地说明了这一点。在本章有限的篇幅内,我们将对"主体"是一个意识形态概念的观点做一个简单的批判性回应。

一、问题的提出与概念的澄清

斥责"主体"是意识形态的观点可以在阿尔都塞那里发现最典型的表达。在阿多诺那里,也存在类似的形态。众所周知,近代启蒙的主流逻辑致力于在科学和意识形态之间做出截然区分。安德鲁·文森特说:"试图坚持科学和意识形态之间的区分,这一直是英美研究方法的显著特征。尽管这一态度已经隐含在整个启蒙运动的立场中,但这也是'意识形态终结'运动中渐趋完全自觉的各种社会科学所强烈捍卫的一种态度。"①阿尔都塞也坚信科学与意识形态的截然对立，并用这种对立来界定人道主义与历史唯物主义之间的区别，认为人道主义是意识形态，而历史唯物主义是科学。在他看来，意识形态就是个体与他们的真实存在条件的想象性关系的一种"表征"。意识形态表征个体与其真实存在条件的想象性关系。与其说真实的与虚假的二分对立构成阿尔都塞意识形态论的结构框架，不如说，反思与未反思才构成这种对立：即反思后的才可能是科学，而未经反思的肯定是意识形态。而这一标准与霍克海默、阿多诺在《启蒙辩证法》中断定奥德修斯是第一个资产阶级主体的意思无疑是一致的。

按照阿尔都塞的看法，人们就生活在无意识的意识形态媒介中。关于自我、自我与生存于其中的世界的关系，都是意识形态赋予我们的，我们感觉不到身处其中，只是享受着给我们的赠予、幻觉。在这种赠予、幻觉中存在着一种长久不变的结构。这种结构是没有历史的，长久不变的。对个体来说则完全是给定的。就人道主义意识形态来说，决定性的术语是"主体"。"如果不是借助于主体并且为了具体的主体，就不存在意识形态。……如果不是借助并且在某种意识形态中，就不存在实践。"②

众所周知，意识形态概念的界定比较复杂。本文首先从以下两种含

① ［澳］安德鲁·文森特：《现代政治意识形态》，袁久红译，19 页，南京，江苏人民出版社，2005。

② ［斯洛文尼亚］齐泽克、［德］阿多诺等：《图绘意识形态》，方杰译，168 页，南京，南京大学出版社，2002。

义上讨论这一概念。第一种观点认为，意识形态是一种对社会现实的简化和抽象，它按照自己的立场与偏见进行了删节，甚至蕴含着不可告人的隐秘动机。第二种观点是，意识形态是不宽容、不自由、不开放、有限制的观点，与非意识形态的宽容、开放、自由的政治相对立。认识论意义上最极端的意识形态概念肯定是没有什么意义的，或者说，坚持这一概念几乎就是设立了一种可以完全达到不受任何想象、主观立场、片面诉求等因素制约和影响，因而就能完全真实地再现理论处理的对象的纯粹本质的科学。可这恰恰是最大最基本的意识形态假定。所以，本文中的意识形态比较接近中性的意识形态概念。它接受这样的事实：第一，认识肯定存在某种（或处于不可避免、无奈的，或处于有意的）简化和删节。我们无法全面地把握整体，必定以离散的形式接触和积累经验材料，并在此根基上形成认识。第二，在现代背景下，孤独的个体面临高度的离散化、碎片化现实，生存的焦虑、恐惧迫使他需要一点理想来对抗庞杂、恐怖的客体世界，支撑和提升自己的生存世界，就像齐泽克所说："要建构起现实，主体至少需要一点理想化，从而忍受恐怖的实在。"①在这样的建构中，肯定把一些这样那样的因素加入对事物的认知之中。所以，除个别极端案例，一般而论，意识形态不是对世界的歪曲，而是语言和行动世界的一部分，其中蕴含着某种特定的狭隘的视角或价值先见。由此，要保证、维护自己的存在，它对异于自己的视角、见解的宽容度就肯定是有限的，不可能是无限的。在这个意义上，我们

---

① ［斯洛文尼亚］斯拉沃热·齐泽克：《幻想的瘟疫》，胡雨谭译，79页，南京，江苏人民出版社，2006。

不认可意识形态是不宽容、不开放的而非意识形态则相反的见解（虽然不能否认不同意识形态的宽容度是有差异的），也就是不根据一种思想的宽容度来界定意识形态。以前的科学和哲学认为，跟科学、哲学相比，意识形态更具有直接的行动导向，更缺乏自我批判精神和严谨性。而实际上，科学和哲学的理论建构虽然可能形式上更严谨、复杂，却不会因此就克服或缺少了狭隘与偏见。

我们采纳上述关于意识形态比较中性的看法，来探讨"主体"何种意义上才是意识形态概念，何种意义上作为意识形态概念是必需的，又在何种意义上是具有欺骗、谋取统治权力等负面性的。

二、区分不同层次的"主体"

对主体是不是意识形态概念的第一个回答，取决于如何理解"主体"。而对主体的理解、界定是可能比意识形态概念的界定更为麻烦的一个问题。因为古往今来对它的理解太多也太复杂。我们按照海德格尔的基本区分，把古希腊以来就有的"一般主体"与近代以来才有的"自我主体"区分开来。"一般主体"（subiectum）关涉希腊词 ousia。关于 ousia 这个词如何理解、翻译（首先是拉丁文，然后是英文/德文/中文），是个挺麻烦的问题。按照孙周兴的解释，它有三项基本规定：第一，独立存在，不依赖于其他东西；第二，逻辑上是主词，不能表述其他东西，其他概念范畴却是表述它的；第三，在定义上、时间上、认识秩序上都是第一性的。而海德格尔主张不能把 ousia 译为"实体"，而应译为"在场"

或"在场者"。亚里士多德所谓第一实体和第二实体两种实体就是两种在场方式：分别表示如何存在和什么存在。① "一般主体"是摆在眼前、放在他物基底上的东西，不一定是人，也有可能是石头、动物、植物。但近代以来却只有人（即作为哲学概念的"自我"）才能是这样一种"一般主体"，即构成其他一切存在的基底的东西，其他一切存在都得以"自我"为基底，或本体。于是，自笛卡尔以来，普遍的人类"自我"成了唯一的主体。"一般主体"转化为"自我主体"，自我性等同于主体性了。② 我们要讨论的就是近代以来的"自我主体"，而不是"一般主体"。

如何理解"自我"这个近代以来的唯一主体？可以说，整个 20 世纪哲学差不多都在批评先验、永恒、唯一、连续的"自我"主体，斥之为形而上学，希望除之而后快。但是，近年来一些欧美年轻一代哲学家又开始反思这种对主体形而上学的批判。重新成为关注重心甚至时髦的意识哲学，近年来以其不断取得的进展和远未弄清却又迷人的一系列问题，不断吸引着越来越多的研究者。来自不同学科的哲学家、神经学家、心理学家、认知科学家都是积极的参与者。这些事实使得先前所谓"意识哲学已被语言哲学取代"的断论显得非常简单、独断甚至可笑。姑且不论主体性建构在当下中国现代化建设中远未完成并具有积极作用，单就学理本身来说，也应该纠正一下过于偏颇的主体形而上学批判了。意识论意义上的自我主体，行动论意义上的自我主体，还远远没有被弄清楚。在这种情况下，斥自我主体为过时的旧式形而上学，过于肤浅和单

---

① 参见孙周兴：《后哲学的哲学问题》，31～32 页，北京，商务印书馆，2009。

② 参见[德]海德格尔：《尼采》，孙周兴译，774～775 页，北京，商务印书馆，2002。

纯。必须承认，我们对作为意识主体和行动主体的自我的奥秘远没有弄清，先前我们对自我主体的理解还很初步。所以，完全可以说，没有涵盖一切的"主体"，根据这样的主体定义，可以对主体是否是意识形态概念做出是或否的回答。必须区分迄今为止我们已经认识到的不同层面或意义上的"主体"，才能对主体是否为意识形态概念做出确切的回答。

在这方面，我们不妨先采纳扎哈维的概括，把自我主体具体分成以下三种，而自我是否是意识形态取决于在哪种意义上看待的"主体"。

第一种是康德的绝对主体，或纯粹自我。按照扎哈维的说法，它自身是同一的，不同类型和时间的体验都是同一个自身拥有的。体验的同一性和连贯性来自于它自身。这样的自身就是纯粹的自我、主体。甚至于，必定存在的它却不能被体验，不能作为对象来认知。如康德自己所说："我不能把那个我为了认识任何对象而必须预设的东西认做对象。"①

首先，这种不能当作认知对象的绝对主体，在认识论层面上就是一种先验统觉，不是实体性存在，而是一种功能性存在：它能建构人的感觉，使认识成为可能。其次，在实践哲学层面上，作为责任来源的道德自我必然是一个本体的存在，一个自由的存在。这个道德自我是一个必要的假设，与认识论意义上的先验统觉一样，都不能被认识。作为自然法则与道德法则的基础，这种必须存在但又不能认识的自我主体，似乎

---

① Immanuel Kant，*Kritik der reinen Vernunft*，Suhrkamp Verlag Frankfurt am Main，1997，S. 397. 中译文采用了[丹麦]丹·扎哈维：《主体性和自身性——对第一人称视角的探究》，蔡文菁译，132 页，上海，上海译文出版社，2008。还可参见蓝公武译《纯粹理性批判》，319 页，北京，商务印书馆，1997。

是不讲什么道理的，不能被反思、质疑的，也就是具有意识形态性的存在。如果说这样的自我主体显然具有意识形态性质，不能算冤枉它。特别是对道德自我来说，由于这种"自我被假设为是一个终极实体。它是一种实在，但它却不可能被认识"，也由于这种自我意味着一种不受情感、利益、欲望左右的纯粹自我，意味着这样的自我对立于经验状态中必定受情感、利益、欲望影响甚至左右的现实的现代自我，从启蒙反思、理性质疑的角度来看，它的意识形态性质似乎就更为明显。

第二种来自解释学的视角，是一种作为叙事建构的主体。它着眼于主体的生成、具体建构过程。在这种观点看来，主体不是完全被给予的、绝对的东西，而是在生活中不断被获得的东西。"自身并不是一个物，它并非固定不可变者，而是不断的展开着。通过某人的筹划，这一自身得以实现，因而它不能脱离人们自己的自身解释而被理解。"就是说，自身不像拥有一个鼻子、心脏那样被自然地拥有，自身是一种建构，是以特定方式对生活进行构想和组建活动的产物。它被不断地修正着，"被钉固于文化相关的叙事之钩上并且围绕着一系列目标、理想和热望而被组建起来"①。从儿童时期开始，经过共同体的社会性塑造，受其认可的文化价值认同的影响和制约。人自己不能成为自身，而必须与他人一起作为一个语言集团的部分而被锻造和熏陶时，才能形成。解释学、社会理论意义上谈论的"主体"就是这样的"主体"。从马克思到哈贝马斯，社会批判理论基本都是沿着社会理论的思路来"批判"主体的。

---

① ［丹麦］丹·扎哈维：《主体性和自身性——对第一人称视角的探究》，蔡文菁译，132～133页，上海，上海译文出版社，2008。

从发生学意义上谈论人的心理学更可以为这种"主体"概念提供丰富的支持。弗洛伊德就说过，"自我"绝不是原本的、内在的存在，而只能是被塑造出来的。原本的、内在的、无法成为自己的认识对象的那个"我"是"本我"，而"自我仅仅是受知觉系统的影响而改变了的本我的一个部分，即在心理中代表现实的外部世界"，这其中包括自我中还存在的一个更高等级，一个自我典范——超我。① 在弗洛伊德看来，自我并不与本我明显地分离；它的较低级的部分并入本我。自我是外部世界作用于本我的产物和代表，而本我才是内在之我的代表。不受任何外部影响的"我"是本我，而自我只能是在受现实影响下形成的。"除了通过自我——对本我来说，自我是外部世界的代表——任何外部的变化都不能被本我经验过或经受过，而且不可能说在自我中有直接的继承。"②自我是本我中分化出来的一部分。自我是在与现实世界的历练和遭遇中锻造出来的。它把外部存在与自己关联起来，并在这种关联中建构着自己。首先是对象精力的贯注，通过这种贯注，不断把被贯注的东西纳入自我结构，以至于通过自居作用把那个外部存在变成内在存在，使这个自己力图变成的自我典范成为自我的内在组成部分，并不断地发展变更着。于是，这个"自我"就成了一种不断与外部存在关联着的因而也就是变动着的关系性存在，一个"在世界之中"的存在。正如弗洛伊德所说的："所有源自外部的生活经验都丰富了自我；但是本我是自我的第二个外部世界，自我力求把这个外部世界隶属于它自己。它从本我那里提取力

---

① 《弗洛伊德后期著作选》，林尘译，176 页，上海，上海译文出版社，1986。

② 同上书，187 页。

比多，把本我的对象精力贯注改变为自我结构。"①这个与外部世界关联着的、作为结构存在着的"自我"差不多也就是海德格尔所说的"此在"。

第三种来自现象学的视角，是作为体验维度的自身。不管人们怎样批评自我主体的绝对性、先验性，批评它只为其他存在奠基而不用担心自己的根基等品性，仍在强调自我的社会性根基。基于心理学根基以及文化意义上的解释学根基，扎哈维认为，自我必须至少保持一个自我体验的维度。即使我们不同意笛卡尔的"我思故我在"，起码也要肯定自我体验对于自我存在的根基性。否则，何以确定还存在自我？所以，只要体验是实在的，那么，它就等于体验现象的第一人称被给予性。"因而意识到某人自身并不意味着捕捉到一个与意识流相隔绝的纯粹自身，而是需要在体验的第一人称被给予性样式中意识到它，这一问题关涉到对某人自身的体验生活所具有的第一人称通达。因此，这里所指涉的自身并不是某种超越或对立于体验流的东西，而是其被给予性的一项特征或功能。简言之，自身并不被构想为一种不可言说的先验前提，也不是一个紧随时间展开的社会建构；它被视作我们意识世界的一个必要组成部分，而且它具有一种直接的体验实在性。"②

这种自我（自身）是最小限度的自身，也是形式性的自身。"任何缺乏这一维度的事物都不应该被称作一个自身，正是在此意义上，它才是

---

① 《弗洛伊德后期著作选》，林尘译，206 页，上海，上海译文出版社，1986。
② ［丹麦］丹·扎哈维：《主体性和自身性——对第一人称视角的探究》，蔡文菁译，133～134 页，上海，上海译文出版社，2008。

根本性的。"①与此类似，尼采所谓基于本能、情绪的强力意志的主体性，也具有这样的特点。海德格尔曾说："而对尼采来说，主体性之为无条件的，乃是作为身体的主体性，即本能和情绪的主体性，也就是强力意志的主体性。"②不过，为了简单起见，不引起不必要的麻烦，我们还是不把尼采算在内。

显然，康德意义上的绝对主体，社会学、解释学、心理学意义上被建构起来的"主体"都具有被建构性，不具有事实的绝对性，也就是具有意识形态的性质。这似乎是确证、无疑的。而第三种"体验着的自我"作为最低限度的自我，可以看作一个绝对的事实，没有被建构，因而不具有意识形态性质。我们可以在第一、第二种意义上"批判""主体"概念的意识形态性，无法再在第三种意义上诉说"主体"概念的意识形态性。阿尔都塞的所谓主体是意识形态的观点显然正是在第二种意义上言说的，他判定无法避免意识形态性的"主体"恰恰就是第二种意义上的，其批判锋芒当然可以延伸到第一种意义上的"主体"，却无法触及第三种意义上的"主体"。

三、两种不同的启蒙，意识形态的必需

如前所述，现行的意识形态概念是在近代启蒙与科学对立的意义上

---

① ［丹麦］丹·扎哈维：《主体性和自身性——对第一人称视角的探究》，蔡文菁译，134 页，上海，上海译文出版社，2008。

② ［德］海德格尔：《尼采》，孙周兴译，831 页，北京，商务印书馆，2002。

得出的。正是近代启蒙相信科学知识必须有某些终极的、永久的和客观的基础，而戒除一切主观的、情感化的介入，才使"意识形态"作为与之对立的概念呈现出来。启蒙的进一步扩展与深化早已质疑了这种科学观，文森特也表示"这种科学观的问题在于，它早已过时，并颇具争议"①。对启蒙的进一步反思，导致出现了多种新的启蒙观。与本文直接相关的是两种。一是施特劳斯派对启蒙的反思，二是《启蒙辩证法》的启蒙观。这两个在某些方面可以相互支持。

仅就前者来说，它贬抑近代启蒙而推崇古代启蒙，或者确切地说，它推崇古代真正的启蒙，而质疑假的启蒙——这样的启蒙古代早就有过了，并在近代极度扩展开来。用刘小枫先生的话来说，公元前 5 世纪下半叶在雅典出现的这场启蒙运动，是游走于各城邦收费教学的新兴知识人群体——智术师（智者派成员）们发动的。"智术师热切推广以语言哲学为基础的哲学教育和政治教育，劝谕人们摆脱传统宗法观念的束缚。智术师们相信，社会生活所需的知识和美德，都可以通过语言哲学性质的智慧训练来得到。"②向大众传播真理，希望用真理武装所有的大众，然后就以为会随之出现一个问题迎刃而解、美好价值逐步充分实现的理想国，某种意义上在古代早就出现了。启蒙传布的是知识、自我意识、洞察力以及建立在这些东西之上的权力、意志，是对宗教习俗的蔑视与质疑，是神圣、神秘在知识和自我意识面前的弱化和消解。而反对启蒙

---

① ［澳］安德鲁·文森特：《现代政治意识形态》，袁久红译，20 页，南京，江苏人民出版社，2005。

② 刘小枫：《智术师与民主启蒙》，见《世明文丛》第六辑《觉醒之途》，173 页，成都，巴蜀书社，2010。

的观点认为，"信赖神谕对于大众来说何等重要。因为大众无法区分出细微的差别，即神与以神为依据的阐释者"①。自我意识的局限、知识和洞察力达不到穿不透的存在，不受哲人影响的神对大众生存的不可或缺，则构成了反启蒙的强调重点。启蒙有无界限？启蒙者如何对待自己和他人？就是说，是否需要揭穿一切人信奉的、各个领域中存在的神灵，把一切人的一切存在都变成澄明的理性世界？以及，启蒙者教导他人的知识是否可靠，启蒙者自己是否获得了真正的知识，并因而只需传授、教训别人而无须反思自己，启蒙知识启蒙他人而无须启蒙自己？这些问题构成了启蒙的关键所在。更重要的是，雅典时期就存在的启蒙与反启蒙的争执，又在近代启蒙发生时承续下来。众所周知，在青年黑格尔派的分化中，以理性、自我意识批判质疑一切"神灵"，包括宗教中的、政治生活中的、经济生活中的、个人生活中的，成了这一学派成员竞逐谁反宗教最彻底的基本指标。而激进地反对一切神灵，以至于影响到共同体的生活秩序，在古代就有过激烈的质疑。苏格拉底的死使柏拉图和亚里士多德反思如何设置启蒙的界限，使启蒙不至于因为过度而危及哲人的生存。不会自觉设置启蒙界限的古希腊思想流派就是智术师派（智者派）。古希腊的智术师所理解的启蒙就是以为自己掌握了真理并自傲地兜售给大众，以此武装大众。而始于马基雅维利的近代启蒙就继承

---

① Jochen Schmidt(Hrsg)，*Aufklärung und GegenAufklärung in der euiropäischen Literatur，Ohilosophie und Politik onder Antike bis zur Gegenwart*，Wissenschaftliche Buchgesellschaft，Darmstadt，1989，S. 47. 其中一篇重要论文 *Sophokles，König Ödipus. Das Scheitern des Aufklärers an der alten Religion*，其中译文可参见刘小枫、陈少明主编：《索福克勒斯与雅典启蒙》，2～21 页，特别是第 14 页，北京，华夏出版社，2006。

了这一逻辑与做法。在《关于马基雅维利的思考》中，施特劳斯一针见血地指出，近代启蒙者继续追随智术师的衣钵，致力于以掌握、占有了真理的先师自居面向公众传播、兜售自己的真理，启蒙民众，从而"将一个人的思想或者少数人的思想，转化为公众的观点，进而转化为公众的权力。马基雅维利与西方世界中政治哲学领域的伟大传统实行了决裂，他开创了欧洲的启蒙运动。我们所必须要考虑的问题是，这个启蒙运动，究竟是名实相符的启蒙运动，抑或它的真正称谓，其实应该是蒙昧蛊惑运动"①。就像索雷尔指出的，启蒙的目标其实就是培养一些"受到启蒙的人"，即对知识懂点皮毛的年轻的共和主义者——他们可以不懂古典语言与知识，却必须有普及化的、不必精深的科学知识，必须接受初等教育。狄德罗计算过，如果一个人不愿被一门无用的专业所限，学习几何学中一切必需的东西只需半年时间，余下的纯粹由于好奇。② 当然，除了自然科学，还必须把社会性的观念、思想都科学化，形成社会科学知识并启蒙给民众，"把民众从幻想、观念、教条和虚构的事物等这样束缚他们的枷锁下面解放出来"，让科学可以支配整个社会生活。最早提出"意识形态"这个概念的特拉西，他是在非常正面的意义上使用这个概念的，就是系指观念、思想的科学化，然后用于改造社会世界，也就是知识与权力的结合。鲍曼指出，1795 年成立的法国国立研究院

① ［美］列奥·施特劳斯：《关于马基雅维里的思考》，申彤译，264～265 页，南京，译林出版社，2003。

② 参见［法］索雷尔：《进步的幻象》，吕文江译，191 页，上海，上海人民出版社，2003。

所描绘的那种科学照亮一切的理想社会，就"是指哲人统治的社会"①。这个社会也正是试图把科学知识与政治权力结合在一起的一种"理想国"，而与政治权力结合在一起的这种科学知识也就是"意识形态"。出于构建这种正面的"意识形态"的目的，社会观念、思想的科学化及其传播给大众，形成改造社会的力量才是最终目的。

在施特劳斯看来，这样的启蒙最多是半吊子。无论是先行的启蒙者还是作为启蒙成果的被启蒙者，都是些半吊子，并没有达到真知的水平。真正的启蒙是，启蒙者自己知晓自己的无知，并不断努力地追求知识。换句话说，真正的启蒙是首先针对自己的，而非总是觉得自己已经很厉害了，余下的事只是传播、教训别人——他们不了解共同体中的复杂性和异质性，不了解不同层次的人追求的差异性，不了解最高价值之知的麻烦与艰难。在这个意义上，真正的启蒙就是苏格拉底式的"对自己先于对别人"。苏格拉底的诘问是：知道自己还一无所知，而且这种自己尚不知晓的还不是系统的学说，而只是何为正确的生活？对此必须不断追问，广泛探讨，也就是需要不断地与他人讨论，有他人参与的讨论才能不断完善，个人是无法完成的。刘小枫总结道：

智术师派则把生活共同体中的某种意见当作根本性的好或坏这一问题的解答，从而以为政治的"歧义性"已经彻底解决了（如今无论左派、右派、自由派都如此）。由此带来的结果是两种哲学启蒙

① ［英］鲍曼：《立法者与阐释者：论现代性、后现代性与知识分子》，洪涛译，132页，上海，上海人民出版社，2000。

的差异：智术师派面向大众公开教，我们不妨称之为对外的启蒙，苏格拉底则"仅仅面向单个的人"，不妨称之为对内的启蒙。①

对内的启蒙是真正的启蒙。第一，它只是询问何为正确生活，不那么形而上学；对它来说，共同体的生活高于个人的理智与德行。第二，它只不断地问，不满足于某些知识并自负地面向大众兜售。第三，政治、共同体是不能撇开和绕过的基础。为了自我主体的理性觉醒不惜绕开生活于其中的社会共同体，甚至与共同体对立，是不可取的。

而亚里士多德则推崇纯粹的认知和观察，理论静观中的生活被他视为最高的生活。他认定个人理智的完善高于或优先于与他人相关的道德的完善。这恰恰就是把哲思主体，或独白式的哲思主体放在了至高无上的地位，即高于共同体生活的地位。由此，他就等于回到了苏格拉底之前自然哲人的立场。亚里士多德的睿智在于，他只是针对哲学家个人，并不向公众公开兜售这种至高的生活。这一点使得他与苏格拉底一样崇尚对内的启蒙，对自己的启蒙，这迥然相异于智术师派的假启蒙。不过，亚里士多德主张最高的生活是脱离共同体的哲思主体的纯粹认知与观察，虽与智术师半瓶子醋式的、训导大众的启蒙有所区别，但终究还是主张撇开、绕过社会共同体的，这一点不但不值得提倡，反而需要防范和杜绝。

看来，真正的启蒙，第一，需要认识到自己的局限；第二，不能随

---

① 刘小枫：《施特劳斯与启蒙哲学》，见萌萌学术工作室主编：《政治与哲学的共契》，18页，上海，上海人民出版社，2009。

便以真理自居面对公众；第三，也不能撇开共同体追寻自我的完善，而必须关涉共同体的完善。于是，哲学与宗教、理性与启示的关系就总是内在于启蒙之中，总是构成启蒙的核心问题。

在这个意义上，共同体的律法、秩序才是最关键的。因为律法对哲学往往是给定的，不需要思考和批判，哲学家慢慢形成了对律法秩序不闻不问，而对形而上学、对个人道德却情有独钟的风气。这就使哲学走向了形而上学，而不是政治哲学。实际上，必须重申，相比于个人道德，律法秩序才是根本和最重要的。个人的道德性不是最根本的。个体自由一旦被强调过头，就会使哲学偏离正道，远离生活，或者对生活采取拒斥的态度。在这个意义上，施特劳斯的政治哲学才不能是亚里士多德式的，而必须是苏格拉底—柏拉图式的。为此，柏拉图式的启蒙和亚里士多德式的启蒙才有了重要的区分意义。只有柏拉图式的哲学才是真正的哲学启蒙。

根据这种启蒙观，第一，让所有民众都掌握真理，是不可能的事。第二，让全社会达到"真理"状态不但不可能，而且是很糟糕的一种想法。因为启蒙者声称的"真理"本身就不是无瑕疵的，甚至是不可靠的。用这种不可靠的所谓"真理"武装所有人，如果能做到，那极有可能是一种全社会的癫狂状态；而且打着"理智""科学"旗号的癫狂状态难以避免完全陷入虚无主义。当它推崇的东西被质疑时，价值形而上学王国就随之坍塌了。这一点，霍克海默与阿多诺在《启蒙辩证法》中做了很深刻的分析。近代启蒙之中蕴含着的统治与残酷，情感的丧失造成的恶果，对陌生他者抱有焦虑和恐惧态度而引发的强化主体性的现代策略等，都可以与本文的观点相辅相成。可惜由于篇幅的关系，对本文非常重要的这一分析论证在此我们必须舍弃，而只能在另文中展开了。

接下来的结论就是：

第一，就哲思主体不断追求理性批判特别是自我反思来说，可以预设一个无限行进中的理性主体。就这个理性主体保持自我反思和永远处于尚未达到掌握了绝对真理而言的，并非意识形态的制造者，同时这个主体也就不是意识形态性的。但如果断定所有人都能通过启蒙成为掌握住真理的理性主体，都可以被真理武装起来成为合格的主体，那这就是十足的意识形态——在这个意义上，缺乏自我反思、掌握了绝对真理的理性主体就是意识形态的造物。

第二，既然无法使得所有人都能成为掌握了真理并由此只会训导别人而不自我反思的理性主体，那接下来的结论必然就是，处在被启蒙中的民众必然处于意识形态的支配之中。如果认为民众由于接受他人的教化无法保持自我反思状态就认定他们的意识形态性质，那这样的意识形态就是必需的，是无法彻底消除也不能彻底消除的。因为这是维系共同体生活的一个必要部分。共同体生活的维持必须解构某种或某些神谕、意识形态假定与框架。彻底的启蒙必定会解构这些神谕、意识形态假定与框架，从而使民众暴露在质疑一切意义的虚无主义困境之中，消解共同体生活的共同基础。所以，彻底消除意识形态的思想与做法本身恰恰就是最疯狂的意识形态。把所有人的思想都变成完全由科学支配的，是近代启蒙的妄想，也是十分有害的欺骗，或者说，这个想法本身就是十足的意识形态。

第三，柏拉图式的哲学启蒙给民众和哲人都留出了各自的自由空间，在这个空间内，在互不妨碍的前提下，各自都可以追求自己的非意识形态价值与意识形态价值。哲人可以在民众不参与的层面上说出真话——当然需要一定的修辞艺术，要在某些场合用所谓"隐微的言辞"而不是"显白的言辞"去表达。在这种表达中，那些危害共同体律法秩序，以及自己还在探寻、自己也把握不准、无法作为普遍无疑的知识传授给他人的思想，是不能轻易地作为普遍知识启蒙给民众的。动不动就自以为掌握了真理，剩下的事只是向他人传播，由他人接受，而不反省自己的思想是否真的那么确切无疑，那不但是颇具欺骗性的意识形态，而且还可能陷入可怕的疯狂与残酷，引发社会不良后果。对民众的启蒙必须审慎，要考虑知识、思想是否真实有效，要考虑接收者的状况以及社会效果如何。在某些情况下，民众也可以在有益于共同体律法秩序的前提下接受一定的意识形态，即虽经不起哲学理性的质疑、批判但却为共同体律法秩序所必需的思想体系。

第四，问题不在于意识形态的有无，就像葛兰西所说的，问题的关键是在于意识形态的水平。问题的关键不是所有人都科学化，而是先进思想依靠传播变成民众的无意识。也就是说，关键是变成意识形态的思想是先进的还是落后的。要把先进的思想变成意识形态，而不是把落后的思想变成意识形态。

第五，独白式的哲思主体仅仅在个体的意义上有益，如果把它普遍化至所有民众身上，不但最终无法做到，而且更糟糕的是因此将会导致对社会共同体的漠视，对他人的不关心。结果，这种独白主体的超然状态却可能对于良好社会秩序维系的改革有害。

第六，当然，这不是主张不讲科学意义上的是非，更不是无视是非，只关注利益及其交换，而只是不要只在众人皆睡我独醒的意义上，立足于哲思主体讲个人意义上的是非，要在社会共同体意义上关注社会的大是大非。

第七，根据对启蒙的这种重新认知，本文第二部分中所说的第一、第二层次上的现代自我"主体"，以及建构在其基础之上的各种主体主义思想，在维系社会必需的既定秩序的范围内也具有一定的正当性和合理性。这不仅是由于它的不可消除性，更是因为它对社会共同生活所起的创造性、维系性作用。对它的批判应保持一个历史主义的尺度和空间，不顾一切的单纯批判可能会导致有利于被批判对象却不利于本欲为之辩护的对象的悖谬地步——在我看来，西方马克思主义的不少批判理论最后就走入了这样的尴尬境地。

"辩证法"的再启蒙:《启蒙辩证法》的辩证法观

如果说,跟马克思和浪漫主义相比,《启蒙辩证法》的主题、问题分析的展开更多受惠于尼采,而对问题解决之法的寻求才更多受惠于马克思主义和浪漫主义,那么,这里的"辩证法"显然属于问题解决之法的范围。辩证法是和解主题得以确立所借助的方式方法,更是和解方略得以实现的方式方法。于是,被尼采贬斥的"辩证法",却受到霍克海默与阿多诺的高度肯定和赞扬。《启蒙辩证法》通过揭示启蒙的情感根基而对西方启蒙的反思或再启蒙,虽没有延伸到辩证法问题上来,没有导致对辩证法的进一步反思,却引发了对黑格尔—马克思辩证法的继承和发挥。《启蒙辩证法》对"启蒙"和"辩证法"这两个基本概念截然不同的态度,形成一种直接的对比和反差。"辩证法"何以获得如此待遇？

一、尼采对辩证法的启蒙（批判）

《启蒙辩证法》高度评价尼采，认为"尼采本人，就是自黑格尔以来能够认识到启蒙辩证法的少数思想家之一。正是尼采，揭示了启蒙与统治之间的矛盾关系"①。启蒙的情感根基、启蒙的欺骗性、启蒙的工具性、启蒙本身具有的压制他者生命的普遍性力量，以及其中孕育的虚无主义力量，尼采都有所揭示。这是启蒙本身具有的辩证性的突出表现，是启蒙辩证法的展示。在这里，"辩证法"是一个十足的肯定性概念，具有明显的正面意义。霍克海默、阿多诺用"辩证法"一词表达对尼采的这种肯定，尼采想必不会接受。因为这与尼采对"辩证法"的态度迥然不同。

尼采不但是传统形而上学的坚定批评者，也是辩证法的批评者。"形而上学"与"辩证法"的对立在尼采这里并没有造成否定一个势必就肯定另一个的结果。作为柏拉图主义的传统形而上学之所以受到尼采的批评，是因为，它把一种神圣的简单注入对复杂世界的解释之中，认定世界是一种真与假、善与恶、美与丑的简单二分的世界。尼采靠这种简单二分，塑造出一个至纯的形而上世界。这个世界作为一种虚幻的想象，

---

① ［德］霍克海默、阿多诺：《启蒙辩证法》，渠敬东、曹卫东译，45 页，上海，上海人民出版社，2003。

反映了缔造者内心对巨大、复杂、无法避免悲苦、顽强地指向强盛和崇高的世界的惧怕，或者对达致这种世界的无能为力。无力达致、无力持有，才导致了人们对至纯世界一步到位式、想象式的期盼和拥有，以及对能达到的那些东西的高度认同，或是对达不到的那些东西的惧怕。"形而上学"标志着对现实、复杂世界的单纯想象和再创造，标志着自己意志的弱小无力，标志着做出这种想象的主体的不自然和非现实性。

拒斥了传统形而上学，并不意味着肯定作为"形而上学"对立面的"辩证法"。相反，尼采把"辩证法"视为一种苏格拉底理性文化的东西，一种跟"形而上学"一样迎合底层民众、营造平庸性、远离高贵性的东西，一种工具性的东西，没有高贵、强大意志的东西；也就是一种建立在日神基础上，排除酒神精神，与走向了审美苏格拉底主义的欧里庇得斯戏剧（其"理解然后美"与苏格拉底的"知识即美德"彼此呼应）相一致的理性主义方法。这种"辩证法"相信"只要万物的唯一支配者和统治者'理性'尚被排斥在艺术创作活动之外，万物就始终处于混乱的原始混沌状态"，并由此力图以"清醒者"身份谴责"醉醺醺"诗人的立场。尼采在《偶像的黄昏》中谈到，理性成了本能、无意识的对立面，绝对的理性走向了对生命的抵制和反抗，希腊由此走向了颓废。"随着苏格拉底，希腊人的鉴赏力骤然转向偏爱辩证法：这里究竟出了什么事？首先，一种高贵的鉴赏力被战胜了；随着辩证法，小民崛起。在苏格拉底之前，在上流社会，辩证的风格是被人拒绝的：它们被视为低劣的风格，是出乖露丑。……一个人只是在别无他法时，才选择辩证法。……在苏格拉底那里，辩证法只是复仇的一个形式?"①苏格拉底—柏拉图—辩证论者就代表着小民、平民的鉴赏力和精神，代表着高贵品位的降低，崇高精神的泯灭。在此书的另一段话里，尼采写道："辩证法的胜利意味着庶民（plèbe）的胜利……辩证法仅仅是那些绝望者手中的自卫手段；一个人必须要强行获得自己本身的权，否则，他不会求助于辩证法……犹太人是辩证论者，苏格拉底也是。"②显然，辩证法在尼采的眼里是退化的标志，是从高贵退化到平俗，意志力从强劲退化为一般甚至低下的标志，象征着"古老的雅典天数已尽"③。

为什么呢?

按照尼采的逻辑，是因为"辩证法"在营造一种严密秩序的世界，没有危险、没有意外、异常保险的世界。这个世界是内心焦虑和恐惧着的弱者们所希求的，是不自然的、不高贵的，喻示着平庸、逃避、自我安慰和推卸责任。"整个希腊思维诉诸理性的狂热，透露出一种困境。人们陷于危险，人们只有一个选择：要么毁灭，要么——荒谬地理性……从柏拉图开始，希腊哲学家们的道德主义局限于病态；而他们对辩证法的重视同样如此。理性＝德行＝幸福，这仅仅意味着：人们必须效仿苏格拉底，制造一种持续的日光，——理性的日光，以对抗蒙昧的欲望。人们必须不惜任何代价地聪明，清醒，明白：对于本能和无意识的任何

---

① ［德］尼采：《偶像的黄昏》，卫茂平译，47～48 页，上海，华东师范大学出版社，2007。
② 同上书，50 页。
③ 同上书，51 页。

让步，都会导致没落……"①于是，奉理性为神明的辩证法所营造的世界，就是一个形而上学的密不透风的世界。它只要阿波罗元素（理性），不要狄俄尼索斯元素，"辩证法是美德常用的手艺，因为它排除了对智力的一切损害，排除了一切感情冲动"②，并以此去追求必然性、按部就班、水到渠成，追求建立一个稳固、坚实的系统和程序，来保证希冀的安全与其他价值。所以尼采总是在问："高级的理性在多大的程度上是走向毁灭的种族的症状，是生命的贫困化。"③对程度的探究导致对贫困化的判定是确定无疑的。在这里，"辩证法"与"形而上学"凝聚在一起。尼采对辩证法的这种批评深刻地影响了霍克海默与阿多诺，使他们意识到，这样的一个世界是一个物化、异化的世界，是阻碍自由和解放而不是通向自由与解放的"被管理的世界"。只是，霍克海默与阿多诺没有把这种对辩证法的规定看作"辩证法"的永恒规定，而只是"辩证法"的自我蒙蔽和异化。启蒙、辩证法具有足够的力量自我和解、自我反省，把自身中蕴含着的那些反思性力量调动起来，克服自身，推动自身，使辩证法走向对物化世界的反思和冲破中去，使辩证法能自我翻身，能通过自否定改变和调整自身，使自身继续通向自由和解放。

显然，在尼采的眼里，苏格拉底开启的那种辩证法是造就柏拉图式形而上学的工具和中介，与传统形而上学存在相互对应、相互支持的协

---

① ［德］尼采：《偶像的黄昏》，卫茂平译，52 页，上海，华东师范大学出版社，2007。

② ［德］尼采：《重估一切价值》，林笳译，505～506 页，上海，华东师范大学出版社，2013。

③ 同上书，507 页。

调性关系。辩证法与形而上学不是对立关系，而是相互呼应的关系。在这方面，辩证法与形而上学是相通的，并不对立。如果说，在尼采那里，传统形而上学是一种虚构，是出于恐惧而无力应对现实的挑战才采用的一种虚幻妄想，那辩证法也是无力的象征，是支持和促成形而上学的东西。辩证法是一种看重理性、把理性捧上天的苏格拉底主义，是一种直通工具理性的东西，是一种工具性、手段性的东西，不是高尚的东西。这是尼采对辩证法的第一个批评。

跟我们熟悉的辩证法与形而上学的二元对立相比，这种批评显得有些独树一帜。不过对于尼采来说，这的确不算什么。在尼采的眼里，广受推崇的崇高与被贬斥的低级存在是被隐秘地联系在一起的，甚至本质上一样，没有什么奇怪。在《善恶的彼岸》的一开头，他就提出："甚至有可能，这些令人尊敬的善的事物之所以具有价值，正是因为他们与那些恶的、看似与其相反的东西之间的隐秘联系，两者结合在一起，纠缠在一起——也许甚至他们本质上就是一样。"①由此，尼采主张，在二元对立中选择其一的做法是没有意义的，因为两者从哲学上看其实是一回事；两者从根本上共享着一些基础性前提，并被这些前提纠缠、构建为同一种东西的两面，沿着一个肯定能找到另一个。

尼采对辩证法的第二个批评，是针对近代德国的辩证法传统而言的。近代辩证法追求的自由，那种自康德开始就被界定为直接对立于自然的自由，被尼采视为一种形而上学的虚构。康德把遵循因果必然律的

---

① ［德］尼采：《善与恶的彼岸》，梁余晶等译，5 页，北京，光明日报出版社，2007。

人视为现象界的人，而把遵从自由的人视为本体界的人。现象界的人在认识论范围内把握不到物自身（自在之物）——那是神的能力才能达到的事。而自由的人在实践哲学的层面上本身就是一种物自身（自在之物）的规定。从这一原则出发，康德高度肯定自由，贬低自然。他认为自由个体是一种超验存在，一种超越了自然的因果律之上的、仅仅从自我出发的存在。可以说，康德不但认识到了自由与自然的截然区别，认为两个领域的法则互不干预，"因为自然概念对于通过自由概念的立法没有影响，正如自由概念也不干扰自然的立法一样"；而且进一步认为自由高于自然，"前者（自然概念—引者）不能对后者（自由概念—引者）发生任何影响"，而"后者应当对前者有某种影响，也就是自由概念应当使通过它的规律所提出的目的在感官世界中成为现实"。[①] 在康德的实践哲学意义上，自由的人是一种物自体的存在，甚至在实践哲学中就是一种物自体！作为物自体的人显然是人的本质，远远高于作为现象的人。在尼采看来，康德关于自由与自然的截然二分仍然是不折不扣的形而上学，康德那作为物自体的自由人仍然是个虚幻的上帝，一个根植于惧怕而想象出来的、与基督教大众柏拉图主义契合的"上帝"，是一个概念木乃伊。他批评传统形而上学在不断制造类似的概念木乃伊。把变化多端、充满生命的涌动、绚丽多彩的世界，解释成僵化、恒久不变的木乃伊，这是最受崇拜和最危险的偶像。"统一""主体"以及近代以来的"自由"等都是类似的东西。否定感性、个别、多和变，就是柏拉图主义形而上学的主旨。要做"哲学家"，就是要走进一个木乃伊的世界。尼采要关注的

---

① ［德］康德：《判断力批判》，邓晓芒译，9、10 页，北京，人民出版社，2002。

是生成、流逝、变化，他说："赫拉克利特在这点上将永远是对的；即存在(Sein)是个空洞的虚构。'虚假的'世界是唯一的世界；'真实的世界'仅仅是胡编的……"①

尼采认为这个本体世界是违背自然的，无法在大地上立足的虚幻怪物，虽然被贴上自因、最高、本体等标签，被说成真正存在的世界、彼岸世界，但实际上终究是个虚假的、虚无的世界，是颓废和狡猾、衰败的象征。只有自然和合乎自然的存在才是有生命力的，自然是人的生命的根基。不会铁定支持人的自然是生生不息的力量世界，这种力量与斗争、实验、磨炼、风险、创新、孤独等品质联系在一起。自然以人难以企及的盛大、人难以驾驭和非道德的力量为人的存在和发展提供了根基。要存在，就得推崇斗争、磨炼、风险、实验和创造，以确保活力。但是基督教、传统形而上学却推崇相反的东西，这说明他们是满怀恐惧的，所以拼命追求生命世界背后的那个虚幻的本质世界，想一劳永逸地委身于跟自然完全不一样的彼岸世界。但人们想要挣脱大自然的约束和限制，终归会失败。就像汪希达所总结的："自然的力量在人类的面前永远占据着绝对的优势地位。"②"自然既然是狄俄尼索斯式的不断创造和毁灭的力量，它就只能采取一种不追求任何外在目标和终结状态的存在方式，这种存在方式就是没有意义的目标的永恒复归。"③

---

① ［德］尼采：《偶像的黄昏》，卫茂平译，56页，上海，华东师范大学出版社，2007。

② 汪希达：《历史的命运与希望：马克思与尼采的历史观》，114页，博士学位论文中山大学，2015。

③ 同上书，112页。

二、辩证法与进步固定联系的断裂：以尼采改造马克思、卢卡奇

缺乏自然根基的自由再高大上也是虚妄的。只有以自然为根基、具有现实基础的自由才具有起码的现实性。的确，恰如罗伯特·瑞斯艾所言，对于尼采，"作为启蒙运动之出发点的对于自由的承诺——摆脱迷信、以绝对的意志自由为基础的主人和自然的拥有者一样自由行动——现在消逝于一种无所不包的自然本性之中，对于这种本性来说，意志的自由仅仅是一种迷信，而主宰与自我暴政不可分离。在尼采哲学揭露了启蒙运动的某些哲学观中的悲剧性的缺陷，并驱迫我们原路折回，以找到走出怪兽之洞穴的出路：寻求光明"①。

尼采试图解释启蒙的内在矛盾以推进和拯救启蒙的立场被《启蒙辩证法》继承了，但霍克海默与阿多诺绝不同意尼采对"辩证法"的理解。"辩证法"问题涉及该书对西方文明未来的基本判断，涉及对启蒙理性的基本立场。贬斥辩证法的尼采对西方现代文明的前景没有必然的判断，他并不坚信前景必定光明；而赞同辩证法的黑格尔、马克思都相信西方现代文明的光明前景。我们知道，对于马克思而言，辩证法是一种高级和进步的方法，是驱动现代文明前进的力量。无产阶级之所以在资产阶级陷入狭隘的自我利益困境、丧失历史进取心后仍然保持一种历史进步性，除了生产力、生产关系提供的客观基础的奠基之外，就是因为对辩证法的继承和发扬了。用恩格斯的话说："德国人的理论兴趣，只是在

---

① ［美］罗伯特·瑞斯艾：《奴隶，主人，暴君：尼采的自由概念》，见哈佛燕京学社编：《启蒙的反思》，280～281 页，南京，江苏教育出版社，2005。

工人阶级中还没有衰退，继续存在着。……德国的工人运动是德国古典哲学的继承者。"①而德国古典哲学留给工人阶级最重要的理论遗产就是辩证法。恩格斯的这一看法，被卢卡奇在《历史与阶级意识》中大加发挥：资产阶级已经被缺乏批判性的实证主义、不关心总体性的狭隘视野困住了，再没有内在的动力去追求富有批判性和总体性的辩证法了。而批判性和总体性被卢卡奇视为超越资本主义现代性的关键所在。从卢卡奇出发来看，对辩证法的疏远有两个关键表现需要注意，而对于这两个方面，《启蒙辩证法》与卢卡奇的看法一个契合而另一个不契合。

其一，《启蒙辩证法》不喜欢整体，都认为整体是一种压制、消解他者的力量，因为差异、他者共存是生命的象征和保证，所以，追求整体的"辩证法"也势必敌视生命的力量。在这方面，他们与卢卡奇的看法直接相左。如此一来，辩证法在正面意义上成立不是因为总体性，而是下面我们要分析的自否定及其自批判。但这一看法与马克思、尼采、卢卡奇皆不相同。

众所周知，马克思、卢卡奇把对资本主义社会的总体性把握视为自己理论追求的最高目标。尼采也批评资产阶级的狭隘与保守，认定其缺乏长远和宏大的眼光，并由此肯定"'总体性'（Totalität）作为健康和最大的活力；重新发现了行动中的直线与伟大风格；肯定最强有力的本能、生命的本能、统治欲"②。虽然尼采赞同的不是无产阶级，而是意志和能力超群的"超人"，但在抨击作为末人的资产阶级、中产阶级方

---

① 《马克思恩格斯选集》第 4 卷，258 页，北京，人民出版社，2012。

② ［德］尼采：《重估一切价值》，林笳译，732 页，上海，华东师范大学出版社，2013。

面，他与马克思、卢卡奇是一致的。与马克思和卢卡奇推崇的无产阶级一样，尼采推崇的超人也需要甚至更需要宏大、长远的眼光。他极其赞赏扎拉图斯特拉那样的先知"首先从总体上思考历史"①，而不拘泥于细枝末节。

但霍克海默与阿多诺正是在整体性中发现了资本主义的连续性，即一种靠越来越严密的制度保证和加固起来的连续性，因此在卢卡奇看出资本主义的缺陷的地方发现了资本主义的优势。他们把总体性与资本密不透风的制度严密性联通起来，视为一体化的存在体。正因为如此，他们坚决反对辩证法与总体性的内在一致，致力于辩证法与总体性的分割与脱离。在总体性所压抑、边缘化的那些差异、边缘性存在中，才存在着辩证法的希望。辩证法与其说是与总体性内在相关，不如说是与差异、边缘性存在内在相关。在霍克海默与阿多诺的眼里，力求通过总体性掌控的资本，总是力图消解、整合、控制在总体中那些边缘性的存在，使它们丧失自我转而服从整体的需求。因而，在整体中起主导作用的资本，就必然会把系统整体导向自己希望的方向。如果把这个方向解说成所谓必然的"进步"，那这个"进步"充其量只能是资本欲求的、仅适合于它的"进步"，而不是其他力量所希求的"进步"。因而，资本控制的意识形态所声言的"进步"，即被总体性绑架了的"进步"，对于辩证法要保护、依靠的那些力量来说，并不是真实的，反而是虚假的。传统辩证法与进步的必然联系，就势必被《启蒙辩证法》所淡化了，即使并没有被

①　[德]尼采：《重估一切价值》，林笳译，860页，上海，华东师范大学出版社，2013。

完全地否定。只有辩证法的自否定结构被保留下来，成为一种可能驱动"进步"的力量和象征。《启蒙辩证法》继承尼采的是，不再有注定的力量驱动"进步"，真正的"进步"是可能性、风险、创新，在有些情况下是牺牲、经历痛苦和磨难，而不是轻飘飘的享乐、保险，更不是麻痹、故步自封和自以为是。

其二，在资本的逻辑中，风险的承担日益与狭隘的利益能够连在一起，失去了更大的气魄与追求。我们知道，在尼采那里，风险的承担、创新的发生，往往与孤独、痛苦、被误解联系在一起。只有没有历史创造性的平庸者才拼命追求安全、保险、严密和物化的体系。因而，承担风险的能力是创新的象征，是有希望的象征。在尼采眼中，日益寻求密不透风的体系保护的资产阶级不断地丧失掉承担风险的能力，即使还存在，那也是为了小小的利益而存在的，实际上已经失去了魄力。《启蒙辩证法》也常谈到风险，但那是资产阶级为获得丰厚利润所冒的风险："奥德修斯所经历的风险，全都是充满危险的诱惑，会把自我从他的正常发展逻辑中引向歧途。"[①]这不是尼采所谓超人所冒的那种风险。这种风险调动的理性是一种欺骗、狡诈，因而必然驱使这种理性类型的，是一种工具理性："狡诈就是冒险的自我为了维持自身而丧失自身的手段。"[②]欺骗、狡诈，显然，霍克海默与阿多诺把奥德修斯当作资产阶级的自我看待和解释了。他的理性是为了获取利益。为了这种利益的获取，主体竟然要置对方于死地！所以，"那个敢于冒险的英雄，也将自

---

① ［德］霍克海默、阿多诺：《启蒙辩证法》，渠敬东、曹卫东译，48页，上海，上海人民出版社，2003。

② 同上书，49页。

身展现为一种资产阶级个体的原型，一种源自于自始至终自我确认的观念，然而，这种自我确认也具有它的古代模式，这就是我们的主人公不得不四海游荡的形象"①。荷马世界是一个"显现了规范理性的成就"，一个"彻底砸碎了神话"的世界。"充满着航海人和商人的气息"②，充满着许多资产阶级满世界渴望发家致富的气息。

追求整体，丧失创新的勇气与能力，辩证法就可能与整体体系的控制、与系统日益严密的制度化运作联系在一起。卢卡奇、尼采分别对总体性、风险性的推崇，提醒着霍克海默与阿多诺，辩证法要对非概念性、个别性和特殊性的存在高度关注，对日益严密的资本体系吞噬一切的强力保持高度警惕。只有在这种高度关注和警惕中，辩证法才有光明的未来。对马克思、尼采、卢卡奇的整合，使得霍克海默与阿多诺，为了保持辩证法的批判潜力和创造性潜力，放弃了启蒙理性必然导致进步的信念，也就是放弃了启蒙理性注定会导致进步的"必然性"特质，转而把这种必然性转换为可能性。即便是再现实的可能性，也是可能性，而不再是注定会怎样的必然性。马克思坚信无产阶级推进世界历史是必然的，无产阶级必将取代曾经起进步作用的资产阶级，继续在世界历史上有所作为，"无产阶级由于其本身的存在必然在历史上有些什么作为"③。无产阶级在这个意义上是一个世界历史意义上的存在，而且，

---

① ［德］霍克海默、阿多诺：《启蒙辩证法》，渠敬东、曹卫东译，44 页，上海，上海人民出版社，2003。

② 同上书，45 页。

③ 《马克思恩格斯全集》第 2 卷，45 页，北京，人民出版社，1957。

"无产阶级只有在世界历史意义上才能存在"①。而尼采相信超人改造未来世界只是可能的，不是必然的。在尼采的眼里，哲人不能改变世界，只能改变自己，不能拯救世界，只能拯救自己。既不能改变、拯救他人，也不能被他人改变、拯救，提供改变自己和拯救自己，树立典范，引导人们。"这就是尼采的教诲，关乎自己的教诲，关于自己的哲学。"②《启蒙辩证法》显然更接近尼采的立场，把希望跟一种可能性（尽管这是一种很大的可能性）关联在一起，而与必然、注定的立场（无论是必然被拯救还是必然堕落）疏远了。

三、辩证法的再启蒙：自否性与和解

《启蒙辩证法》所理解的"辩证法"的含义是什么？

黑格尔的辩证法是指依赖于两个同等有效和对立的要素，每个要素都被扬弃，既被毁灭又被保留，并被提升到了一个更大的整体之中。这两个相互依赖、同等有效和对立的要素，并不是你死我活的关系，而往往相互牵制、同等有效、一同产生、一同消失，它们在很多情况下和谐共存，最后达求一种融合新生的关系。

尼采虽不喜欢辩证法，不推崇和解，但是，正如丽贝卡·S. 皮里所说，他处处在用很多人认定就是辩证法模式的二元论、二元对立。

① 《马克思恩格斯选集》第 1 卷，166 页，北京，人民出版社，2012。
② 赵广明：《尼采的启示》，104 页，北京，社会科学文献出版社，2012。

"他以前所未有的方式采纳了二元论、两两对立的原则。"①尼采认为人类共享一个自然世界，然后创造一个价值世界。"这一共享的自然世界不仅呈现为两种必然相互联系的人类形式（男性的和女性的），而且无处不是二元论的（赫拉克利特的逻各斯）。也许，除性别的二元对立之外，尼采最终想要强调的二元对立，是真理与谎言、肯定与否定、创造与破坏的二元对立。"②虽然尼采自己肯定不会认为这就是某种模式的辩证法，但的确是我们常见的那种辩证法。这种从赫拉克利特那里继承来的二元对立观，跟逻各斯密切相关：逻各斯"通常被认为是世界的固有原因；宇宙秩序的原理；无处不在、统领自然的有效原则；隐含于宇宙之中、赋予宇宙以形式和意义的理性或原因；浩瀚、神圣的计划和进程。而人的大脑，人的推理能力，是这种自然计划和进程的一部分。逻各斯是终极的创造力，宇宙的原则，是神圣的或像上帝似的"③。这意味着，尼采认定自然世界里存在着一种可以用二元对立模式来表达的力量，并且这种力量是一种自然、客观的逻各斯法则，具有不可抗拒的约束性作用。这样的看法非常类似于我们一般所谓的"辩证法"观点，虽然尼采本人不会认为这就是"辩证法"。不过，即便依据尼采本人的"辩证法"印象，他有时也表达一种对辩证法的好感。如在《瞧，这个人》中谈到自己被病痛折磨时，他就对辩证法表达了好感："在这痛苦中，我仍然具有辩证学家清醒的头脑，极其冷静地去思考许多事情"，比在健康时更有

---

① ［美］丽贝卡·S. 皮里：《尼采在二十一世纪的影响》，王爱松译，159 页，哈尔滨，黑龙江教育出版社，2015。

② 同上书，211～212 页。

③ 同上书，251 页。

毅力、周全和冷静。他自己也说这跟他平时对辩证法的消极看法很不一致。①

我们可以认为，尼采挑战和反感的是那种在二元对立框架中选择一个方面是具有真理性以及坚实根基、合乎理性标准的传统"形而上学"观点（即使采取了"辩证"的方式）。他看到，有根基和无根基的论述，其实也一样是没有根基的，因为所谓"根基"根本就不能成立。同理，合乎理性的论证与不合乎理性的论证，也是一样的。因为有理性的论证背后隐藏着一种更低劣的非理性情感：恐惧、焦虑。所以，在传统二元结构中选择其一加以肯定，选择另一个予以否定的做法，是没有任何道理的。尼采的选择是肯定二元框架的一般价值，再补充上"除了二元框架之外，还有更多的论证可能性"。但在更多的可能性论证之中，还是存在好坏之分的。

正如理查德·J. 伯恩斯坦所言，尼采的批判存在两个阶段的策略：第一，质疑哲学对基础和理性论证的寻求；第二，挑战非此即彼的思维方式，不是只存在严肃的、具有理性基础的论证和相对主义的意见，而是存在多种风格和视角的论证，只要能促进增强生命、健康和高贵就是好的。传统思考方式要被抛弃，"取而代之的是坦率认识到不存在比想象性和诗性再描述更根本的东西。或者用尼采自己的话说：我们需要发明并尝试多重风格与视角，以便显示哪些虚构具有创造性并能增强生命，而哪些具有毁灭性并且是危险的自我欺骗"②。正是在尼采予以保

---

① 参见[德]尼采：《瞧，这个人》，黄敬甫、李柳明译，7～8页，北京，团结出版社，2006。

② [美]理查德·J. 伯恩斯坦：《根本恶》，王钦、朱康译，142页，南京，译林出版社，2015。

留的这种二元对立框架和在此基础上进一步拓展的多种相互竞争的解释论证方案中，存在着被霍克海默、阿多诺肯定的那种辩证法：在无法根绝的二元对立框架中，在更多的多元对立中谋求转换和可能；而且，这种二（多）元结构孕育着反讽和矛盾，也可能孕育着生机和力量。辩证法不是在二元对立中肯定其一否定其二，而是在二元结构框架以及更大更复杂的多元框架中寻求反讽、矛盾与和解。

同时，尼采也坚决反对康德"物自体"那样的能够独立于事物之外的神秘存在。他认为，事物都是相互联系的，处于相互联系之外的"存在"只有康德的"物自体"。可那东西根本就不存在。在这个意义上，尼采也跟我们熟悉的坚持事物都相互联系的辩证法观点十分一致。但这都不是判断尼采辩证法观的依据，因为尼采并不这么看待"辩证法"。

总体而论，黑格尔那种由矛盾推动的不断"进步"在尼采的眼里是一种缺乏自然根基的幻象。由工具理性推动的这个过程，最终会导致稳定、保险、舒适、安全、按部就班甚至密不透风的体系。这是那种指望有一种万物归一的统筹性力量单一地控制整个世界的一神教意识形态必然导致的结局。这个结局的出现意味着充满形而上学想象的虚妄性和卑劣性的出现。它所期盼的"进步"于是就被尼采视为中产阶级缺乏强大意志和能力的平庸，是退化和颓废，是"超人"反思和走向另一种强力意志开启的新文明的开始。就像罗伯特·瑞斯艾所认为的，面对现代性困境，尼采的解决方案不是和解，而是宇宙的"向着同一物的永恒回归"对

"个人的命运之爱"（the personal amorfati）的悲剧性的投降。①

在失去与必然进步的固定联系，失去整体性的追求后，霍克海默、阿多诺希求的辩证法更富有自我批判精神，更富有自否定的动力。所以，虽然他们接受了黑格尔—马克思的辩证法，但并非完全接受，而是有所不同和保留。这种不同的突出表现就是对进步原则的放弃，把自否定导致的蜕化纳入历史进步的进程之中，把一眼望见的光明未来推至闪烁着希望之星的遥远"远方"，这是被尼采的观点的影响所致的。在尼采那里，对这种精神的接受和引入，意味着永恒轮回原则的到来。永恒轮回则预示着，进步与蜕化是在一个文化进化史中发生的事情，没有永恒的进步，也没有永恒的蜕化，在一个更大的视域内，只有进步与蜕化的相互交织和替代。能够对这种局面进行挑战的"超人"，凭借自然赋予的强大意志力量，进行文化的创造和努力。比起凭借历史必然性完成其历史担当、做出其历史作为的"无产阶级"，尼采的"超人"更具有英雄的气质。

霍克海默与阿多诺虽然深受尼采现代性批判的影响，极力把尼采对中产阶级的批判与马克思对资本的批判融合起来，但在对问题的最终解决之法、问题解决所依靠的方法、最终期望的社会状态等方面，他们拒绝了尼采的立场，拥抱了马克思的立场。肯定辩证法，推崇和解原则，对自否定的正面解释，都是明证。

马克思、黑格尔对辩证法的高度肯定自不必说。霍克海默、阿多诺对

---

① 参见［美］罗伯特·瑞斯艾：《奴隶，主人，暴君：尼采的自由概念》，见哈佛燕京学社编：《启蒙的反思》，273 页，南京，江苏教育出版社，2005。

他们的继承不只是体现在对辩证法的肯定，更表现在对作为辩证法核心原则的自否性的高度重视上。在《启蒙辩证法》中，辩证法的正面意义如何成立是个关键问题。辩证法势必不能是追求整体的理论与方法了。卢卡奇对辩证法的理解注定不能被《启蒙辩证法》所继承，必须开辟新的理解之路来确定辩证法的本质所在。这个本质就是自否定。自否定促使辩证法能够自我批判、自我反思、自我调整，使辩证法自身拥有一种内在的张力，凭借这种张力，辩证法能够自我运作出内在的力量，保证自身步入希望和光明之境。甚至可以说，辩证法就是一种合理的张力结构及其维持。只有通过这种张力结构及其维持，事物的运行才能在一个不至于坠入黑暗、极端的状态、情境中保持一种良性状态，预示一种希望和光明的未来。

自否性是辩证法的根本特征。追求自由，获得的却是被统治，但又不会完全陷入被统治。追求高尚，实际却充斥着卑怯和虚妄，但又仍然存在着向往高尚的动力结构。《启蒙辩证法》中充满着这种自否定。喻示着理性的启蒙萌发于希腊神话，古老神话中就存在着凭靠理性（狡诈、欺骗）迈向成功的奥德修斯形象，在神话中就有启蒙，而神化理性的启蒙发展到现代已经成为一种神话。本是"要使人们摆脱恐惧"的启蒙，最后却沦为"彻底而又神秘的焦虑"[1]；启蒙本应是要让人树立自主，赢得自由，"被彻底启蒙的世界却笼罩在一片因胜利而招致的灾难之中"[2]；启蒙本是带来理性和科学，但"启蒙在为现实社会服务的过程中，逐步转变成为对大众的彻头彻尾的欺骗"[3]。甚至一向本被视为聪明的奥德

---

① ［德］霍克海默、阿多诺：《启蒙辩证法》，渠敬东、曹卫东译，第 1、13 页。

② 同上书，1 页。

③ 同上书，40 页。

修斯，也变得愚蠢："奥德修斯，这个绝顶聪明人，不仅采取了一种愚蠢的形式，而且一旦他放弃了这种形式，他的狡诈就会变成一种愚蠢。这就是雄辩的辩证法。"①充斥着自否定的启蒙，既凸显出启蒙本身的悖谬，也显示出启蒙内在的力量。

显然，在这里，我们不能把自否性理解为毫无希望的既成死局。自否定不是对已然状态的描述，而是对一种正在进行的、可能变成困局的辩证过程的描述，是一种尚未结束、尚未定型的变动态势的忧虑与批判。通过这种忧虑和批判，言说主体欲表达一种改变、调整所担忧态势与方向的期望，给正在变动着的过程注入一种反向的力量，使之启动一个不同的变动系列，并朝着自己希望的方向发力。这本身就是一个辩证之法，本身就是辩证法的推动力。我们必须以这样的态度理解霍克海默、阿多诺所说的启蒙已堕落为神话，"启蒙在为现实社会服务的过程中，逐步转变成为对大众的彻头彻尾的欺骗"，把它理解为对两位作者所担忧的可怕状态的忧虑、反思、反制、批判，理解为纠正这种可能状况的开始。一句话，这本身就是反对、纠正这一状态的启动仪式，是反抗迈出的第一步。就像霍克海默在回应马尔库塞建议《启蒙辩证法》第一章写得不要那么悲观时所解释的，"第一章中完成的毫不妥协的分析，本身就是对理性思想（rational intelligence）的积极作用的一种更有效的肯定，这比为了淡化对传统逻辑及其相关哲学的攻击所能做的任何辩护都更有效"②。施密特对此也曾指出："只有通过对启蒙运动的历史演变

---

① ［德］霍克海默、阿多诺：《启蒙辩证法》，渠敬东、曹卫东译，第 69 页。
② 参见［德］罗尔夫·维格豪斯：《法兰克福学派：历史、理论及政治影响》，孟登迎等译，425～426 页，上海，上海人民出版社，2010。

进行一个无情的'否定主义'的批评，才有可能赎回启蒙运动'过去的希望'。"①这就是启蒙辩证法的奥义之一。

自否定不仅使自由坠入被统治的危险，也使被统治局面中的自由希望更加顽强。在这个意义上，自否定使辩证法能够自我调整，能够在临近悬崖时折返到富有希望之路上来。虽然自否定没有像在黑格尔的理论中那样注定会成为积极的力量，但霍克海默、阿多诺眼里的自否定不是死结，而是能够开启启蒙和希望的结构与力量，是提醒、引起满怀自由与解放追求的人们注意的东西，是一种可能引发觉醒、反思已有习惯之路是否出了问题的象征。自否定不再是注定无解的矛盾，而是防止继续自悖谬下去的转折时刻，至少是探寻求解某种程度的自否定、由此寻求光明之道的起点。由此，自否定作为一个陷入僵局甚至自悖谬的荒谬象征，不再像在黑格尔理论中注定获得求解，而是一种走向螺旋式发展的起点，也不再是注定无解、使历史走入死角的悲悯局面，而是一种自我反思、觉醒、改变、转折并可能获得解局之法的关键时刻，是在希望决定论和悲观决定论之间寻求突破点的不懈努力。而这是从马克思和尼采那里继承来的。它处于马克思赋予的历史必然性和尼采持有的历史可能性之间，既没有完全导向马克思，也没有完全导向尼采。在马克思和尼采之间，霍克海默、阿多诺给启蒙辩证法规定了足够的历史空间，一个希望仍然存在、自否定能够挽回、理性仍然能够自我反思的历史空间。

得益于启蒙内在的自否定力量，《启蒙辩证法》没有断定启蒙走到两

---

① ［美］詹姆斯·施密特编：《启蒙运动与现代性》，徐向东、卢华萍译，导论 25 页，上海人民出版社，2005。

极对立你死我活的荒谬地步，而是回到了黑格尔的和解精神和原则。根据伊丽莎白·罗莎的看法，黑格尔早期就开始主张和解观念，而不仅仅在晚期才把这一思想当作欧洲文化的最重要标志。① 在图宾根时期，他就试图把和解原理确定为欧洲的特有。和解与不和解被他看作犹太文化与基督教文化的基本区别。和解被看作真实的基督教信仰和完满的善的标志。人应该怎样正确行动？黑格尔的回答是，它被看作基督向我们提出的这样一个和解的最崇高的模范。以现实与理念区别为前提的理念与现实的和解对黑格尔的理论来说是决定性的。②

柏林时期，黑格尔把和解看作客观精神向绝对精神过渡的最后因素。和解是精神与自身的和解，精神在发展、分化过程中不断外化自己，然后整合、扬弃所有外化后的存在。作为概念的和解，一并表现为使处于对立中的精神一致起来的因素。但这种一致最终只有通过个体才能实现。"这样，和解对于现代的个体就构成了行为举止的样板。"如果说，卢梭和康德已确认，紧张和对立，矛盾和对立伴随着欧洲历史，那么"黑格尔观点的新颖之处在于，他描述了一致化的需求，和解的需求，也就是解决对立的欲求，和至少把它描述为与对立同样重要。他已经描绘了扬弃对立的可能性并试图在哲学的结构中阐述它"③。

---

① 参见 Erzsébet Rózsa, "*Versöhnlichkeit*" *als Europäisches Prinzip*, Zu Hegels Versöhnungskonzeption in der Berliner Zeit, in：Michael Quante, Erzsébet Rózsa, (Hrsg.)：*Vermittlung und Versöhnung*, LIT Verlag Münster, 2001, S. 31.

② 参见同上书，S. 32, S. 37.

③ 参见 Erzsébet Rózsa, "*Versöhnlichkeit*" als Europäisches Prinzip, Zu Hegels Versöhnungskonzeption in der Berliner Zeit, in：Michael Quante, Erzsébet Rózsa, (Hrsg.)：*Vermittlung und Versöhnung*, LIT Verlag Münster, 2001, S. 38, S. 42.

但现代的矛盾对立如此明显和尖锐，使得来自古希腊的和谐原则能否在现时代就能实现还是在现代之后重新实现成了一个问题。《启蒙辩证法》也推崇和解，把和解看作西方历史的传统，把不妨碍边缘存在者的和解原则的实现视为最高理想来看待。和解的辩证法，而不是你死我活式的辩证法，才是辩证法的最高理想。它认定，启蒙不是把所有人都改造成真理的占有者和制造者，而是让不可能完全同质化的各类主体达到一种和解。启蒙的辩证法不是一种非此即彼的零和式思维，而是一种达求结构合理和优化的和解。它不见得喜欢和追求以一方的死为代价的另一方的生，可能更追求的是一种多方的和解共存；既包括主体与客体之间的，人与自然之间的，也包括主体各层次之间的关系状态。

为此，它极力批评奥德修斯为了自我生存对他者的利用、欺诈、敌视、消灭，以凸显奥德赛的和解主题及其意义。在霍克海默、阿多诺把奥德修斯的故事解释成了你死我活式的欺诈、狡诈之中，蕴含着对和解的期盼。在对奥德修斯不惜牺牲他者返回故乡的故事叙述中，在把奥德修斯解释成一个现代资产阶级原型甚至就是希特勒的原型的意义上，蕴含着对法西斯主义残忍地对待异样他者的强烈批判。如果说，与《伊利亚特》是战争的史诗不同，而"在某种程度上，《奥德赛》是和平的诗歌"[1]，《奥德赛》呈现出的和解也远不能满足霍克海默、阿多诺的需求。如果我们把和解看作《奥德赛》本来的主题，也是《启蒙辩证法》一书致力

---

① ［法］皮埃尔·维达尔-纳杰：《荷马的世界》，王莹译，33 页，北京，中国人民大学出版社，2007。

于追求的结局，那么，《启蒙辩证法》追求的和解远远高于《奥德赛》所能提供的。拉埃尔特斯与奥德修斯、波塞冬与奥德修斯、相互仇视的伊塔卡人以及宙斯与凡人之间都建立了这样的和解关系①，但奥德修斯具有太多太深的恐惧，也造就了太多的恐怖。成就奥德修斯的理性、算计，与恐怖、恐惧、愤怒等不良品性密切相关。就像伯纳德特说的："奥德修斯算计得越深，他就会变得越恐怖。……不过如此多的证据积累起来，已经足以形成一个冷血的奥德修斯形象，结果人们也许就无法把自言自语的奥德修斯，和那个主要关心自己是否能够免于流放的奥德修斯，联系起来了。"②于是，对奥德修斯来说，从另一种解释的角度来看，"要把愤怒说成理智，仅是一步之遥"③。对他者，特别是不对自己胃口的他者，处于边缘性位置的他者，甚至令自己不舒服的他者，不抱有恐惧的态度，不对之制造恐怖的效果，反而与之保持一种像繁星一样互不妨碍、相互发光照亮他者的"星丛"关系，才是《启蒙辩证法》期盼的和解。

总之，《启蒙辩证法》针对尼采对"辩证法"的反思、启蒙、批评，进

---

① 比如，宙斯对雅典娜所说的，"我等可使他们（被奥德修斯所杀的求婚人的亲人）忘却儿子和兄弟的死亡，互相成为朋友，像从前那样……"（[古希腊]荷马：《奥德赛》第24卷，陈中梅译，484～485行，南京，译林出版社，2003），"帕拉丝·雅典娜让双方永结和好，立发誓盟……"（[古希腊]荷马：《奥德赛》第24卷，陈中梅译，546页，南京，译林出版社，2003）。

② [美]伯纳德特：《弓弦与竖琴——从柏拉图解读〈奥德赛〉》，程志敏译，157～158页，北京，华夏出版社，2003。

③ 同上书，158页。

行了一次再启蒙。这种再启蒙恢复了辩证法的正面含义，力欲凸显辩证法的积极价值。通过自否定、自反思，通过剥离理性与恐惧的关联，通过恢复更高水平的和解，通过剥离辩证法与你死我活式的斗争模式的关联，《启蒙辩证法》促使辩证法与出于恐惧而发生的压抑、扼杀、消灭异在他者的切断联系，并且不再追求虚妄的、缺乏自然根基的形而上学幻相，使得辩证法仍富有批判性的潜力，没有像尼采所言的那样坠入虚妄和工具化的泥淖。与形而上学幻象、工具理性、不良情感（恐惧、焦虑）等关联的切除，虽然身处自否定的漩涡但终究能走出来，保证辩证法最终的自批判效力，挽救辩证法于某种自我蒙蔽和自我否定之中。对此，《启蒙辩证法》提供了一条辩证法的自救之路，呈现了一个成功的自救方案。

《启蒙辩证法》中的三种"辩证法"概念

　　辩证法在发展历程中总会遇到这样那样的问题，只有克服这些问题，它才能获得进一步的发展。质疑基督教、批评资产阶级文化方面与马克思同样尖锐的尼采，在批评苏格拉底文化时也对苏格拉底式辩证法做了尖锐的批评。如何回应尼采的批评，使辩证法回到正面发展的轨道，对于辩证法来说是一个非常重要的问题。霍克海默、阿多诺在《启蒙辩证法》一书中充分展现了法兰克福学派社会批判理论的辩证法观，并在回应尼采批评的基础上使辩证法重新回到马克思的正面发展轨道上。这对于辩证法来说极为重要。本文从《启蒙辩证法》的"辩证法"概念出发，回溯《资本论》，来检思"辩证法"在尼采那里遭遇的问题，以及如何克服这些问题并获得完善。

一、苏格拉底式辩证法的情感基础

"辩证法"在《资本论》和《启蒙辩证法》中都是核心或极重要的概念。作为这样的概念，"辩证法"都体现为一种积极的、正面的东西。一种存在或力量被纳入辩证法之中，经过辩证法的整合与调节，辩证法势必会发挥积极的作用。但不管是在《资本论》时代还是《启蒙辩证法》的时代，"辩证法"都有被误解的"负面形象"。与《资本论》时代"辩证法"被杜林误解为"拐杖"，一种固定、僵化、机械套用的模式，或者马克思在《资本论》二版跋中谈到的叶·瓦·德·罗别尔提责备马克思"形而上学地研究经济学"，辩证法成了一种"形而上学"思维方式类似。① 尼采对辩证法的批评更加尖刻，而《启蒙辩证法》中所讨论的"辩证法"的"负面形象"恰恰就是尼采提供的。跟杜林、叶·瓦·德·罗别尔提相比，尼采的尖刻批评不仅仅在方法的意义上指责辩证法的"形而上学"性，还进一步在内在旨趣上指责辩证法是追求绝对、纯粹的"形而上学"。尼采的指责值得被更加重视。

尼采把辩证法视为低等无能的人才会使用的一种方法和手段，是跟犹太人、平民、密切相关的东西。"苏格拉底，这个迫使人接受辩证法的平民（roturier），就这样战胜了一种高贵的品位，贵族们的品位。辩证法的胜利意味着庶民（plèbe）的胜利。……辩证法仅仅是那些绝望者手中的自为手段；一个人必须要强行获得自己本身的权，否则，他不会

---

① 参见《马克思恩格斯全集》第 44 卷，19 页，北京，人民出版社，2001。

求助于辩证法……犹太人是辩证论者，苏格拉底也是。"①所以，"一个人只是在别无他法时，才选择辩证法。他知道，使用它会引起猜疑，而且它少有说服力。没有什么比一个辩证论者的效应更容易清除了；对每次有人滔滔不绝的集会的体验，都证明了这点。辩证法仅仅是那些不具备任何其他武器之人手中的自卫手段"②。杜林在辩证法问题上类似尼采，但并没有得到尼采的赞成。尼采把杜林看作复仇信徒，跟基督徒一样"如今在德国把道德之鼓擂得极其伤风败俗、令人作呕"，甚至是"天下第一大道德吹鼓手"，是比反犹主义者还要严重的怨恨者。③ 按照这一看法，杜林思想与尼采批评的苏格拉底辩证法一样，出自一种惧怕，并且以道德自居，是典型的无力弱者的状态。

就主流来说，"辩证法"概念在《启蒙辩证法》中是正面、积极的。霍克海默与阿多诺并不赞成尼采对辩证法的批评意见。但他们也很重视尼采的这种意见，并致力于化解、回应它。这种意见表明，辩证法本是苏格拉底的理性文化锻造的一种方法和理论。同更能正面应对人类生命无法彻底避免的，充满焦虑、恐惧、挫折的悲剧文化相比，从苏格拉底伊始的这种理性文化用一种理性主义的方式来应对我们所处的这个复杂世界，相信这个世界是完全由严格的必然秩序规定着的理性主义世界，甚至把意外、偶然视为理性能力不足的表现，认为理性能力的充足必定能

①　[德]尼采：《偶像的黄昏》，卫茂平译，50页，上海，华东师范大学出版社，2007。

②　同上书，48～49页。

③　参见[德]尼采，《论道德的谱系》，周红译，100页，北京，生活·读书·新知三联书店，1992。

呈现和建构起一个严密规整的理性主义世界。用充足的理性来应对生命中不时泛起、无法根除的焦虑、恐惧、挫败，甚至在人文、艺术领域也是如此对待。这使得"辩证法"具有了一个掩盖不了的情感秘密，一个象征着软弱无力的情感秘密：苏格拉底辩证法有个恐惧的基础。

按照尼采的看法，奉理性为神明的苏格拉底式辩证法所营造的世界，就是一个形而上学的密不透风的世界。它只要阿波罗元素（理性），不要狄俄尼索斯元素：（苏格拉底式）"辩证法是美德常用的手艺，因为它排除了对智力的一切损害，排除了一切感情冲动。"①并以此去追求必然性、按部就班、水到渠成，追求建立一个稳固、坚实的系统和程序，来保证希冀的安全与其他价值。所以尼采总是在问："高级的理性在多大的程度上是走向毁灭的种族的症状，是生命的贫困化。"②程度可以探究，导致贫困化的判定却确定无疑。在这里，苏格拉底式"辩证法"与"形而上学"凝聚在一起。

跟我们熟悉的辩证法与形而上学的二元对立相比，这种批评显得有些独树一帜。不过对于尼采来说，这的确不算什么。在尼采的眼里，广受推崇的崇高与被贬斥的低级存在是隐秘地联系在一起的，甚至本质上一样，没有什么奇怪。在《善恶的彼岸》的一开头，他就提出："甚至有可能，这些令人尊敬的善的事物之所以具有价值，正是因为他们与那些恶的、看似与其相反的东西之间的隐秘联系，两者结合在一起，纠缠在

---

① ［德］尼采：《重估一切价值》，林笳译，505～506 页，上海，华东师范大学出版社，2013。

② 同上书，507 页。

一起——也许甚至他们本质上就是一样。”①由此，尼采主张，在二元对立中选择其一的做法是没有意义的，因为两者从哲学上看其实是一回事；两者从根本上共享着一些基础性前提，并被这些前提纠缠、构建为同一种东西的两面，沿着一个肯定能找到另一个。

虽然霍克海默与阿多诺从根本上不同意尼采对“辩证法”的理解，但在《启蒙辩证法》一书的个别地方，霍克海默与阿多诺还是表达了对尼采批评苏格拉底式辩证法的情感基础的赞同。比如该书第一节第一部分即将结束之处，他们指出，由于致力于用一个抽象概念表达一类事物，使得这种表达既保留了对该事物的恰当认知又存在对该事物的粗暴外在规定，或者对该事物本有却不符合概念所蕴含的同一性的那些特质的遮蔽和否定，使得这种概念式规定“都是其所是，同时又向非其所是转化”，由此，霍克海默与阿多诺总是致力于建立一个日益严密的同一性体系的苏格拉底式辩证法在认识事物的同时也难免遮蔽事物。如果说尼采批评这种“辩证法”从苏格拉底开始，霍克海默、阿多诺则进一步从苏格拉底向前追溯到荷马时代，认为“这种形式在荷马史诗中已经有了长足的发展，而在近代实证科学中则达到了登峰造极的程度。而这种辩证法是软弱无力的，因为它是从那种恐惧的嘶喊，以及恐惧本身所带来的二重性和同义性特征中发展起来的”②。由于荷马描述的奥德修斯被界定为“西

---

① ［德］尼采：《善与恶的彼岸》，梁余晶等译，5 页，北京，光明日报出版社，2007。

② ［德］霍克海默、阿多诺：《启蒙辩证法》，渠敬东、曹卫东译，12～13 页，上海，上海人民出版社，2003。

方资产阶级最早的一个原型"①，象征着资产阶级思维方式和价值追求的苏格拉底式辩证法存在恐惧的情感基础。他们孜孜追求建构的严密、安全、稳固的密不透风的同一性体系，就是为了消解被隐匿起来的恐惧、焦虑的。这个体系致力于封闭、安全、无风险，但最后却造成了更大的风险。这是一种辩证的自否定，一种对他所追求的目标的嘲讽和否定，这本身就是一种辩证法的显示。因而，这个被隐匿的情感基础使得这种辩证法的发生、成立、追求速度比较缓慢。这是对尼采观点的进一步推演和使用。

如果辩证法起源于苏格拉底的理性主义文化，那"辩证法"问题便涉及对西方文明未来的基本判断，涉及对启蒙理性的基本立场。《启蒙辩证法》虽然尖锐地批评西方启蒙文化，但绝没有彻底否定它。批评和否定是针对它内在的、必须予以克服的问题，而对这些问题的揭示恰恰是为了认清并克服它，因而，这种（尖锐的）批评和反省本身就是一种理性批判的精神，就是明显的辩证力量之所在。追索辩证法的情感基础，显示辩证法隐含着的情感秘密，对于霍克海默与阿多诺而言，是检思辩证法进一步发展面临的内在问题，希望通过这种检思发现阻碍发展的弊端，克服这些弊端以推动启蒙继续推进，获得良性发展的关键所在。这是辩证法自我发展过程中自我反思、自我批判的力量所在，也是辩证法本身反思和批判精神的内在表现。通过这种反思，辩证法得以保持一种内在自我反思的批判力量，即使没有外在的催促和批评，辩证法也能展

---

① ［德］霍克海默、阿多诺：《启蒙辩证法》，渠敬东、曹卫东译，前言3页，上海，上海人民出版社，2003。

开自我批评，自我发现自身的问题。因而，《启蒙辩证法》中对尼采的辩证法批判思想的引入，不是赞成和采纳尼采的看法，而是化解、克服尼采提出的问题的契机，是以马克思、黑格尔化解尼采的关键步骤。在这里，尼采的辩证法批评构成辩证法内在发展的肥料、靶子、契机和步骤，前提当然是找到回击尼采批评的重要资源。

下述辩证法由于自己的情感基础而可能导致传统形而上学的内在担忧，也是同样道理。

二、防止辩证法沦落为追求绝对的"形而上学"

在尼采对辩证法的理解中，由于存在一个恐惧的基础，苏格拉底式辩证法就是消除恐惧、焦虑的根本手段和工具。按照尼采对基督教的批评，深受焦虑、恐惧煎熬的基督徒，必定强烈、偏执地追求绝对的安全和保险。表现在思维方式上，就是势必追求一种绝对。宗教柏拉图主义是借助无所不知、无所不能的"上帝"来构筑绝对安全和保险的"理想国"，而苏格拉底的理性主义（他的辩证法是其中的一种方法）则借助理性发现的严格、必然的秩序，甚至随着科学的不断发展日益可用严密的数学表达式来描述的必然规律来构筑这样的"理想国"。（苏格拉底式的）辩证法越来越追求一种严密、绝对、纯粹的理性主义系统，与不断生成着、创造着的"现实世界"越来越有差距。跟"现实世界"相比，（苏格拉底式的）辩证法所追求的世界越来越趋近于一个"形而上学"的世界。这样一种追求也就势必导致苏格拉底式辩证法与传统形而上学的一致化，甚至使这种辩证法走向传统形而上学。在这里，传统"形而上学"不仅仅体现为一种思维方式，更是一种片面、绝对、僵化的理论体系。尼采的这种担心引起了霍克海默和阿多诺的深深忧虑。

霍克海默与阿多诺谈到黑格尔成功地把形象转化为抽象符号的辩证法系统，并追求着绝对，破除犹太教禁呼"上帝"之名的禁忌。"启蒙的概念"第二节第四段结束处，苏格拉底式辩证法在这里再一次受到批评反思：它"要把每个形象开显为文字"，即把具体事实用概念替代，并掩饰这种替代行为所隐含着的抽象阴谋。① 在这里，霍克海默和阿多诺强调三点。其一，辩证法由此走向真理："它教导我们从形象的性质去判读对其虚伪的自白，该自白会剥夺其权力，而把它交给真理。"②真理建立在抽象的基础上，建立在统括一切、全盘通吃的基础上。这真理是可以质疑的。这就是说，辩证法由此走向更大的整体、真理，不再拘泥于具体的形象的东西，从而变得更加系统化，变得更向往追求形而上学，由此跟形而上学一致起来。这样的"辩证法"不是"形而上学"的对立面，而可能是交好的一致关系。其二，虽然如此，辩证法的语言不只是符号系统，它仍然关切着符号背后的事物、事件和历史，并试图对之予以把控、统治。它对符号背后的真实存在物的关心是建立在统治、宰制它们的基础上的，也就是只是关心这些存在物是否逃出了自己的掌控，对它们的认知、把握是否合乎宰制它们的目的。那些跟宰制它们无关的性质、方面都不会得到这种辩证法的关切。这种辩证法不会以平等的态度

---

① ［德］霍克海默、阿多诺：《启蒙的辩证》，林宏涛译，48 页，台北，商周出版，2008。

② 同上书，48 页。

对待它们，只会以高高在上的态度规制它们。这样，这种辩证法就内含着一种宰制的冲动，一开始就指向宰制的目标，并千方百计、拐弯抹角地予以实施。其三，这种辩证法仍然在追求一个绝对者、无限者甚至是神秘的不可感知者，不会陷入对具体形象的关切之中，而是脱离开这些具体形象走向绝对、整全、不可感觉的神秘。正是由于用绝对者概括、替代和标示了一切，继承了用一神论的思维模式对待整个世界的这种思维方式，所以，在这里，他们批评黑格尔"最后把整个否定的历程（体系和历史里的全体性）的已知结果规定为绝对者，自己便触犯了诫命，而沉陷在神话里"①。"诫命"是指犹太教对呼唤"上帝"之名的诫命，这意味着人们必须承认自己生存的有限性，一生无限地为上帝救赎倾尽全力。

犹太教建构了一神论的"上帝"，把众多的异质性存在统括在一个"神"名之下，并全部归之于它，开启了对整全、绝对的坚定追求。霍克海默、阿多诺比尼采更加反感这样的统归，认定这样的统归里蕴含着对众多异质性存在生命的否定和扼杀，以及异质性存在权利的被剥夺。痛恨本来应以否定和批判为底色的辩证法却跟这样的神灵整合在一起。他希望使辩证法与这种神灵诉求脱钩，还辩证法以本来的面目，让辩证法走向正道。按照这种理解，黑格尔显然是在被反思和否定批判之列的。因为他重新让辩证法走向了对整全和绝对的追求，让辩证法面临走向极致的危险。黑格尔在此是该受到批评的形象。他呈现出了辩证法太多绝

①　［德］霍克海默、阿多诺：《启蒙的辩证》，林宏涛译，48～49页，台北，商周出版，2008。

对的一面，相信总会有一种力量保证辩证法通过否定走向最终的真理。这种过度、极致的正面性塑造，显然是会导致走向自我否定性的动力和契机。而这种动力和契机反过来证明了辩证法的自我调适功能与力量，靠这种功能和力量，辩证法得以自我调适，向人们展示极端发展的恶果和可能性。当苏格拉底、柏拉图、亚里士多德孕育辩证法的时候，它就面临着走向绝对、整全、纯粹理想的可能性。辩证法对"善"的不断追求既可以被理解为不可能直接达到的对纯粹、绝对的善的永恒追求，永远不可能达到一种极致的状态，也可以理解为它可以通过某种机制达到这种状态。辩证法刚刚在古希腊诞生时的"历史"观念还是地区史和轮回式的，尚没有现代意义上的普遍史的内涵和不断进步的线性特质，所以还没有足够的能力靠历史变迁的积累来达到纯粹、绝对状态的可能。一旦"历史"在现代成为普遍史和线性进步过程，更广阔的空间和时间被整合进来，甚至某种意义上是无限的时空力量被理论地整合进辩证历程中来，这个辩证历程就会获得源源不断的能量和可能性空间。凭借这种能量，利用这种空间，辩证过程就会如虎添翼，获得无数瞬间的爆发，向纯粹、绝对的完美本质所预示出的那种形态靠近。一旦失去内在反思和批判精神，辩证法便可以通过这种普遍史和线性史的现代桥梁，得以穿过幽暗恐怖的本来不可能穿过的荒漠地带，得以成功地登上幸福的彼岸，却开始陷入绝对的迷思之中难以自拔。黑格尔就代表了这种绝对追求的现代版本。

黑格尔的"历史"以及通过历史得以通达的"绝对者"是对犹太教的这种"禁呼"的反叛和否定：它以"直呼"、光明正大的方式宣告对绝对的追求。在这里，霍克海默与阿多诺谈到黑格尔成功把具体形象转化为抽象符号的辩证系统，并走向对绝对者、上帝的追求。黑格尔实际上在有限性和无限性、假神与真神、谎言和真理之间开通了一条漫长的隧道，使得辩证法通往历史的康庄大道。由此，辩证法、绝对者通过"历史"得以勾连起来，从而辩证法对绝对者的追求有了广阔的历史空间。与绝对者的勾连，对绝对、纯粹而且是绝对、纯粹、严密无缝的理性主义的追求，构成"辩证法"一词的再一次负面使用。通过这种使用及其批评，由尼采肇始、霍克海默和阿多诺进一步发挥的对"辩证法"的再一次"釜底抽薪"式的批评被展现无遗。

当人们不得不把这种版本与普鲁士国家相等同之时，青年黑格尔派的警觉和批评是自然的。马克思坚决反对辩证法的这种阐释和运用。他声明，辩证法只能是批判的和革命的，不能指望有朝一日历史能达到完美和绝对的程度，而一旦人们陷入这种幻觉，那就是不折不扣的"形而上学"。所以，不仅是尼采，更早的马克思就已经充分揭示了辩证法的绝对化必然导致传统形而上学：一旦不正确地对待辩证法，它就极易蜕变为形而上学。辩证法与形而上学的融通性，是马克思和尼采都直接、充分地意识到的，并自觉加以提防的。同时，尼采只是更直接、更明确地提出来并归之于苏格拉底理性文化，而霍克海默与阿多诺则进一步把它界定为西方资产阶级文化的起源。

马克思显然坚定地拆除了辩证法与那种绝对整体的关联，把辩证法重新导向一个开放的系统。在这方面最重要的转变，就是把辩证法的关注重点从语言、符号系统，转向语言、符号背后的事物、事件和历史。对马克思来说，符号背后的事物、事件和历史，而不是语言、逻辑、符号，才是辩证法的真实基础。这种唯物主义的存在论变革，导致辩证法的开放性构成马克思唯物辩证法的内在诉求。无论作为叙述方法还是研究方法，马克思的辩证法都对自己力图描述的对象保持永远的开放性。作为自己介入和追求着的辩证过程的记录仪，辩证法对自己的目标也保持这样的开放性。"从最早的辩证法对真理、平等、规则的追求，到马克思和西方马克思主义对现实、自由和解放的不懈追求，都反映了辩证法为达求高远目标而保持的开放性。这种开放性反对禁锢和固化，反对对真理和本质的占有与垄断，反对固步自封和懒惰傲慢。"①就像伯恩哈特·瓦登菲尔斯在《走向一种开放的辩证法》一文中指出的，辩证法的开放性是一种"仍未"，意味着一种面向未来和更高目标的不确定性："整体仍未完全被确定；过程仍未达到其目标，主体和对象或主体和共同主体仍未彼此完全和解而且仍未完美地被实现。"②这种意味马克思在《资本论》二版跋中也有非常明确的说明："因为辩证法在对现存事物的肯定的理解中同时包含对现存事物的否定的理解，即对现存事物的必然灭亡的理解；辩证法对每一种既成的形式都是从不断的运动中，因而也是从它的暂时性方面去理解；辩证法不崇拜任何东西，按其本质来说，它是批判的和革命的。"③

可是，人们却常常放弃辩证法的开放性，把辩证法追求的东西凝固化。最常见的就是把共产主义理想社会、"自由王国"理解为固定的、完美无缺的状态，一种有朝一日达到的什么也不缺、什么矛盾也没有、一

---

① 参见刘森林：《辩证法的现实性和开放性》，载《光明日报》，2016(3)。

② 张庆熊：《现象学方法与马克思主义文选》，264 页，上海，上海三联书店，2014。

③ 《马克思恩格斯选集》第 2 卷，112 页，北京，人民出版社，1995。

切美好价值都毫无矛盾地融洽相处、一切问题都得以解决了、置于其中被完全享受的完美国度。实际上，必然王国与自由王国永远是密切联系在一起的、永远形影不离的关系。从来就没有一个绝对、纯粹的"自由王国"存在于唯物辩证法的尽头处，等待着人们买张车票坐上通往那个"理想国"的列车去享受一下，甚至远眺式地欣赏一下都不可能。如果可以这样纯粹、绝对地去设想马克思所说的"共产主义"，那真是不折不扣的"形而上学"思维。如果唯物辩证法的最终目标可以这样描述，那辩证法肯定是陷入了不折不扣的形而上学之中了：辩证法去拥抱绝对、纯粹、固化的存在了。可惜的是，马克思的任何文本也提供不出对这种"形而上学"阐释的任何支持。马克思强调，共产主义"是那种消灭现存状况的现实的运动"①，不是一种达到某种状况就停滞下来、就此维持住的状态。同时，他也强调"这需要有一定的社会物质基础或一系列物质生存条件，而这些条件本身又是长期的、痛苦的发展史的自然产物"②。即使具有了社会物质基础，达到了基本的条件要求，也绝不是从此之后一了百了、一通百通、从此万事大吉、无须努力和费力的，而是一刻也不能停滞的。正如马克思和恩格斯所说，物质生产活动，"这种连续不断的感性劳动和创造、这种生产，正是整个现存的感性世界的基础，它哪怕只中断一年，费尔巴哈就会看到，不仅在自然界将发生巨大的变化，而且整个人类世界以及他自己的直观能力，甚至他本身的存在也会很快就没有了"③。把共产主义社会设想为完美无缺、没有任何

---

① 《马克思恩格斯选集》第1卷，166页，北京，人民出版社，2012。
② 《马克思恩格斯全集》第42卷，61页，北京，人民出版社，2016。
③ 《马克思恩格斯选集》第1卷，157页，北京，人民出版社，2012。

矛盾的社会，以及相应地，把共产主义社会中的劳动理解为一种娱乐、一种消遣和一种纯艺术性的创造活动，劳动的压迫性、消极性、痛苦性将不存在，在必然王国中的那些特性将被超越。这样的看法历来为马克思所反对。马克思指出过，即使劳动未来成为积极的、富有乐趣的、创造性的活动，也不会表现为消遣、轻松、随意的东西。相反，"真正自由的劳动，例如作曲，同时也是非常严肃，极其紧张的事情"①。他批评傅立叶把未来理想社会中的劳动浪漫化为纯粹的消遣。他指出，劳动之所以是令人厌恶的事情，是因为它始终是外在的强制劳动。"这种劳动还没有为自己创造出（或者同牧人等等的状况相比，是丧失了）一些主观的和客观的条件，从而使劳动会成为吸引人的劳动，成为个人的自我实现，但这绝不是说，劳动不过是一种娱乐、一种消遣，就像傅立叶完全以一个浪漫女郎的方式极其天真地理解的那样。"②显然，在马克思的眼里，任何社会中的劳动也不能是纯粹娱乐、消遣性的活动，都必须是严肃、认真的事情。而且，为了满足更多的人追求闲暇时间的需要，为了缩短劳动时间以增加劳动者自由支配的时间，劳动也必须是高效率的，需要打起精神、高效完成的事情。在这个意义上，未来理想社会中的劳动反而可能是效率很高、节奏很快、强度也很大的。在劳动者结束这种劳动进入自由支配的"自由王国"之前，他们总不免于一定时间内要在"必然王国"里从事这样的劳动。也就是说，"自由王国"对"必然王国"的依赖，"必然王国"对"自由王国"的奠基和支撑，即使不能说是每时每

---

① 《马克思恩格斯全集》第 30 卷，616 页，北京，人民出版社，1995。
② 同上书，615～616 页。

刻都会发生的，也起码可以说是每月、每年必定会发生的事。模仿马克思恩格斯的话来说：必然王国里的这种活动、这种连续不断的感性活动和创造、这种生产，正是自由王国的基础，它哪怕只中断一年，自由王国就会坍塌掉的。

相应地，关于私有制转变为社会所有制，关于国家的消亡等，都应该杜绝这种极端、绝对的形而上学理解。正如伊格尔顿所说："马克思本人其实并没有寄希望于一个乌有之乡。在他构想的共产主义社会中，并没有摈弃以中央管理的方式建立国家的理念。任何一个复杂的现代文明都需要这种方式。……马克思所希望的，是作为暴力工具的国家能够消亡。"[①]

三、自否定、自悖谬的辩证法

对绝对和同一性的不懈追求，使得"辩证法"走向自否定、自悖谬。有的"辩证法"之所以会走向自否定，沦落为"形而上学"，那就是因为它不顾一切地追求绝对、纯粹、整全，只追求正面和积极的存在，而忘记了离开相对、杂多、部分，所谓的绝对、纯粹、整全就是根本不靠谱的，忘记了负面和消极的存在总是如影随形地伴随着正面和积极的存在。如果失去这种辩证智慧，只是立足于绝对、纯粹、整全、正面和积

[①] ［英］特里·伊格尔顿：《马克思为什么是对的》，李杨、任文科、郑义译，195～196 页，北京，新星出版社，2011。

极的存在，极力掩饰与它们伴随着的存在，甚至有意取消和否定它们，那被掩饰和力图否定的东西就会浮现出来。这正是辩证法的客观力量所在，是客观辩证法不可避免的展现。尼采提醒一神论由于内在的恐惧而拼命追求建构一个密不透风的、绝对的理性主义体系，以此获得安全。最后尼采使得这个体系疯狂地面对异在他者实施掌控、宰制的策略，力图建构一气呵成的封闭系统。不过最后，不但建构不起来安全的系统，反而可能造就更大的不安全和更大的风险。按照尼采的看法，这就是基督教文明和进一步发展了的现代资产阶级文明所努力追求的主观目标和客观后果。表现在形式上，辩证法就会追求一种越来越严密、固定、封闭的形式体系，把各种可能引发挑战的存在者一概理性规划并纳入其中。这就势必泯灭辩证法的积极性，使辩证法走向本来追求的反面，制造一种自否定和自悖谬。

这里存在着消极的辩证法与积极的辩证法的明显区分。前者是批评意义上的辩证法，系指本是拥有崇高追求的辩证法，由于内在目的的缺陷以及对绝对的追求，却导向反面。还有一种正面的辩证法：理性批判的潜能，自我进步、自我解决面对难题的能力，是这种辩证法中固有的，也是更为主要的辩证法含义。

就前者来说，自否定的辩证法跟排中律、自我保存内在相关。压制他者、成全自己，作为自我保存的根本原则，是一种典型的排中律原则：二者只能选择一个，不是我生就是你生，你我之间是生死存亡的关系。人和物之间就是如此：物化、理性化的系统与人之间越来越对立。于是，课堂上的逻辑促进和认可着工厂与机关里的物化（Versachli-chung）："在课堂中由逻辑衍生的思考批准了在工厂与办公室中人类的物化。于是禁忌侵蚀了禁忌的力量，正如启蒙侵蚀了精神，而精神自身就是启蒙。"①抱着非此即彼的态度理解二者（如人与物化系统，人与自然，人与人）之间的关系，并由此决定自己的行动，势必导致自我否定。本要排斥他者，反而可能成全他者，或受他者的支配。本是成就自己，反而陷自己于不利之中。禁忌侵蚀了自身，启蒙侵蚀了自身，造就了自否定的结果。这就是典型的启蒙辩证法：自否定的辩证法。人，资产阶级追求自我保存，自然也会自我保存。自然的自我保存或许更有力量，所以，"自然作为真正的自我保存，也被那誓言要放逐自然的历程给松绑了"，自然在这个过程中获得了解脱，"无论是在个体还是在危难和战争的集体命运里"。个体命运中的自然是如此，集体命运里的自然也是。马克思和尼采都如此认定自然构成了人的根本基础，从个体角度看如此，从社会、集体角度看也是如此。马克思在《资本论》中论说的"社会经济形态的演进是一种自然历史过程"的理论，揭示的就是除了原本的大自然（第一自然）之外社会历史发展孕育出来的第二自然，一种类似于第一自然的一种新的自然：它同样在自我保存中，在自我利益最大化的自发竞争中成长起来，最后招致一个不以人的意志为转移的自然历史进程。②

　　理论在追求统一性知识，相应地，实践也在追求大全。自我本来是要挣脱掉非人性力量的约束和奴役，现在却在文明化的自我重新被非人

①　［德］霍克海默、阿多诺：《启蒙的辩证》，林宏涛译，55 页，台北，商周出版，2008。

②　参见刘森林：《回归自然与超越自然：重思"自然历史过程"》，载《哲学研究》2016(7)。

化中返回了原点："完全被文明保卫的自我，被瓦解为非人性的元素，而那却是文明起初努力要挣脱的。以前人们总会害怕失去自己的名字，如今这个最古老的恐惧也成真了。"①纯自然的东西本是可怕的、野蛮的，应被超越和告别，它们是令人生畏的远古回忆，现在却以新的形式又回来了。启蒙导致非理性，招致灭亡。资产阶级快乐主义的节制，发展成文化工业中漫无节制的快乐主义！这里的话说了一半，另一半没有在文字中说出来。但意思很明显的。资产阶级回归自然的理想，不再是回到混沌的（无形式的）原本的自然，而是现代中庸、平庸德行的那种"自然"，也可以说是马克思说的"第二自然"或尼采所痛恨的冒充"自然"，实际上完全是资产阶级平庸的"非自然"。从荷马到现代资产阶级，"宰制世界的精神以轻舟穿过，自始它就不相信其他不够邪恶的指路星"，也就是都相信着实际上很邪恶的指路星。西方文明的各个阶段都在迫害神话，祛除神话，消除恐惧、迷信，但都成就了自己的反面。"而对于内在或外在自然的宰制，成为绝对的生命目的。自我保存最终被自动化了，而那些继承了理性而又害怕被剥夺继承的生产控制者，则是解雇了理性。启蒙的本质在于它有许多选项，而选择本身却是不可避免的，即宰制的必然性。"②其实这里还应该补上一句：还有最后被宰制的必然性。因为后面跟着这么一句："人类同时必须选择臣服于自然或是让自然臣服于自我。"资产阶级计算理性要照亮神话，驱除黑暗，但这阳光并不温暖，而是冰冷无比的。在它的照耀下，"新的野蛮种子正在

---

① ［德］霍克海默、阿多诺：《启蒙的辩证》，林宏涛译，55～56 页，台北，商周出版，2008。

② 同上书，57 页。

成长。在宰制的强制下，人们的劳动脱离了神话，而在同样的宰制下，却一再落到神话的魔咒里"①。本来是要照亮世界的资产阶级启蒙，却最终导致了新的黑暗，本来是驱除恐惧的理性，却最终招致了令人恐惧的非理性结局。

有待求解或者尚未呈现求解之法的自否定，在《启蒙辩证法》中比比皆是：追求恐惧的解除最终却导致了更大的恐惧；追求知识和真理却最终导致了资产阶级的欺骗与意识形态；追求命令和统治自然却最后导致对自然更大的依赖；追求从神话到理性的蜕变却导致了启蒙理性蜕变为新的神话。当初许诺的美好目标，都因为迫切需要反思、清除但仍未反思和清除的内在缺陷而蜕变为自己的反面。这就是典型的辩证转换，是典型的辩证自否定。这是《启蒙辩证法》向我们呈现的第二种"辩证法"。虽然比可能走向追求绝对、纯粹的"形而上学"的"辩证法"更推进了一步，但仍然是初步显露的"辩证法"，尚不是最后确立的辩证法。由于《启蒙辩证法》立志于批评反省这种自否定的"辩证法"，而这种批评反省恰恰是一种积极的辩证法，积极的辩证力量之所在。所以，这种积极的辩证法与自否定的"辩证法"相对立，也存在着自我揭露、自我批判，仍在积极追求自由和解放，也就是仍然可以通过启蒙内部潜力的挖掘把已招致负面倾向、已走向危险境地的"辩证法"，重新扭转为原来的积极方向的更进一步的"辩证法"，持有仍然相信虽然一开始就有缺陷甚至根本缺陷的辩证法的乐观主义信念。这种信念意味着，辩证法有能力从自我

---

① ［德］霍克海默、阿多诺：《启蒙的辩证》，林宏涛译，57 页，台北，商周出版，2008。

否定的漩涡中解脱出来，能够从危险之路上折返回来，走上富有希望的
自由和解放之路。

这样的自否定如何能借助某种方法和机制而自我蜕变，是自否定的
辩证法走向进步和积极的关键。

在尚未获得这种方法和机制之前，资产阶级的工具理性明显体现为
对辩证法的能动力量的窒息。资产阶级的精神已经变成了宰制的工具，
这个工具系统越是复杂精密，身体所能接触的体验就越是贫乏：现实越
来越被系统化、固化，一切不合乎资产阶级理性要求的东西都被封杀和
遮蔽，一切有危险的希望都被技术和管理系统封存起来了。现实成了工
具理性的一统天下！"思维自限于组织和管理，无论是狡猾的奥德修斯
或是幼稚的总经理，其结果是强者在支配弱者时显现的困窘。其实精神
已经变成宰制以及自我宰制的工具，而资产阶级的哲学对此总是判断失
误。顺服的无产阶级自神话以降的耳聋，和使役者的呆滞不动差不了多
少。社会的过度成熟是基于被支配者的不成熟。社会、经济和科学器具
越是复杂精密(生产体系早就要身体配合器具的条件)，身体所能接触的
体验就越贫乏。"[1]感性经验被收编、被排斥、被纳入体系，使得"现实"
封杀新的经验和新的追求。一切都按照固有的逻辑和模式运转，以至于
"使它渐渐类似于两栖动物的世界，现在，群众的退化在于无法以自己
的耳朵去倾听那未被倾听者，无法以自己的手触摸那未被把握者，那是

---

① Max Horkheimer, Gesammelte Schriften Band 5, *Dialektik der Aufklaerung und schriften* 1940—1950, Fischer Verlag, Frankfurt am Main, 1987, S. 59. 中译文参见[德]霍克海默、阿多诺：《启蒙的辩证》，林宏涛译，61页，有改动，台北，商周出版，2008。

新的蒙昧形式，而取代了被打败的神话。经由全体性的、涵盖所有关系和活动的社会，人类被迫回到那与社会的发展以及自我的原理队里的方向：变成单纯的种属生物，在强制的集体性里，因为隔离而彼此相等"①。接下来这一段强调"就算是逻辑的必然性也不是盖棺定论的"，"宰制物化为法律和组织，因而必须自我设限。工具获得了自主性：精神的中介代理者独立于统治者的意志，而缓解了经济上的不义的直接性"②。系统已形成独立的运转逻辑，这个逻辑也不完全等同于统治者的主观意志。要控制一切的控制者，也"反而被一切控制"。工具思维成了真实主体。思维成了单纯被动的意识形态。

所以，不但起始于苏格拉底理性主义的辩证法有着一个恐惧、焦虑的情感基础，并由此使得这种辩证法难免陷入对绝对、纯粹本质的追求之中，陷入自否定，而且，继承这个历史基础的现代资产阶级，所追求的所谓高大上的"自由"也只不过是自我保存。它在降低辩证法的目标追求，矮化现代性的境界。"资产阶级的启蒙……总是难免要把自由和自我保存的活动混为一谈。"③理性、概念为了自我保存不断制造谎言，谋求利益，远离真理。把思想变成报纸标题，把艺术变为文化工业，使谎言与真理混同。

正如理查德·J.伯恩斯坦所言，尼采的批判存在两个阶段的策略：第一阶段，质疑哲学对基础和理性论证的寻求。第二阶段，挑战非此即

---

① ［德］霍克海默、阿多诺：《启蒙的辩证》，林宏涛译，61～62 页，台北，商周出版，2008。

② 同上书，62 页。

③ Max Horkheimer, *Gesammelte Schriften Band 5, Dialektik der Aufklaerung und schriften* 1940－1950, Fischer Verlag, Frankfurt am Main1987, S. 64. 中译文参见［德］霍克海默、阿多诺：《启蒙的辩证》，林宏涛译，66 页，有改动，台北，商周出版，2008。

彼的思维方式，不是只存在严肃的、具有理性基础的论证和相对主义的意见，而是存在多种风格和视角的论证，只要能促进增强生命、健康和高贵就是好的。传统思考方式要被抛弃，"取而代之的是坦率认识到不存在比想象性和诗性再描述更根本的东西。或者用尼采自己的话说：我们需要发明并尝试多重风格与视角，以便显示哪些虚构具有创造性并能增强生命，而哪些具有毁灭性并且是危险的自我欺骗"①。正是在尼采予以保留的这种二元对立框架和在此基础上进一步拓展的多种相互竞争的解释论证方案中，存在着霍克海默、阿多诺肯定的那种辩证法：在无法根绝的二元对立框架中，在更多的多元对立中谋求转换和可能；而且，这种二(多)元结构孕育着反讽和矛盾，也可能孕育着生机和力量。辩证法不是在二元对立中肯定其一否定其二，而是在二元结构框架以及更大更复杂的多元框架中寻求反讽、矛盾与和解。

在《资本论》中，资产阶级在追求自我利益最大化过程中锻造自己的掘墓人，孕育、培养出否定自己的阶级(无产阶级)的自否定过程，也是典型的自否定、自悖谬。但这种自否定、自悖谬是被拯救和克服的。

四、扬弃自否定的积极辩证法

看来，《启蒙辩证法》呈现的第一、第二种"辩证法"概念是相互适应

---

① ［美］理查德·J. 伯恩斯坦：《根本恶》，王钦、朱康译，142 页，南京，译林出版社，2015。

的，且与仍在追求自由和解放的积极辩证法存在着张力。两位作者如何在这种张力结构中运作，使得第一、第二种"辩证法"成功地转变成第三种积极的"辩证法"呢？这是我们特别需要关注和思考的。

《启蒙辩证法》绝对没有以自否定、自悖谬作为结局。虽然国内学界对《启蒙辩证法》的解读存在很多关于启蒙已死、启蒙已沦落为欺骗和谎言，这些成了《启蒙辩证法》的启蒙批判的最终结论的断言。正像不少人把《资本论》第一卷结尾处的"资本主义社会越来越两极分化，剥夺者被剥夺"的结论当作马克思研究资本主义社会最后的结论的做法很不恰当一样，有些《启蒙辩证法》的研读者把该书第一节最后的"启蒙在为现实社会服务的过程中，逐步转变成为对大众的彻头彻尾的欺骗"①当作全书的最终结论，也是非常不恰当的。该书最后结尾处的文字才是最终结论："恐惧（Grauen）还依然存在，谎言还在昭然过市，顽固不化。尽管欺骗不允许任何可以揭露它的真理存在，但真理仍旧在竭力反驳的过程中展现出一种否定力量；蒙蔽要想一劳永逸地驱除真理，就必须彻底剥夺掉思考的能力。掌握着自身并发挥着力量的启蒙本身，是有能力突破启蒙的界限的。"②也就是说，它绝对没有断言启蒙已死，反而强调对陷入自否定、自悖谬局面的启蒙的自我反思和超脱，相信"如果启蒙没有对这一倒退的环节进行反思，它也就无法改变自身的命运了"③。强调

---

① ［德］霍克海默、阿多诺：《启蒙辩证法》，渠敬东、曹卫东译，40 页，上海，上海人民出版社，2003。

② 同上书，233 页。

③ 同上书，前言 3 页。参见 Max Horkheimer, Gesammelte Schriften Band 5, *Dialektik der Aufklaerung und schriften* 1940－1950, Fischer Verlag, Frankfurt am Main, 1987, S. 238.

自我反思的必要性和可能性，强调启蒙自我反思自我解脱的信念。

这种信念意味着，辩证法有能力从自我否定的漩涡中自我解脱出来，能够从危险之路上自我折返回来，走上富有希望的自由大道。这是何原因呢？我想其原因就在于，辩证法一开始就富有两面性；能够在两个极端中自我折返。关键是及时给它这样的提醒，及时给它一个正确的助推力，把它扭转到正确的方向上。这不是外在的推动力，而是一种不折不扣的内在推动力，一种靠启蒙者自身及时发现和及时助推的推动力。

如何从恐惧的基础和消极的自否定转向积极的希望和目标，是关键中的关键！

第一，理性批判的力量是首要的力量。分析与批判是苏格拉底理性文化的优秀特质，这样做能够解释隐藏着、潜存着的问题，通过揭示问题，使问题昭然于天下，问题就会受到人们的重视，人们就会想方设法寻求这些问题的答案。《启蒙辩证法》对西方启蒙如此尖锐的批判，本身就是启蒙批判精神的象征和体现。话说得越重，意味着批判精神的分量越重。而这么重的批判精神揭露资产阶级启蒙内在的问题，也就意味着发现问题从而解决问题的可能性和希望仍然存在。由此，对第一、第二种"辩证法"的批判，就是第三种正面的辩证法力量的表现，并在此意义上成为第三种辩证法的构成环节。理性批判精神、方法是启蒙精神中不可忘却的重要内涵，它与总是致力于以标准的理性进行思考之间存在明显的张力关系，"这种张力关系不能否认，却应明确地肯定下来"①。

---

① Harry Kunneman and Hent de Vries(Hg.)，*Die Aktualitaet der Dialektik der Aufklaerung*，Campus Verlag Frankfurt，New York，1989，S. 14。

《启蒙辩证法》就是要以理性批判精神限制、质疑标准理性，凸显启蒙内在的辩证结构、释放启蒙内在的批判潜力。理性批判精神是启蒙的可贵内涵，是内在于启蒙的、常常被遗忘、遭排挤因而需要养护的可贵精神。所以，当马尔库塞建议霍克海默把《启蒙辩证法》写得更积极一些时，霍克海默以"第一章中完成的毫不妥协的分析，本身就是对理性思想（rational intelligence）的积极作用的一种更有效的肯定，这比为了淡化对传统逻辑及其相关哲学的攻击所能做的任何辩护都更有效"①予以回应。就是说，无情地批判启蒙，正是唤醒沉睡的启蒙，展现启蒙的潜力，从而是启蒙的真切表现。同理，当哈贝马斯认定《启蒙辩证法》否定了启蒙，"把启蒙看作是摆脱命运力量的失败努力"②。"理性失去了采取'肯定'立场或'否定'立场的批判能力，失去了区别有效命题和无效命题的能力，因为权力要求与有效性要求已经同流合污了。"③即使不是有意贬低老师，哈贝马斯也是为了凸显自己对老师的明显误解甚或有意曲解。马尔库塞、哈贝马斯停留于第一、第二种意义上理解启蒙辩证法，对启蒙辩证法的理解是不到位的，作为同行专家这种做法是不恰当的。如果后人继续追随他们，更是一种失误与偏差。

第二，物极必反的道理也在这里起着明显的作用。当启蒙演变为欺骗、神话，它就不得不折途而返。当消除恐惧的理性主义方略招致更严

---

① ［德］罗尔夫·维格豪斯：《法兰克福学派：历史、理论及政治影响》，孟登迎等译，425～426页，上海，上海人民出版社，2010。
② ［德］尤尔根·哈贝马斯：《现代性的哲学话语》，刘东译，132页，南京，译林出版社，2004。
③ 同上书，130页。

重的恐惧，它就不得不停下来反思为何如此自否定，需要怎样才能回到原来的轨道。这恐怕不是什么道理的问题，而是再正常不过的日常智慧，是不需要多少聪明和才智，仅凭平常的生活智慧就能感受到的基本道理。而这也正是辩证法的基本含义：这个含义不仅使追求真理的辩证法变成了欺骗，追求恐惧消除的方略招致了更复杂难解的恐惧，消除神话的启蒙本身成了一种神话，批评宗教信仰的启蒙呈现为对理想自身更无理由的信仰，也包括相反方向的含义：在文化工业中变成欺骗的启蒙已受到反思批判，法西斯主义制造的恐惧正在被追求正义的人们全力对抗，变为神话的启蒙也早已开始了激进的自我反思（《启蒙辩证法》这本书就是最好的代表），对（工具）理性的批评在这种自我反思中早已出场。辩证法不仅意味着追求正面和积极价值的活动走向了自己的反面，也意味着当追求陷入反面时也能自我调整到对正面积极价值的追求上来，否则就只是单面的辩证法，最后必然失去辩证的力量。只有同时具有两个方面的转换运动，具有两个方向自我调整，辩证法才能是全面的、双面的辩证法。辩证法所具有的复杂结构，所内生着的张力，才能适时地发挥作用，维持住自己的整体结构，完成结构和方向的自我调整，而不沿着一个方向、不理睬其他向度、不受内在其他力量的调适而径直单向度地走向极端，最终不惜自我毁灭。

极致化之后的反思及反思后获得的知识，是走向扭转的关键；这就是"他们终于从事物的力量那里学到如何放弃力量"①。在这个意义上，

① ［德］霍克海默、阿多诺：《启蒙的辩证》，林宏涛译，67 页，台北，商周出版，2008。

启蒙能够自我扭转：启蒙发现原初设定的控制支配事物的目标已经达成，而且问题百出时，才会意识到原本力图控制支配的自然才是发源地，应该倍加爱护，人类应该与自然和解。这时，启蒙才会达到顶峰而又自我扬弃："当启蒙眼前的实践目标原来早已经完成，而人们也想起来，'国王们的斥候和探子也查不出什么情报'的那些国度（亦即被拥有支配权的科学误解的自然）才是发源地，启蒙便成就其巅峰而又自我扬弃。"①培根的理想是驾驭自然，当驾驭自然"那个乌托邦覆盖大地"，才终于"彰显出那无拘无束的自然所拥有的强制性本质"。自然的强制性才是真实的，真正的宰制是自然发出的。马克思和尼采，特别是尼采，一再提醒现代人的就是这一点。霍克海默和阿多诺也在这里强调"那就是宰制本身"，指的就是自然才是宰制者！明了了这一点，培根所期望的知识，本来是支配工具的知识，"现在便可以瓦解宰制的力量"②。但令人可惜的是，正当通过痛苦和挫折获得的知识可以用于重新走上启蒙大道时，知识却又陷入了欺骗、谎言的陷阱，为了利益和地位被资产阶级运作成欺骗与谎言。

如前所述，辩证法中本来就具有一种自我调适的力量：一旦走向极致化理解，就会呈现其负面性恶果，就会暴露、呈现这种极致化理解，并且还会进一步地提醒人们回向折返，走回正确的道路。这是一种客观的结构所孕育和造就出来的，不是主观的力量，也不是谁提醒一下就能

---

① ［德］霍克海默、阿多诺：《启蒙的辩证》，林宏涛译，67页，台北，商周出版，2008。

② 同上书，68页。

成功防止和瞬间折返回来的。所谓客观，就是只有走上这一道路，发生了确实的既定效果之后，才会如此的。也就是说，往往是付出确实的代价从而有了既定的客观性效果之后，才会随之发生客观的自我调适。这种客观性，常常是带着痛苦代价的，对人是沉重的，是无奈的。

第三，辩证法本身具有的反体系的特质，是立足现实的批判性品格中得来的，从拒斥对纯粹、绝对、整全的追求中自然地得来的。对于这一点，马克思和霍克海默、阿多诺之间，《资本论》与《启蒙辩证法》之间具有明显的类似性、一致性。马克思说："辩证法，在其神秘形式上，成了德国的时髦东西，因为它似乎使现存事物显得光彩。辩证法，在其合理形态上，引起资产阶级及其空论主义的代言人的恼怒和恐怖，因为辩证法在对现存事物的肯定的理解中同时包含对现存事物的否定的理解，即对现存事物的必然灭亡的理解。"[①]辩证法对现实的批判性理解，对美好价值不懈地永恒追求，意味着一种立足高远、永不满足的精神，同时又意味着它具有立足现实的坚实根基，意味着它在现实性和开放性之间永恒的摆动和追求。

走向绝对形而上学的"辩证法"、自否定的"辩证法"以及借助自我反思迈向开放性和积极性的"辩证法"，是《启蒙辩证法》依次处理、依次反思的三种辩证法，某种意义上也是《资本论》涉及、处理过的三种意义上的"辩证法"。第二种否定第一种，第三种否定第二种，前两种的出现被否定并支撑起第三种。第三种对前两种的批判使得前两者也成为第三种

---

① 《马克思恩格斯全集》第 2 卷，112 页，北京，人民出版社，1995。

的构成环节，从而使三者融为一体。由此，尼采对辩证法的否定，黑格尔对绝对形而上学的追求，在回归马克思社会批判理论的意义上被克服、整合。

《启蒙辩证法》对虚无主义的反思推进

如果说马克思应对虚无主义问题是由于主张"我以无作为自己事业的基础"的施蒂纳的刺激，以及在探究资本逻辑中深深感受到资本对一切崇高、超验价值的解构；如果说尼采应对虚无主义问题是由于深感基督教和资产阶级所追求价值的平庸化，那他们由此引发的忧虑还没有那么强烈。因为对于他们来说，虽然资产阶级势必走入对崇高价值的虚无并陷入平庸与颓废，但还有另一种与之对抗的新人会登场。虽然他们对这种新人的认定并不相同（一个是无产阶级，一个是超人），但事情是在向上跃迁，是在向着更好的方向变化、提升着的，即使速度没有那么快（马克思）或者不具有必然性（尼采）。但在法西斯主义猖獗的20世纪三四十年代，价值虚无问题就远不是这样了：事情在向坏的分析方向发展，价值底线不断被突破。无论从哪个方面看，问题都严重了很多。霍克海默、阿多诺在《启蒙辩证法》中对当时殊为严峻的价值虚无主义问题做了切实的思考。这种思考不自觉地整合了德、俄两国思想家马克思、尼采、陀思妥耶夫斯基、屠格涅夫对虚无主义长久思考的主要成果，把对虚无主义的认知推进到了一个新的层次和高度。

一、虚无化的对象：从崇高价值到基本价值

相比于马克思和尼采，《启蒙辩证法》对虚无主义的反思探究有两个重要的推进。首先就是把虚无主义的反思核心从崇高价值的虚无化聚焦于基本价值的虚无化。

马克思和尼采都把资产阶级的虚无主义力量视为对崇高价值追求的消解和泯灭，认为资本的力量中蕴含着一种必然的、致使崇高价值虚无化的虚无主义力量。这种虚无力量一向被资产阶级意识形态解释为一种进步：封建的崇高是靠不住的、虚假的和意识形态的，而资产阶级的这种判定却一向被奉为科学的真理。马克思和尼采都坚定地批判了这种自封的真理。尼采认为，认识都是视角主义的窥视，却自封为全景观视角。而基督教自封的普遍而崇高的价值，更是出于内在的恐惧抽象出来的、一种并无现实基础的虚幻存在，而且，越是被视为超验崇高，越是反映出设想者本人的虚幻无力。因而，所谓的崇高本是软弱无力的东西，事情是完全颠倒的。而马克思认为那是以特殊来冒充普遍：这"特殊"或者本是一个特殊的阶级冒充普遍，或者是以历史上特定的阶段冒充普遍。因而，尼采把真正的崇高价值视为未来超人新创造的文化才有

可能生发出来；而马克思认为只有超越资产阶级、继承了历史进步精神的无产阶级文化才能成功地避免在资本的逻辑中孕育出来的虚无主义力量。

可以说，他们的虚无主义思考之重心在于超验和崇高价值王国的坍塌以及这种价值的不被信任。他们在中产阶级的平庸、世俗价值的追求中意识到更高价值不再被信奉，看到了无甚更高追求的资产阶级日益陷入对按部就班、平庸、保守、舒适、胆怯、例行化、标准化、形式化事物的追求之中，变得麻木、胆怯、规矩、知足、失去创造性，没有了驾驭风险和担当责任的能力。但对马克思和尼采来说，问题就在于沦为平庸和停止对更高价值理想的追求，而不是别的更糟糕的境况。对他们来说，不再有更高的价值理想，不再有对历史的进一步推进和提升，就已经是一个令他们难以忍受的问题。他们是想要将现有状况进一步向前推进，进一步提升、发展，而不能让人们陷入碌碌无为、麻木不仁。他们没有担忧出现后来陀思妥耶夫斯基所担忧的更坏状况，也就是对基本价值的践踏，对基本的生命、生存的摧残和否定。不管是像《群魔》中韦尔霍文斯基那样以追求更高价值的名义，通过恐吓、讹诈、纵火、暗杀等恐怖活动来行使可怕之事，甚至在沙托夫决定脱离暗杀小组时安排人杀掉沙托夫，还是像《克拉马佐夫兄弟》中为了自己的更大利益而弑父的伊凡和斯麦尔佳科夫，都会为了自己的世俗利益（生命、金钱、地位、女人）而不惜践踏基本价值，不惜突破价值底线。或者像伊凡教诲斯麦尔佳科夫所说的，"既然没有永恒的上帝，就无所谓道德，也就根本不需要道德，就什么都可以做"①。

《启蒙辩证法》虽然受尼采的思想影响最大，但在虚无主义思考方面，似乎没有那么明显。尼采的虚无主义思考重点在于作为传统"形而上学"缔造物的"上帝"的死亡。霍克海默、阿多诺虽然也通过批判同一性哲学与这种"形而上学"批判通达起来，但侧重点显然与尼采不一样。尼采的"形而上学"批判首先着重于基督教的柏拉图主义，即形而上学的宗教方面，而《启蒙辩证法》的侧重点却是苏格拉底开创的理性主义传统、科学主义传统，以至于还把这种科学作用传统延伸到与技术结合的工业化之中，通过科学技术驱动的工业化所发生、强化的物化统治，通过艺术的科学化、工业化所导致的文化工业现象，揭示在现代性平庸之中崇高存在的失落现象，揭穿现代性的平庸并不止于中庸，却很可能在某些特定情况下导致价值追求层次的降低：从崇高价值的失落延伸到基本价值的失落。法西斯主义就是典型的例证。

尼采的"上帝之死"喻示着，作为"主体"之最后根据的"上帝"死了之后，给真实性、真理性提供最后根据的"基础"也就坍塌了。主体成立的根据和理由不再被视为理所当然，任何视角都是独立的、有自己的根据的。"真实"不再依赖于坚实的、唯一的形而上学，而是随每个独立的个体性向每个人无限开放着的。每个人所认定的"真"都平等、有效。正如尼采所言："什么都不是真的，一切都是允许的。"②如果把视角的开放

---

① ［俄］陀思妥耶夫斯基：《卡拉马佐夫兄弟》，耿济之译，956 页，北京，人民文学出版社，1981。

② ［德］尼采：《道德的谱系》，梁锡江译，223 页，上海，华东师范大学出版社，2015。

性等同于任一视角的平等有效性，就会把尼采的视角主义引向彻底相对主义和虚无主义。这正是《启蒙辩证法》的两位作者极为担忧的。他们就在这本书中坚定地批评被如此解释的尼采。如阿多诺所说，沿这样的思路，"它把道德的原则从社会存在中解脱出来，把它放进私人的信念之中"①，于是就会导致，社会中不再存在固定不被怀疑的自然性的实在，只有依赖于个体都同意的基本共识才是可以建构的。"真实的合理性和权威性从此来自于人们的共识，而不再来自于独立于人（自然本质）或高于人（形而上学）的实在。"②

阿多诺对同一性的坚决反对给这种通向上帝之死的传统"形而上学"批判进一步的支持。通过这种支持，尼采支持以及陀思妥耶夫斯基异常担忧的相对主义、虚无主义形势就更加严峻了。当阿多诺把形而上学理解为对超验的批评和对经验的拥抱时，在对暂存、个别、碎片化存在的肯定中人们如何能避免相对主义和虚无主义，就是一个严重的问题。对此想必阿多诺肯定意识到了，不然他怎么会强调"最低限度的道德"？他在与《启蒙辩证法》几乎同时的另一本书中说："启蒙不仅消解了所有跟美连在一起的品质，而且同时把自己置为美的品质。"③它把一切事物都商品化了，品质、美、崇高，都日益消融进物化系统之中，成为数量的奴隶。完全拒斥形而上学，会直接陷入相对主义与虚无主义。所以，如

---

① Theodor W. Adorno, *Minima Moralia*，Suhrkamp Verlag Frankfurt am Main，2003，S. 105.

② 汤云：《虚无主义与道德的建构性》，载《世界哲学》，142 页，2012(5)。

③ Theodor W. Adorno, *Minima Moralia*，Suhrkamp Verlag Frankfurt am Main，2003，S. 255.

埃斯彭·哈默所说，对阿多诺来说，"形而上学应该在这个似乎已拒绝了它的世界找到某种避难所，之所以如此，最重要的原因是，替代它的会是一个以彻底虚无主义为标志的状态"。阿多诺对此极为担忧，他"不愿让真理、超验和意义这样的现代主义价值流失"①。所以他不像霍克海默那样抬高经验研究的意义，也不像后来的哈贝马斯一样鼓吹"后形而上学"思考，因为那会招致虚无主义恶魔的来袭。

阿多诺对完全拒斥形而上学的反对意味着，这个时代推崇理性，但却不要绝对的价值判断，或者把这种判断交给每个人，甚至每种文化，这就"意味着承认所有的价值都平等；而这又意味着，尊重一切价值、普遍宽容，乃是科学理性的命令"②。在这种境遇下，科学无法断定自己是好的，更不用说是最好的了。根本自由是唯一非假设的东西；其他一切全都立足于这个根本自由上。这就是存在主义告诉我们的，也就是相对主义、虚无主义。这就是说，拒斥了追求普遍、永恒、绝对实在的形而上学，实际上又迎来了坚信每个个体是根本自由的另一种形而上学。它不再提供一种传统的根基，却提供每个人都与众不同、相互之间都面临深渊的新的根基。因此，"客观地看，最终只有无意义性、虚无。在焦虑中可以体验到这种虚无……"③

如何避免现代人坠入这种虚无之中？

---

① ［加］黛博拉·库克主编：《阿多诺：关键概念》，唐文娟译，90 页，重庆，重庆大学出版社，2017。

② ［美］列奥·施特劳斯：《古典政治理性主义的重生》，郭振华等译，79 页，北京，华夏出版社，2011。

③ 同上书，82 页。

霍克海默、阿多诺以反思、批评引发出这种虚无主义来的过度启蒙，批评他们认为已陷入相对主义、认定弱者有罪、主张弱者就是强者自我实现之手段的尼采，也就是把困于极致化启蒙与合理化启蒙之间的尼采解释成极致化注释的启蒙，甚至主张后来所谓强横派理解的尼采的立场。① 虽然阿多诺在《最低限度的道德》中明确说过有两个尼采：一个是著名的时髦哲学家、闪光的诗人和别具风格的语言能手，其中含有误解、可疑的公共形象；另一个是深不可测、未被理解的思想家和心理学家，一个以尚未达到的精神力量和思想力量指向更远未来的可爱者。第二个尼采见解丰富，并且在未来不断呈现给现代人，是一个哲学家和高尚的人。② 但他们的确在《启蒙辩证法》中忘记了第二个尼采，直接按照第一个尼采形象看待尼采了。

霍克海默、阿多诺之所以把尼采视为"自黑格尔以来能够认识到启蒙辩证法的少数思想家之一"，正是因为尼采"解释了启蒙与统治之间的矛盾关系"③。尼采强调启蒙的贯彻，以揭示神职人员、国家的欺骗性真相：启蒙的任务就是揭穿贵族和政客装腔作势的谎言。在这个意义上，启蒙始终是圣王的工具，政权操纵者的工具。另外，大众也自我欺骗，这种自我欺骗是维系进步过程的重要因素。尼采把启蒙视为苏格拉底文化的进一步完成和延续。在这种延续和完成之中，蕴含着焦虑、恐

---

① 参见本书最后一章。

② Theodor W. Adorno, *Minima Moralia*, Suhrkamp Verlag Frankfurt am Main, 2003, S. 237.

③ [德]霍克海默、阿多诺：《启蒙辩证法》，渠敬东、曹卫东译，45 页，上海，上海人民出版社，2003。

惧的隐秘情感，为了克服它，就拼命地宰制他者，维持这种宰制后不仅依靠启蒙理性了，也依靠启蒙理性的反面：欺骗。因为，或者由此可见，启蒙不再是主要的，主要的是维持这种宰制秩序。为此，启蒙变成了手段，或者更明确地成了、进一步地证明了自己原本就是一种手段，而不是目的。而作为手段的启蒙与作为手段的欺骗是等值的，都是维系宰制秩序、解除内心焦虑和恐惧的有效手段。"尼采对于启蒙以及荷马的态度仍然摇摆不定，他认为启蒙既是宰制精神的普遍运动（他认为自己是集大成者），也是仇视生命的'虚无主义'的力量，可是在法西斯主义以前的尼采追随者，却只看到第二个环节，并且把它扭曲成意识形态。"①这种虚无主义力量针对的、消解的不是崇高价值，而是基本价值，是人的基本生存权利。《启蒙辩证法》针对尼采以来的虚无主义批判，已经悄悄地发生了一个继承着陀思妥耶夫斯基而来的非主流的虚无主义概念：虚无主义不只是崇高价值的陨落，象征着传统形而上学世界的坍塌，更令人忧虑的是，它下滑到基本价值的陨落、最基本价值底线的突破，象征着最基本的人类文明价值的被背叛和扼杀。这是更加令人忧虑的虚无主义力量，是法西斯主义的虚无主义。它甚至可以在某些场合还带着雅致、"神圣""脱俗"的假象外表，比如希特勒爱好素食、绘画等。

霍克海默、阿多诺在法西斯主义中看到了比韦尔霍文斯基、伊凡·克拉马佐夫更为可怕的虚无主义。希特勒对付犹太人的策略也是典型的

---

① ［德］霍克海默、阿多诺：《启蒙的辩证》，林宏涛译，71 页，台北，商周出版，2008。

惧怕—扼杀—心安(空虚)的路子：法西斯主义并不把犹太人看作少数民族，而把他们看作敌对种族，看作消极原则本身的体现。只有灭绝这个种族，才能保证世界的幸福。因为这个种群"的愿望就是不惜一切代价地拥有所有财产，摄取无限权力"，就是做统治者。① 犹太人是统治者的代名词；反对和消灭犹太人也是出于对犹太人统治的惧怕与担心而采取的反向措施，其目的一样是获取统治地位，这种措施就是争夺统治的斗争。双方都是统治哲学的信奉者和实践者，都在争当这个统治者或主体！"理性连同统治一起仍旧建立在苦难的基础上。在攻与守的盲目较量中，迫害者与他的受害者都属于同一个不幸的阵营。反犹主义行为方式是在因为被剥夺了主体性而变得盲目的人重新获得主体性的情况下出现的。"迫害者与受迫害者都是为了获得主体性和统治。因此，"反犹主义是一种精致的图式，也是一种文明仪式"②。这种精致的文明图式隐含着无边无际的仇恨，在不断地寻找着憎恶的对象。通过露骨的反对摧毁(对不听话的殖民地野蛮人，以及犹太人等)和温和的统治改造(对自然和本国公民)，通过以这些憎恶对象和仇恨对象为靶子，以及对这些靶子的制服，统治者获得了满足感。这种满足体系不断地、持续地需要这些对手，需要不断地制服他们，使他们就范，从而获取主人感、满足感。就像韦尔霍文斯基为了某种美好理由组织暗杀，并为自身安全杀害沙托夫一样，阿多诺指出，反犹主义这种谋求统治的意识形态也在不断地寻找更合理美妙的理由，比如通过"发展生产"或无上光荣的劳动，来

---

① 参见[德]霍克海默、阿多诺：《启蒙辩证法》，渠敬东、曹卫东译，188、189页，上海，上海人民出版社，2003。

② 同上书，191页。

掩饰的统治支配的目的，掩饰谁阻碍统治的实施就扼杀谁的虚无主义本质。"资产阶级反犹主义的形成具有一种极为特殊的经济原因：即用发展生产来掩饰统治支配。"为了"进步"，势必要把阻挡者击溃："犹太人也必须为一个新的人类种族让开道路，而这个种族正在把生意抬高到一种绝对的高度。"①

二、深度虚无主义的起点：从苏格拉底到荷马

《启蒙辩证法》反思虚无主义的第二个推进是沿着尼采关于虚无主义的起源是苏格拉底开始的理性文化这一观点继续推进的，在推进过程中把虚无主义更进一步地与希腊神话、荷马史诗内在关联起来，在奥德修斯返乡过程中被大量牺牲掉的生命个体中看到了对生命权力基本价值的否定，体现出抛弃基本价值的虚无主义。这种虚无主义是比抛弃崇高价值转而追求世俗价值的"上帝之死"意义上的虚无主义更为可怕和严重的深度虚无主义。奥德修斯练就自我的过程就带有虚无主义色彩。后来在苏格拉底理性主义文化中得以进一步伸张的同一性哲学源自奥德修斯的理性智谋。这种崇尚理性、诡计的文化势必会走向崇高价值的消解，它是日益追求同一性的文化系统所必然孕育着的。

奥德修斯的虚无主义是对生命的杀戮（后来法西斯主义对犹太人的

① ［德］霍克海默、阿多诺：《启蒙辩证法》，渠敬东、曹卫东译，194 页，上海，上海人民出版社，2003。

杀戮与之一脉相承）。不仅仅是对觊觎他的王权、土地、财富、王后的那些人的杀戮，在《奥德赛》中获得了显明的合法性，以返乡为目的对具有迷人歌声的塞壬、独眼巨人、卡吕普索的工具性利用也同样如此。这种工具性利用，俨然比现在的精致利己主义还要严重。因为它无视生命，无视人的基本权利，特别是对其返乡目的构成阻碍、威胁甚至不予支持的那些个体，不但没有基本的尊重，不惜牺牲，甚至还要有意识地铲除和扼杀。

为了返回家乡这一最终目的之实现，似乎一切都是值得的。对塞壬、卡吕普索的工具性利用是如此，对奥林匹斯山上诸神的利用也是如此。为了论证这一点，霍克海默、阿多诺不惜采用后期浪漫派的做法，利用现代的工具理性模式来解释奥德修斯时代对神灵的信仰，竟然把这种信仰解释为对信奉对象的工具性利用！也就是以没有真诚信仰神灵仅仅以工具性利用神灵的现代状况作为普遍模式，来解释真诚信仰神灵的古代模式。至于在返乡过程中那些被牺牲的同伴，就更不在话下。当独眼巨人吃掉了他的同伴，神女喀耳刻把他的同伴用巫术变成猪，那似乎都是不值得考虑的必要牺牲，是为了实现更大、更根本的目标不得不做出的牺牲而已。

霍克海默、阿多诺致力于谴责奥德修斯返乡过程中的冷酷无情："冷酷无情而又惨无人道的克制，与大多数 19 世纪小说家那种无动于衷的态度相比毫不逊色。荷马描述了施以绞刑的全部过程，他竟然把女人被吊死时的表情与巢中的鸟儿被捉起来的表情相对比，而未动一丝感情。"①人的生命、痛苦、感受不值得予以任何注重。与财产、王位相比，尤其如此。他的聪明才智，都是为了这些价值存在。当这些价值存在与人的生命等基本价值发生冲突时，他毫不犹豫地选择牺牲基本价值来成全财产和王位，使自己成为一个标准的追求自我利益最大化的现代经济人。当我们看到克拉马佐夫兄弟中的伊凡、斯麦尔佳科夫为了追逐自我利益最大化最后不惜伤害自己的父亲时，我们也许会义愤填膺。但我们阅读《奥德赛》看到奥德修斯对觊觎自己王位和财产的贵族们施以残酷的杀戮时，我们也能给予与老克拉马佐夫之死同样的愤慨和否定吗？当我们读到"我攻破城池，把居民屠杀，掳掠他们的妻子，抢来众多财产，大家伙分光，均等，公平，对谁也不欺诳"②时，我们是同情还是谴责奥德修斯？当我们读到奥德修斯回到家，面对众多向他妻子求婚者，最后也是设法射杀之，而欧鲁马科斯想用支付黄金青铜来排解奥德修斯的怒气时，奥德修斯这样回答：

> 即使拿出你父亲的全部财产，欧鲁马科斯，
> 给我你拥有的一切，加之能从别地弄到的东西，
> 即便如此，我也不会罢手，停止杀击，
> 直到仇报过求婚人的侵害，全部劣迹！③

① ［德］霍克海默、阿多诺：《启蒙辩证法》，渠敬东、曹卫东译，79 页，上海，上海人民出版社，2003。

② ［古希腊］荷马：《奥德赛》，陈中梅译，252 页，南京，译林出版社，2003。

③ 同上书，705 页。

直到奥德修斯杀得"地上血水流淌，溢横"，还不罢休。当卜者流得斯祈求，也是仍然抓起劈剑砍断脖子使其"头颅滚落尘泥"。[①] 甚至于，杀完求婚人还要再杀死那些跟求婚人同宿的女仆。如果不是雅典娜的阻止，杀戮不会终止，和解不会到来。显然，我们在这种阅读中读出了希腊神话时代的希特勒，或者，我们在 20 世纪看到了古代希腊神话时代杀人魔王的复活。总之，比杀死"形而上学"虚构的"上帝"还要严重的杀死众多生命的事情，再加上返乡过程就是牺牲掉众多实在生命个体的过程，就是比杀死"上帝"更为严重的虚无主义。

如果说苏格拉底的虚无主义是理性主义的必然结果，是失去崇高价值、迈向平庸价值的关键一步，那么，奥德修斯的虚无主义就是进一步迈向更低层次价值，即剥夺人的基本生命权利的更严重的虚无主义！

霍克海默、阿多诺描述的奥德修斯，是现代化了的奥德修斯，是比现在的精致利己主义还要露骨、还要明显的利己主义者，是没有了任何崇高信仰、只有工具性价值的理性主义者，是为了自己的王权、土地、财富不惜血流成河的冷酷主义者。或者，如果把奥德修斯返乡解释为哲学对灵魂故乡的永恒追求，不如说他是为了崇高的灵魂返乡而不惜牺牲掉大量世俗生命和价值创造的、类似于陀思妥耶夫斯基《群魔》中的韦尔霍文斯基为了追求"崇高理想"而不惜随便杀人的"虚无主义者"。

但这样的比附明显具有现代性色彩。把现代解释模式用于文明程度

---

① 参见［古希腊］荷马：《奥德赛》，陈中梅译，721、723 页，南京，译林出版社，2003。

尚不高的古代，把现代文明背景下的野蛮与古代野蛮时期的野蛮等同起来，是不妥当的。前者是确立了文明规则后的大倒退，后者是那时常见的争斗手段。在这个意义上，把奥德修斯对神灵的敬仰视为为了利用她所采取的工具手段，甚至欺骗手段，是一种现代环境对古代环境的对换。把奥德修斯返乡时牺牲掉的水手、女性，以及回到家后对追求他妻子的男人们的杀戮与20世纪法西斯主义对犹太人的杀戮相等同，是有越界和简单化嫌疑的。

不过，在奥德修斯返乡故事中得以呈现的这种虚无主义，其发生和完成起码需要以下几个环节。

1. 自我持存。自足自立的自我是个十足的现代性存在，却被该书作者解释成自奥德修斯起就存在的自然事实。"尽管自我从盲目的自然中把自己解救了出来，但自然的支配权还依然在牺牲中持续不断地显现出来。尽管自我作为一种有机体，依旧被囚禁在自然条件之中，但它却试图在反抗有机存在的过程中确证自身。尽管自我持存的合理性取代了牺牲，但它仍然像牺牲一样，不过是一种交换而已。尽管在废除牺牲的过程中产生了能够始终维持同一性的自我，但自我很快就会变成一种顽固僵硬的祭祀仪式，在这种仪式中，人们只有通过把自我意识与自然条件对立起来，才能宣布自身的胜利。"[①]"自我，指的就是那些不再相信表现魔力的人。"[②]整个返乡过程被视为一种自我历练的过程："这个旅行者的目的是非常明确的：即捍卫自我，回到自己的家乡，守护自己的

---

① ［德］霍克海默、阿多诺：《启蒙辩证法》，渠敬东、曹卫东译，53页，上海，上海人民出版社，2003。

② 同上书，51页。

财产"；"因此，《奥德赛》所呈现的就是主体性的历史"。①

    2. 牺牲是一种交换，甚至是有意识的、有预谋的交换。霍克海默、阿多诺用现代合理性理论解释希腊神话，在一系列神话中解读出十足的合理性来："理性的支配形式需要利用牺牲"，"巫术对牺牲的集体解释完全否认了牺牲的合理性，但这种解释本身恰恰就是一种合理化过程"；于是，"奥德修斯式的狡诈实际上就是一种被救赎了的工具技术精神，他让自己臣服于自然，把自然转换成为自然的东西，并在把自己奉献给自然的过程中出卖了自然"。② 虽然作者没有说奥德修斯对神灵的信奉是纯粹为了利益、不是真信的话，但奥德修斯从不与神灵冲突，尊奉给定的各种牺牲仪式及其要求，"为此，他从形式上把这些仪式当成了自己进行理性决断的前提条件"。于是奥德修斯就成了后来的鲁滨孙："这个离群索居而又诡计多端的人，已经变成了经济人（homoo economicus）"，成了"贯彻了构成市民社会的基本原理"而得以存活下来的资产阶级个体，甚至于，"奥德修斯就是资产阶级的原型"。③ 只不过，奥德修斯还不是现代普遍理性的代表，"他的理性必定是一种有限形式的理性，是一种例外形式的理性"④，与命运相辅相成的理性。

    3. 启蒙蕴含着野蛮："野蛮和启蒙在合理性上只是一步之差"，而且，"原始神话中已经包含了欺骗的因素，而这种因素又通过法西斯主

---

    ① 参见［德］霍克海默、阿多诺：《启蒙辩证法》，渠敬东、曹卫东译，48、78 页，上海，上海人民出版社，2003。

    ② 同上书，52、52～53、57 页。

    ③ 同上书，56、62、75 页。

    ④ 同上书，58 页。

义的欺诈，达到了登峰造极的地步"。① 由于《启蒙辩证法》致力于揭示西方启蒙中本来就蕴含着的野蛮和欺骗等阴暗因素，一向被视为理性标杆的启蒙内在的情感根基得以沿着尼采开创的路径铺展开来，启蒙本是出于恐惧及其消除发展起来的一种理性主义方略。为了遏制、消除焦虑与恐惧，对引发恐惧的异在他者予以规范化（归之于理性模式之中）、以便在此基础上对其实施统治，是自苏格拉底以来启蒙文化成功发展至今的有效方法。但并不是任何时候、面对任何对象都能成功地实施这个策略。一旦如此，对异在他者的厌憎就可能被首选为实践策略。而厌憎至少可以衍生出两种不同的路径：一是疏远、去近、推至足够的远处看不见为净的方式，达到转移、忘却的目的；二是遏制、打击、消灭的方式，力图干脆予以消解持续性衍生恐惧的异在他者。前者往往是在异在他者引发的焦虑、恐惧不甚严峻，一时找不到有效的驱除焦虑和恐惧的方略情况下采取的。而后者则往往是异在他者引发较为严峻的焦虑和恐惧，对主体形成迫切而持续性的生存压力，无法逃避，急于解除的情况。无论采取何种方式，都是为了消解恐惧，都是为了建立对异在他者的统治性关系。一切的认知、体验、交往，都是出于恐惧、焦虑和确立统治性关系的必要性上，以便能使主体本身安然存在。在与他者建立非统治性关系的和解期盼中，这种出于焦虑、恐惧的统治性关系所具有的弊端得以更清晰地呈现出来。通过考察西方文明史最初的状况，霍克海默、阿多诺希望揭示出这种启蒙文化的初始就蕴含着残酷的统治性冲

---

① 参见[德]霍克海默、阿多诺：《启蒙辩证法》，渠敬东、曹卫东译，52、47页，上海，上海人民出版社，2003。

动。为了建立这种统治性关系，焦虑的主体对妨碍这种关系确立的异在他者有时就会实施赤裸裸地打击、扼杀、消灭的策略。在这种策略中，隐含着明显的虚无主义力量。这种虚无主义力量不只拉低了主体价值追求的层次和境界，甚至直接残害生命个体的基本权利。这种自古存在并在当时的法西斯主义中得以体现的虚无主义，是一种比尼采的上帝之死更为严重的虚无主义，是一种跟野蛮直接等同的虚无主义力量。而它，一直就存在于西方启蒙文化的初始处，会随着文明的发展在某些特定情况下表现出来。《启蒙辩证法》揭露启蒙并非始于近代，也并非始于取代悲剧文化的苏格拉底，而是始于希腊神话时代，这是《启蒙辩证法》的特殊贡献。通过这种揭露，作者成功地向读者显示了，法西斯主义不是突然冒出来的东西，而是具有非常远古的根源和基础，"最晚近的意识形态也不过是最古老的意识形态的翻版而已"①。

三、深度虚无主义的机制与路径：个性、自然的被否定

对个性的否定是导向深度虚无主义的重要一环，特别是导向底线道德突破的重要一环。

为了克服对异在他者的焦虑、恐惧，苏格拉底伊始的理性主义文化总是致力于探究永恒、普遍的必然律。而这种必然律又势必极力排除事

① ［德］霍克海默、阿多诺：《启蒙辩证法》，渠敬东、曹卫东译，53页，上海，上海人民出版社，2003。

物的特殊性、个性，总是致力于用一般的概念、逻辑去建构一种统一性甚至同一性。以同一性扼杀差异、多样性，在某些情况下不给予这些不合乎主导秩序的边缘化存在者生存的权利，是这种同一性体系一直孕育着的，只有在某些具体情况下才会爆发出来的虚无主义力量。在这里被虚无化的不是别的，正是特殊性与个性。被虚无化的个性和特殊性正是通向崇高、超验价值被否定被虚无化的通道。施蒂纳和尼采正是在现代文明培育平庸、扼杀有创造力的个性的意义上，质疑现代文明内在的虚无化力量的。虽然个性的被虚无化并不等于崇高价值的被虚无化，但却的确可以通向崇高价值的被虚无化。在某些特定情况下，这种可能就成为现实。法西斯主义就恰恰把这种可能变成了不折不扣的现实。

同一性于是就与虚无主义产生了可能性的内在联系。

而追求同一性的物化也就与虚无化极容易发生内在关联。物化通向虚无，是尼采的担忧。我们知道，卢卡奇开始的西方马克思主义担忧的不是社会层面的物化，而是进一步深入思想之中从而越来越被视为具有自然合理性的物化。在《启蒙辩证法》中，两位作者看到，思想物化了，物化了的思想"在数学、机器和组织等物化形态（verdinglichten Gestalt）中对那些把它忘在脑后的人们实施了报复，放弃了思想，启蒙也就放弃了自我实现的可能"①。物化了的思想开始强求同一性，对不合乎这种同一性的东西进行修理甚至残害，从而极易由此导向对个性的扼杀，对不合乎规范的他者的扼杀。这就是导向基本价值底线被突破的虚无

---

① ［德］霍克海默、阿多诺：《启蒙辩证法》，渠敬东、曹卫东译，38页，有改动，上海，上海人民出版社，2003。

主义。

在霍克海默、阿多诺看来，个性代表每个人的真实存在，个性的丧失就是个体的被虚无化："文化工业很挖苦地体现人类的种属本质。每个人的存有都可以被其他人取代：每个人都是可以被取代的，只是一个样本而已。作为一个个体，他是绝对的可替代者、纯粹的虚无（reine Nichts），而一旦时间剥夺了他们的相同性时，他们马上就会觉察到了。"①意思是说："个性就是一种幻象，这不仅是因为生产方式已经被标准化。……个性不过是普遍性的权力为偶然发生的细节印上的标签，只有这样，它才能够接受这种权力。……个性化从来就没有实现过。"②个性的被否定作为一种虚无化，是通向生命权利这种最基本价值被虚无化的关键环节。

罗素在20世纪初奉劝中国不要丢弃传统美德、不要倾心于西方现代文明时说明过，现代西方所谓的自由不过就是一种权力："我们之所以喜欢进步，十有八九是由于喜欢权力，欣赏这样一种感觉：我们一声令下，事情就发生了变化。"③对政治权力和金钱的追求都是由于这个。把这个说法用在《启蒙辩证法》对西方文明一直致力于完善和提升的"统治体系"的分析时，异常合适。在霍克海默、阿多诺看来，在苏格拉底

① Max Horkheimer, Gesammelte Schriften Band 5, *Dialektik der Aufklaerung und schriften* 1940—1950, Fischer Verlag, Frankfurt am Main, 1987, S. 171—172. 中译文参见[德]霍克海默、阿多诺：《启蒙的辩证》，林宏涛译，185页，台北，商周出版，2008。

② [德]霍克海默、阿多诺：《启蒙辩证法》，渠敬东、曹卫东译，172~173页，上海，上海人民出版社，2003。

③ [英]罗素：《中国问题》，秦悦译，161页，上海，学林出版社，1996。

以来所追求的知识中，重复性、必然性，与知识垄断者的内在性，以及权力统治关系彼此呼应，一脉相承。"象征所意指的自然的重复，也一再出现于后来象征所表现的社会控制的内在性。被对象化为固定形象的恐惧（Schauder），变成掌权者巩固统治的符号。即使普遍概念舍弃所有的形象，亦复如是。"①在这里，霍克海默与阿多诺认为，概念、范畴"表现了有组织的部落及其对个体的宰制力量，概念的整个逻辑秩序、从属、联结、包含和归结，也奠基于社会现实的对应关系，亦即分工。"②概念、范畴的基础是展现权力统治关系的社会秩序。现代科学的概念更不用说了。统治、宰制是社会统一体系的关键所在，社会团结却不是，因为凝聚性、力量是宰制、统治的必然结果。宰制在现代社会中体现为分工，分工体现着权力。这在尼采看来是天经地义的事，这里，霍克海默与阿多诺却用马克思的以特殊阶级利益冒充普遍利益来进行批判："整体自身，也就是内在理性的作用，必然成为个殊利益的实现工具。对于个别者而言，宰制是普遍的东西，是现实中的理性。……沉淀在思维里的，是集体性与宰制的统一性，而不是直接的社会普遍性或即团结。"③柏拉图之后，概念被提升到真正的现实。概念意味着的规范、普遍性、严格性、排他性、（谁的）优势以及（谁的）劣势，都可以通过它所反映、提升了的社会生活中的权力宰制关系得以证实。"观念是被用来助长语言的社会性权力，因此，观念会随着权力的扩张而过剩，而科

---

① ［德］霍克海默、阿多诺：《启蒙的辩证》，林宏涛译，45 页，台北，商周出版社，2008。

② 同上书，45 页。

③ 同上书，46 页。

学的语言则会终止它们"①，使它们（观念）变得多余了。科学语言数字化、精确化之后，抽象的观念以新的形式获得发展，更加普遍化和惯常化，致使现代意识中已没了恐惧的暗示意味了。具体性和宰制的统一性现在表现在普遍性里，即那种日益数字化的现代普遍性里。形而上学的语言里，观念对现实实际的覆盖会遗漏掉一些实际中边缘化的东西，而科学语言的所谓中立性会使得无权者完全失去表达的能力。科学系统作为理性主义系统的最高发展成就完全与既得利益阶层、权力拥有者沆瀣一气。"只有既存势力才能掌握科学语言的中立符号。如此的中立性比形上学更加抽象难解。"这样一来，结论就是："最后，启蒙不仅吞噬了象征，也吞噬了其后继者，即普遍概念，而除了对于集体的抽象焦虑（Angst），什么也没留给形而上学。"②抽象概念在科学语言中也不行了，跟不上其发展了，落后了。所以，概念之于启蒙就像退休者对原来的托拉斯公司一样，被利用过了，现在不行了，不会因为原来对公司有所贡献便会一直为退休者保留着地位。如果说逻辑实证主义还给或然率一个地位，人种学实证论则把或然率等同于模糊概念、迷信之类的东西了。

在同一性体系十分发达的文化中，个性显得极为不易、极为偶然。就像霍克海默、阿多诺所说的："如果个性都能永恒存在下去，那么所有事物都会与整体产生对立。个人的基本个性包括两个部分，一是能够

① ［德］霍克海默、阿多诺：《启蒙的辩证》，林宏涛译，46 页，台北，商周出版社，2008。

② Max Horkheimer, Gesammelte Schriften Band 5, *Dialektik der Aufklaerung und schriften* 1940—1950, Fischer Verlag, Frankfurt am Main，1987，S. 45. 中译文参见［德］霍克海默、阿多诺：《启蒙的辩证》，47 页。林宏涛译本中说"该焦虑则源自集体"应不妥，该焦虑是对集体的焦虑，也就是对制造同一性体系的越来越多的集体的焦虑。

逃离统治体系并能够幸存下来的要素，一是统治体系残害它的成员时所留下的伤痕。"①不管如何，个性或者只是偶然的实存，不是必然的存在；或者只是伤痕的印记，不是自然成长的标志。这里，被虚无化的不是崇高价值及其相应的形而上学，而是个性、特殊性的被压制和消解，也就是普遍、抽象的同一性体系的建立。这个体系的建立压抑、驱逐了差异、多样性和存在于具体形象系统中的生命性力量。在这种论虚无主义文化塑造的概念统一性、日益数字化精确化的理性系统之中，霍克海默与阿多诺读出了一种具有毁灭性的虚无主义力量。这是一种夸张，还是一种智慧的提醒？我们更愿意相信是后者。

这种日益追求同一性的理性主义体系，首先针对的对象是自然。于是，启蒙成了对自然的分隔、宰制，造就了自然的异化。宰制自然的现代主体性，却导致了对自然的依赖和服从！人不得不抛弃自我，躲进理性主义构筑的文明制度和技术体系之中，躲避更大的自然性力量，躲避更大的体系支配。躲进安全的文明体系中是对追求安全的最大讽刺，因为这样一来安全就是失去自我，就放弃自我、自由。理性主义体系不再是自由的保证，而是支配、宰制形式的翻新，并在这种翻新中流出希望的远景。"然而尽管真实的历史是由真实的苦难编织而成的，而苦难也没有随着消除苦难的手段增多而相对地减少，但是该远景的实现却还是依赖于概念。"②即没有现实性。

---

① [德]霍克海默、阿多诺：《启蒙辩证法》，渠敬东、曹卫东译，275页，上海，上海人民出版社，2003。

② [德]霍克海默、阿多诺：《启蒙的辩证》，林宏涛译，65页，台北，商周出版，2008。

　　被虚无化的首先是自然，因而，需要优先和解的也是自然。思维发现支配是未和解的自然，支配与和解常常对立冲突。支配是无法缓解必然性的，只能加剧必然性，这样，和解才会缓解必然性。社会主义认定必然性是未来社会的基础，而把精神理想化了，精神属于上层建筑的顶端存在，这也是拥抱了资产阶级的哲学遗产：自我保存式的自由，没有更高追求，只有物质利益。于是，必然王国与自由王国的关系就是数量上的差异、机械性的关系，而自然被视为待统治、异质的东西，就会像早期神话一样。这里存在着极权主义倾向，这种倾向把自由和社会主义都吞噬掉了。"思想被启蒙放弃，以数学、机械和组织的物化形式（ver-dinglichten Gestalt）向遗忘它的人复仇，而启蒙也失去了自身的实现。"①启蒙以如此方式驯服了个别事物，以整体的名义宰制它们。如此必定使得思想僵化成无意识状态。有别于这个做法的才是真正有颠覆性的。阻碍这个颠覆性之路的，是物质性条件，即不受管束的技术。社会学家们在寻找另一个对策，采取集体主义的策略来控制这一趋向。这是不现实的。问题就在于，或者罪责就在于，使人盲目的社会脉络（就像马克思所说的），各个民族都以神话或科学的方式对自己创造的既存事实表示尊敬，使这个既存事实变成毫不怀疑的事实，像一座坚实的城堡立在那里，所有其他不同想法都自惭形秽并且堕落地顺从客观、既成的历史趋势。启蒙已经堕落成了对这种既成事实认可、促成其壮大的工具

---

　　① Max Horkheimer, Gesammelte Schriften Band 5, *Dialektik der Aufklaerung und schriften* 1940—1950, Fischer Verlag, Frankfurt am Main, 1987, S. 60. 中译文参见[德]霍克海默、阿多诺：《启蒙的辩证》，渠敬东、曹卫东译，66 页，上海，上海人民出版社，2003。

和手段，没有反思和对抗，因而具有破坏性而不是进步性了。启蒙只有放弃这一立场，放弃对绝对的暧昧立场，才能实现自己的期望和目标：当启蒙誓言放弃与对手们和解，且大胆扬弃那虚假的绝对者、盲目支配的原理，启蒙才会自我实现。如此坚定不屈的理论的精神，甚至可以使那无情的进步精神放弃其目标。这里的"进步精神"应该是贬义的。阿多诺接受了本雅明对进步的质疑和批评。培根是进步精神的传令兵，有伟大的梦想。如今这些梦想落到了作为王公贵族后裔的资产阶级手里，变成了摄取权力的工具。启蒙呼唤出和制造出的理性主义系统国王甚至资产阶级都无法管制了。可能只有所谓的"全体人类"才能管制，但这也是有名无实的：谁也管不了！或者可以理解为：需要全体人类明白才能扭转。也就是如果"他们终于从事物的力量那里学到如何放弃力量"①。在这个意义上，启蒙能够自我扭转：启蒙发现原初设定的控制支配事物的目标已经达成，而且当问题百出时，人们才会意识到原本力图控制支配的自然才是发源地，应该倍加爱护，人类应该与自然和解。这时，启蒙才会成就其顶峰而又自我扬弃："当启蒙眼前的实践目标原来早已完成，而人们也想起来，'国王们的斥候和探子也查不出什么情报'的那些过度（亦即被拥有支配权的科学误解的自然）才是发源地，启蒙便成就其巅峰而又自我扬弃。"②培根的理想是驾驭自然，当驾驭自然"那个乌托邦覆盖大地"，才终于"彰显出那无拘无束的自然所拥有的强制性本质"。自然的强制性才是真实的。真正的宰制是自然发出的。马克思和尼采特别

---

① ［德］霍克海默、阿多诺：《启蒙的辩证》，林宏涛译，67 页，台北，商周出版，2008。

② 同上书，67 页。

是尼采一再提醒现代人的就是这一点。霍克海默和阿多诺也在这里说
"那就是宰制本身"，指的就是自然才是宰制者！明白了这一点，培根所
期望的知识，本来是支配工具的知识，"现在便可以瓦解宰制的力
量"①。但可惜的是，正当通过痛苦和挫折获得的知识可以用于重新走
上启蒙大道时，知识却又陷入了欺骗、谎言的陷阱，为了利益和地位被
资产阶级运作成欺骗与谎言的启蒙。

四、信仰与艺术的科学化、工业化：进一步的虚无主义

信仰对知识的依赖，是理性主义文化的必然结果。苏格拉底的理性
主义文化把一切都建立在理解的基础上。"理解然后美""理解然后信"，
都已蕴含在苏格拉底的理念逻辑之中。随着以理性把握必然规律来消除
焦虑、恐惧的策略逐步取得成功，成效越来越大，近代启蒙文化蕴含着
的"理解然后信"就日益铺展开来。就像恩格斯所分析过的："宗教、自
然观、社会、国家制度，一切都受到了最无情的批判：一切都必须在理
性的法庭面前为自己的存在作辩护或放弃存在的权利。"②经过理性启蒙
之后，信仰成为一个私人性概念。如果不把它与知识联系起来，就会面

---

① ［德］霍克海默、阿多诺：《启蒙的辩证》，林宏涛译，68 页，台北，商周出版，
2008。

② 《马克思恩格斯选集》第 3 卷，404 页，北京，人民出版社，1972。

临被消解或弱化。但"信仰依赖于对知识的限制，因而也限制了自身"①。康德代表了近代启蒙力图为信仰辩护的做法：理性知识至高无上。信仰注定要和知识捆绑在一起，无论两者是什么样的关系，信仰都必须以知识为基础，盲目信仰不再被认可。再加上如下这一点：在这里作者还有说到新教改革，把神圣世俗化（上帝很看重钱了）后，信仰不再依赖于神圣形象，而是依赖《圣经》的文本、文字。依赖于实在存在，依赖于实验与理性，依赖于文本解释的这套做法，势必进一步凸显知识、理性的地位。这样运作的最终结果其实就是信仰知识本身，甚至是盲目地信仰知识、理性、真理。而对知识、科学的信仰，就是对工具、力量、统治甚至严酷的信仰，因为，价值、美好和崇高价值的信仰势必被束之高阁，崇高价值肯定不再被信仰了！这就是上帝之死的必然性吧。

"理解然后美"的理念在《启蒙辩证法》时代进一步发展为艺术的科学化和工业化，进一步加重了否决崇高价值的虚无主义。承载崇高价值，至少是非物化价值的艺术，一旦被技术和经济所吞噬，就会沦为物化价值的奴隶，成为资本的附庸。马克思赞赏古希腊文化不为经济所左右，而是为了塑造良善的公民的做法。其中悲剧、喜剧艺术在其中起着非常重要的作用。西方自古以来就有文化、艺术相对独立的传统，这一传统在马克思所处的时代还没有完全被扭转。他经常嘲笑资产阶级文化陷入了对本阶级利益的唱赞、辩护之中，变得肤浅、低俗并缺乏境界。在他对无产阶级文化的期待之中，俨然存在着对文化、艺术自主性的信任和

① ［德］霍克海默、阿多诺：《启蒙的辩证》，林宏涛译，43页，台北，商周出版，2008。

坚持。对于经济因素对文化、艺术的侵蚀作用，马克思那个时代还没有那么严峻。马克思虽然不同意 F. 施莱格尔那种"'经济'的概念是某种同精神文化敌对的东西，一般说来，它是一切庸俗和散文气的根源"①的立场，但他认定经济对文化艺术的决定性作用会造成资产阶级文化受制于经济利益，无产阶级却不会。在资产阶级会把文化、艺术纳入科学文化之中这一点上，马克思跟屠格涅夫是一致的。屠格涅夫在《父与子》中深深忧虑的巴扎罗夫式的虚无主义，就是用资产阶级的科学文化解决道德、信仰、艺术问题，所引发的忧虑。到了 20 世纪三四十年代，问题更为突出了。文化工业把存在于文化艺术中的崇高击碎，使之变成工业利润体系中可兑换钞票的碎片时，情况已经远远超出了马克思和屠格涅夫当时的担忧。霍克海默、阿多诺所说的"艺术家对这一过程的精确描述，已经向我们展现了解剖学和活体解剖的冷酷无情"②，与屠格涅夫在《父与子》中描绘巴扎罗夫见到漂亮寡妇奥津佐娃就魂不守舍，百思不得其解之后希望通过活体解剖弄清奥津佐娃吸引力之秘密的做法，就几乎无甚区别了。

随着科学与神话以及科学与诗的分离，强调抽象、同一性并谴责形象、模仿的哲学与诗分开。按照科学的观点，语词即抽象符号，艺术中指向具体声音、图像及具体意象的符号是低级的，不能以组合方式来重建文字本身，再现符号所指的具体对象。科学意义上的文字势必导向计

---

① 参见[苏]里夫希茨：《马克思论艺术和社会理想》，59～60 页，北京，人民文学出版社，1983。

② [德]霍克海默、阿多诺：《启蒙辩证法》，渠敬东、曹卫东译，80 页，上海，上海人民出版社，2003。

算、同一性、抽象性，而拒绝模仿。不断进展着的启蒙，只有"真正的艺术"才不至于单纯模仿事物，而是寻求本质。科学越来越被视为抽象符号的演绎体系，数学家们的游戏，却不试图超越这个符号系统。艺术也在效仿科学，向实证科学投降，完全沿着苏格拉底文化的方向发展：迎合世界、变成意识形态、顺服，丧失批判精神。不仅如此，艺术还在工业化以及文化工业中变成了一个个货币符号。艺术不再按照自身的审美原则发展自己，而是按照现代经济学的趋利原则把自身融入新的经济体系之中，成为经济运作的一个环节和部分。

这是指现代的情况。屠格涅夫的虚无主义概念就是探讨这个问题的。科学向艺术的渗透，艺术的科学化，就是虚无主义。符号和形象的分离是无法避免的，是进步的，不能倒退，但把记号、符号实体化，同一化，就会毁灭真理。所以，哲学与诗，符号与形象应该在联系中相互促进，而不是互不理睬，更不能把艺术完全科学化、哲学化。

总之，《启蒙辩证法》不但推进了马克思、尼采、陀思妥耶夫斯基、屠格涅夫对虚无主义的思考，把虚无主义从"上帝之死"的含义，与到"上帝死后什么都可以做"的含义整合起来；而且，还进一步把虚无主义的西方发生史从尼采的苏格拉底延伸到荷马，把科学主义对艺术的蚕食导致的虚无主义，延伸到文化工业体系中对艺术再一次的粗暴践踏所导致的更严峻的虚无主义。这种虚无主义在法西斯主义和当代消费文化中获得了进一步的展现。

《启蒙辩证法》与中国的虚无主义

中国缺乏审视和反思《启蒙辩证法》的足够经验。按照中国的当下经验，如何阅读《启蒙辩证法》呢？中国现代性发展的水平和特定的问题给予这种阅读怎样的限制、导引，使之发生了怎样的变形？我在这里将要分析的是，《启蒙辩证法》对启蒙发展逻辑过于悲观的看法在中国导致了一种怎样的解读，这种解读又如何与中国本土的重视操作与手段，而不关注理论与长远目的的操作主义与实用主义结合。这不但促生和加重了虚无主义，影响中国当代的文化建设，而且对中国的制度改革和建构也起着明显消极的作用。立足中国传统思维和当代境况，在中国传统辩证法的氛围下解读《启蒙辩证法》，不但更为合理，也显得颇为关键。

一、启蒙辩证法就是启蒙走向神话、野蛮和虚无的不归路？

中国学界对《启蒙辩证法》的解读基本上都是把启蒙辩证法理解为启蒙转化为自己当初向往的反面，包括野蛮、迷信、欺骗与神话，并且对启蒙已经丧失信心。按照这种理解，启蒙走向了野蛮、神话和迷信的不归路，因而没有了希望。这种至今仍为许多学者津津乐道、实际上颇值得怀疑的后现代式解读，在哈贝马斯那里找到支持性依据之后，就更得到自我肯定了。由于哈贝马斯在中国学术界影响甚大，在中国学术界基本听不到对他质疑的声音。我了解的唯一质疑，还是来自海外华人。

《启蒙辩证法》的确更多得益于尼采，而不是马克思。从这一角度来看，就霍克海默与阿多诺对启蒙的批判反思来说，至少存在着三种不同的解读。

第一，他们与尼采一样，揭露启蒙内在的矛盾与自悖谬。或许他们没有自觉地意识到批判采取的标准问题和内在悖谬性问题，而只是诉说一种启蒙走向反面的无奈。虽然似乎与尼采一样诉诸个体审美，但尼采仍然转向了另一种内在，而霍克海默与阿多诺没有转向对内在性的诉求。

更多的中国学者把启蒙辩证法解读为启蒙蕴含着的自否定逻辑的自我转化。他们以为，霍克海默、阿多诺在《启蒙辩证法》中的意思就是：其一，那种由启蒙发端并以启蒙为目标的现代性文明依其本性必然地、辩证地转化为"启蒙"的反面，即转化为神话、迷信和野蛮。其二，启蒙也已经转化为"启蒙"的反面，即转化为神话、迷信和野蛮了。其三，启蒙按照自己内在逻辑的发展，只有自我转化为"启蒙"的反面，即转化为神话、迷信和野蛮这一条路径。因而，启蒙辩证法就只能是悲凉和没希望的。这就是说，启蒙的辩证法就是从启蒙的正面转化到自己的反面，而不是两种倾向此消彼长的永恒争斗。以此为基础，很多学者对《启蒙辩证法》投以后现代的目光，认定它是一种重要的后现代导向，把启蒙辩证法的解释纷纷导向了后现代理论：方向红在《理性自身的启蒙——阿多诺"祛魅"观重构》一文中就认定，阿多诺既要反思传统哲学，又要揭穿现代哲学的秘密，并且"昭示了一种独具一格的'后现代'理论正在潜滋暗长"①。虽然作者写这段话时主要指的是《否定的辩证法》一书，但从作者征引的文献来看，这个结论无疑涵盖《启蒙辩证法》。

第二种解读认为，霍克海默与阿多诺比尼采更悲观。尼采对启蒙辩证法至少还抱有希望，霍克海默与阿多诺却完全对启蒙失去了希望。孙玉良在分析尼采对《启蒙辩证法》的影响的文章中说，《启蒙辩证法》对尼采的援引是存在明显的曲解的。他也引用哈贝马斯的观点说明"《启蒙辩证法》存在着对尼采思想的误用：第一，尼采仍然有着对启蒙的梦想。尼采并没有对启蒙丧失信心。对于启蒙辩证法，尼采并没有表现出《启蒙辩证法》中所描述的那种悲观的态度。在他看来，启蒙的问题说明了基督教的基础没有彻底被打垮，所以才有启蒙的不断折返，必须借助历史中的反作用力继续推进启蒙的计划，而不是要放弃启蒙"②。显然，作者是要把尼采对启蒙的希望和信心跟《启蒙辩证法》对启蒙的绝望和无信心直接对比。"误用"意味着，《启蒙辩证法》对启蒙无梦想了，对启蒙

---

① 参见方向红：《理性自身的启蒙——阿多诺"祛魅"观重构》，载《江苏社会科学》2000(4)。

② 孙玉良：《尼采对〈启蒙辩证法〉的影响》，载《社会科学研究》，119 页，2007(6)。

丧失信心了。也就是说，在作者看来，《启蒙辩证法》的两位作者"认定"
启蒙已经放弃了自身，已经按照"内在的"逻辑走向了自己的反面。所
以，启蒙没有前途，启蒙追求的那些理想价值都是虚幻的和不可靠的。
这样散发和传播出来的见解，完全就是一种十足的虚无主义见解，似乎
《启蒙辩证法》在传播一种虚无主义，也就是告知我们，启蒙许诺给我们
的那些现代性价值全都是虚假的，没有什么东西是可以确信的！

第三种解读认为，《启蒙辩证法》抛开了理论，直接走向了实践。

在《启蒙与神话的纠缠》一文中，哈贝马斯把《启蒙辩证法》中的启蒙
批判看得比较极端。在他看来，霍克海默与阿多诺"把启蒙看作是摆脱
命运力量的失败努力"①。"理性失去了采取'肯定'立场或'否定'立场的
批判能力，失去了区别有效命题和无效命题的能力，因为权力要求与有
效性要求已经同流合污了。"②理性只是工具理性。③ 文章上来一开头就
这么定论：阿多诺与霍克海默"把启蒙的自我毁灭过程加以概念化。据
他们分析，人们不可能再对启蒙的拯救力量抱有希望"④。为了凸显自
己"找到了"解开启蒙辩证法的方法，重新把启蒙推向前进的路径这样的
新发现。哈贝马斯如此定论霍克海默与阿多诺的启蒙辩证法，是可以想
象的，也是可以理解的。不过需要质询的是，霍克海默与阿多诺对启蒙
的批判能力从何而来呢？批判的理论必要性又何在呢？批判难道不是从

---

① ［德］哈贝马斯：《现代性的哲学话语》，曹卫东等译，132 页，南京，译林出版
社，2004。

② 同上书，130 页。

③ 参见同上书，128 页。

④ 同上书，122 页。

启蒙中内在地产生出来的吗？如果批判是从启蒙中内在地产生出来的，那不意味着启蒙还有自我纠偏的潜能吗？而批判不意味着对于启蒙的某种更好的期盼和希冀吗？哈贝马斯也承认，当霍克海默与阿多诺发现意识形态批判必须转向总体性批判时，"他们依然想坚持启蒙的基本框架。因此，他们把启蒙对神话所做的一切再一次完整地应用到启蒙过程当中"①。把从启蒙自身产生出来的批判潜力用于对启蒙的总体性批判，存在一种内在的悖谬或矛盾。在审美中找到新的批判标准，在谱系的追踪中找到更原始、更高贵、更纯粹、更具创造性的存在作为批判标准，也许是两种可能的趋向。如果"仍想继续进行批判，他们就必须保留一种标准，用来解释一切理性标准的堕落"②。哈贝马斯认为，霍克海默与阿多诺所做的不同于尼采的选择是，鉴于理论反思已经失去了根基，就干脆放弃理论，直接把"确定的否定"付诸实践。③ 就此观点，在推崇和附会哈贝马斯的一些学者中也不乏追随者。

在我看来，上述三种看法都过于负面地看待了《启蒙辩证法》关于启蒙及其发展趋向的见解。受自由主义的影响，《启蒙辩证法》的消极性被人们夸大了。我们可以更正面地看待《启蒙辩证法》，并相应地解释霍克海默、阿多诺的本意。

两位作者在申明"启蒙的自我毁灭"构成该项研究的第一个对象后，特别指出："我们并不怀疑，社会中的自由与启蒙思想是密不可分的。

---

① ［德］哈贝马斯：《现代性的哲学话语》，曹卫东等译，137 页，南京，译林出版社，2004。

② 同上书，147 页。

③ 参见同上书，148 页。

但是，我们认为，我们同样也清楚地认识到，启蒙思想的概念本身已经包含着今天随处可见的倒退的萌芽。……如果启蒙没有对这一倒退的环节进行反思，它也就无法改变自身的命运了。"①反思是为了改变命运，启蒙的自我毁灭因而只是一种趋势。即使人与自然的异化作为当代西方文明危机的核心已经是不可逆转的趋势，也不能说启蒙唯一的可能性就是自我毁灭。因为批判本身就意味着对更好状况的希望，就像马丁·杰所评价的："对更好的状况的希望，如果不完全是幻想的话，它也是依赖于对现存者的明确否定而不是实现希望的许诺。"②而且，从逻辑可能性角度而言，自我毁灭也并非唯一的趋势，而只是多种可能的趋势中的一种。到底哪一种趋势更可能获得实现，取决于多种力量的较量。其中就包括启蒙对自身蕴含着的毁灭趋势的批判并自我纠正这一力量。所以，在这样的意义上，这反思是启蒙的自我反思，是启蒙内在地产生出来的纠偏式的自我反思，是启蒙自我拯救的努力之一。《启蒙辩证法》也正是要把哲学对社会现实的批判力量重新动员起来，这是为一个肯定的启蒙概念奠定根基的一个关键所在。在《启蒙辩证法》一书中，阿多诺与霍克海默自己也曾谈到要为一个肯定的启蒙概念做好准备。③ 他们也明确地表示，这种从成熟到不成熟，从自主解放到被管理和组织，从启蒙

---

① ［德］霍克海默、阿多诺：《启蒙辩证法》，渠敬东、曹卫东译，前言 3 页，上海，上海人民出版社，2003。

② Martin Jay, *The Dialectical Imagination*, *Little*, Brown And Company • Boston • Toronto，1973，p. 266.

③ 参见 Theodor W. Adorno, Gesammelte Schriften（Band 3），Suhrkamp Verlag Frankfurt am Main，1970，S. 16.

到欺骗的辩证法，其"逻辑必然性尚未盖棺定论"①。

更何况，真正的启蒙是认识到自己的局限的启蒙。在这个意义上，《启蒙辩证法》的启蒙观虽然并不就是真正启蒙的样板和代表，但却是走向真正启蒙的一个必要和极为重要的可能性环节。它对启蒙的反思批评是真正启蒙，或启蒙自身走向深入的一个起码的标志。就像约亨·施密特在论及《俄狄浦斯王》与古老宗教启蒙的失败时所指出的："通过认识自我，俄狄浦斯发现自己有局限、有欠缺的脆弱本质。对索福克勒斯来说，只有这一经验才是真实而完全的启蒙。这一经验使理性启蒙对胜利的信心、对权力的要求相对化。这一观点表现在俄狄浦斯渐渐增强的震怒中。而俄狄浦斯最终发现的不仅仅是外部现实关系中隐藏的东西。他一直纠缠在这些关系里，他的整个身份都依赖于这些关系。俄狄浦斯同样发现他个人的无知。最终他知道，他其实一无所知。所以，通过唤起某些人类本质经验，反启蒙本身求的其实是一种更高的启蒙状态。"②按照类似的逻辑，我们也可以说，《启蒙辩证法》对启蒙的分析有助于构建一种真正的启蒙。固然，《启蒙辩证法》没有能够为我们建构起这样的启蒙来，它过于悲凉的论调给人以启蒙似乎已经失去希望的印象，但它并没有给启蒙判死刑。它固然还没有发现希望在那里，不过这希望仍然存在可能。这种可能性至少存在于他们对启蒙促生的统治、专制、欺骗、

---

① ［德］霍克海默、阿多诺：《启蒙辩证法》，渠敬东、曹卫东译，34 页，上海，上海人民出版社，2003。

② Jochen Schmidt, *Sophokles, König Ödipus. Das Schreitern des Aufklärers an der alten religion.* In ders: *Aufklärung und Gegen Aufklärung in der europäischen Literatur, Philosophie und Poltik von der Antike bis zur Gegenwart*, Wissenschaftliche Buchgesellschaft, Darmstadt, 1989, S. 50.

敌视人等内在特质的揭示、批判和否定之中。如果启蒙只能走向神话、迷信和野蛮，已经不存在另外的可能性，不存在任何希望了，那这种揭示、欺骗和否定就毫无意义了。

二、从"实践"到"身体"：陷入虚无主义

既然启蒙已经走向了野蛮、统治他者客体、技术治国、数字和力量神话以及蒙骗大众等日趋盛行的不归路，世俗和经验的存在日益取得了决定性的优势，那么，"反对超感性价值，否定它们的存在，取消它们的一切有效性"的虚无主义问题就会随之而来。由于在汉文化尤其是中国儒家思想中，超验性与经验性、人性与神性、"常"与"圣"、感性与超感性等被密切地联系在一起，没有像基督教文化中那样有巨大鸿沟；而且在从孔夫子到王阳明再到当代的发展进程中，这种联系似乎是愈来愈密切，远比从路德以至青年黑格尔派力图从现实的此在中，从世俗的当下之在中找到神圣的种子，从而在世俗此在中成就神圣的做法更为密切。借助"五四运动"以来反传统主义激进思潮的推动，使得这种否定超验价值的虚无主义就更加复杂了。

20世纪末，中国大陆开始实施改革开放。对改革的方向、目标和策略等关涉改革的重大问题，不搞争论，尤其是不搞理论性争论。这就促使思想退出了实践，也致使思想中隐含着的、约束当下经验现实的超验原则与理想弱化，甚至放弃对实践的约束。只搞纯粹的经济，不搞政治变革和理论论争。值得注意的是，不争论意味着不搞理论性的争论，

其中包括拒斥不考虑实际情况的胡乱批评。很容易看出，这恰恰与阿多诺、霍克海默的精细反思倾向几乎完全相反。不过，我们感兴趣的还不是目前盛行的不搞理论争论、只讲求操作的做法，与《启蒙辩证法》施行的只讲求批判而不管是否握有操作方案的理论反思做法恰好相反；而这两种恰好相反的做法却在共同驱动着中国虚无主义是很有意思的现象。

阿多诺曾指出，第一，贬低知识，匆忙要求实践，这种做法在封闭理论的同时，从目的论上来讲，它从自身方面也给自己规定了，它已经在自身中与错误的、也就是与压制别人的、盲目的甚至暴力的实践发生了关系。所以，出现鲁莽草率的行动"这种情况很可能与某种憎恨思想的情绪有关于这种贬低理论的态度有关，而这种态度发展到最后只能是贬低知识"。祛除理论思考的事务主义态度很容易变成非理性主义，变成"一种压制的和压迫的实践"。① 第二，批判理论只是批判，没有发现因而也不能提供行动指南，哪怕是具体的实践策略也无法提供。但这不能因此就否定批判当下现实的意义。按照阿多诺的解释，"实践优先"的康德式观念决不意味着任何类别和层面的"实践"都具有优先的资格。具有优先资格的"实践"只能是"正确的实践"，而这"正确的实践"必须首先进行理性的或理论的分析。可以说，只是从最终目的的意义上说，"实践"才是优先的；而从操作的意义上，"理论"探讨才是优先的。看得出来，他对康德的这种见解很是欣赏。而这与改革开放以来中国奉行的策略是显然不同的。此时的中国也主张"实践优先""实践是检验真理的唯

---

① 参见［德］阿多诺：《道德哲学的问题》，谢地坤、王彤译，4~5页，北京，人民出版社，2007。

一标准"，但优先的这种"实践"却绝对不是需要先进行理论探讨的"实践"，而就是经验状态的、试错性的"实践"。理论，特别是经济学理论，在中国往往只是在解释既成事实，而不是指导现实。一切都在探索和调节之中。按照西方思想的既有逻辑，这种状况的问题是相当严重的。

当然，探讨这种复杂现象的社会经济理论不是我们的兴趣所在。我们感兴趣的问题是，关于"实践"的两种迥然不同的态度如何协调一致地促生和深化着中国的虚无主义。

在讲求操作和手段的这种操作主义之中，虚无主义势必成为其中一个严重的问题。《启蒙辩证法》中遭到批判的诸多启蒙理想，诸如与同一性直接相关的平等、民主和世俗的大众文化，仍然是改革开放的中国所追求的。可是，在西方拒斥形而上学的后现代思想的夹击之下，启蒙的理想已经在学理上被攻击得百疮千孔，面临着需要拯救的窘境。在它迫切需要拯救的境况下，在它日益遭受来自西方学术界的攻击时，中国社会中盛行的这种不争论，以及排斥理论和思想的策略至上主义，使得那些无助于直接的经济发展，无助于策略和效率的文化理念，更加缺乏立足之地。这就必然加重了虚无主义问题的严重性。

操作主义思维推崇"所谓摸着石头过河"式的"实践"。把伽达默尔的这句话用在这里很合适："人们在用实践一词时有着一种反教条的意味，怀疑自己对某些还没有任何经验的东西仅有理论和生搬硬套的知识。"①为了摆脱某些旧"理论"的束缚，应对新环境，求解新问题，处理新任

---

① ［德］伽达默尔：《科学时代的理性》，薛华等译，61页，北京，国际文化出版公司，1988。

务，人们便打起了这种"实践"的旗号。"实践是检验真理的唯一标准"获得的广泛认同，使这种"实践"成了防范旧"理论"干扰的有效武器。表现在文化上，就产生了一种"实践"日益被逼进一个狭小的经验地带的危险。"实践""现实"日益与"经验"贯通起来：从实践出发、尊重现实，就意味着拒斥理论，并认可经验、遵从经验。由于约束经验的既有框架、范畴、方法似乎比以前变得更为"抽象""玄妙"了，致使作为经验的（简单）归纳的理论，产生了常常达不到应有高度的危险。从黑格尔的"凡是现实的就是合理的"，经过"凡是实践着的就是合理的"，最后过渡到了"凡是合乎经验的就是合理的"。把理论与实践划清界限，严格区分开来，让理论不要再对实践横加干涉，赢得了众多学者和官员的支持。于是，理论在与现实做妥协的过程中便产生渐渐被埋没的危险。"实践"就这样不断滑向"经验""感觉"，甚至责任意识淡薄的"试错"，或者对自己有利的"试错"，成为"跟着感觉走"和"摸着石头过河"的莽撞探索。而这势必导致一种经验与实践的密切联盟，或者理性与实践的脱节——在这种脱节中，弱化责任意识、弱化价值规范、视一切为虚无、只有实实在在的物质利益才是唯一价值的虚无主义，并导致这种"实践"无法杜绝。

在这方面，最突出的表现就是从批评启蒙理性的"启蒙辩证法"发展到了推崇肉身的"欲望辩证法"。

旧的神话退场，新的神话登台。在新神话中，"身体"占据了一个很重要的位置。以肉身取代灵魂，身体替代精神，日益被看作祛魅、革除形而上学的后现代转向的基本内容。在这种深受上述《启蒙辩证法》解读影响的"后启蒙"思想中，虚无主义被进一步拓展，这使得"启蒙辩证法"变成了"欲望辩证法"。

在《启蒙辩证法》中，霍克海默与阿多诺批判了"身体"的"尸体化""机器化"和"实体化"，认为"身体在被作为卑贱的东西而遭到叱责和拒斥的同时，又作为禁止的、对象化的和异化的东西而受到了追求"①。张光芒在一篇文章中指出："随着'哲学的肉身化'运动的推演，'身体'以及与之相关的欲望、快感、非理性、潜意识、无意识等概念日益成为西方理论家关注的焦点，而这一系列概念在 20 世纪 90 年代以来中国创作与批评界的盛行，正是受到包括法兰克福学派'启蒙辩证法'在内的各种西方理论的影响，成为建构'后启蒙'思想文化潮流的话语群落。"②

所谓"后启蒙"思想，就是要颠覆启蒙推崇的现代价值，解构启蒙的神话。这种在文学、文化、哲学领域较为流行的倾向，恰恰是社会中奉行的、民众的生活方式的反映。世俗化的快速进展，增强了人们对所谓"后现代"转向的信任，强化着人们对《启蒙辩证法》的后现代式解读。"肉"对"灵"的辩证关系的确立被理解为前者对后者单向度的胜利。而在众多的文学作品中，"身体"甚至"不再是进攻启蒙的武器"——因为在"肉"与"灵"的关系维度上，虚无主义的快速蔓延使得这个意义上的启蒙已经无需进攻了，因而，它也就变成了"欲望的载体"。当施加在多种欲望之上的枷锁被虚无主义虚化消解之后，"欲望的神话"和"身体的神话"也就堂而皇之地登台了。就像张光芒说的：

---

① ［德］霍克海默、阿多诺：《启蒙辩证法》，渠敬东、曹卫东译，264 页，上海，上海人民出版社，2003。

② 张光芒：《从"启蒙辩证法"到"欲望辩证法"——90 年代以来中国文学与文化转型的哲学脉络》，载《江海学刊》，7 页，2005(2)。

　　世纪之交对启蒙辩证法囫囵吞枣式的机械认同在推进时代文化诉求的表象下面，深隐着日益走向其反面逻辑方向的"真正问题"，"后启蒙"这一概念所蕴含的对传统启蒙进行纠偏的积极意义层面被忽略了。一些后学者在"启蒙终结了"的意义上认同"后启蒙"，"后启蒙"的含义发生了歧变，由对传统启蒙的纠正变成了对它的弃绝，由"启蒙的新觉醒"摇身成为欲望时代的文化描述。于是我们看到，当欲望本体主义洋洋自得地与启蒙主义的"宏大叙事"告别，当它自以为彻底解构了"启蒙的神话"之后，当它自以为彻底解构了"启蒙的神话"之后，它自身也不知不觉地异化为另一种"宏大叙事"，并最终堕落为一种宏大的"欲望的神话"，人们在对理性与乌托邦进行了充分的"祛魅"后，又将欲望鬼魅化，结果形成了欲望时代的缪斯和缪斯的"欲望辩证法"。世纪之交文化/文学思潮的嬗变脉络就是从"启蒙辩证法"到"欲望辩证法"这一哲学文化逻辑的表征，情欲泛滥、金钱角逐、精神分裂、平面复制等一系列启蒙偏枯症候在世纪之交文本中密集出现。①

　　造成这一结果的理论动因，就是对启蒙辩证法的偏颇理解，伴随着这种理解，对启蒙的建设性批判转化为对启蒙的弃绝。这意味着，启蒙转化为野蛮与欺骗的启蒙辩证法注释被当成了正面的东西来理解了，也就是说，它被当成了拥抱感性、拒斥理性、迎合身体、燃烧欲望、解放

①　张光芒：《从"启蒙辩证法"到"欲望辩证法"——90 年代以来中国文学与文化转型的哲学脉络》，载《江海学刊》，2005(2)。

冲动的论说工具，而其中的批判意蕴被忽视和遗忘了。在这样的意义上，启蒙辩证法的发展向着经验、感性、冲动、欲望、情感获得至上地位与权威的方向进行着。启蒙辩证法的结局就是后现代主义的逻辑指向。即使学者还没有露骨地拥抱这一施蒂纳式的极端逻辑，但也更多地把在我看来主要展示启蒙内在悖谬的《启蒙辩证法》一书看成开创后现代思潮的文本。这一理解的大面积传播得到认同，成了开启中国虚无主义的一颗重要理论种子。

三、纠偏：两类文本的作用

意识形态的虚化、社会生活的快速世俗化以及后现代主义的大规模侵入，使得抑制虚无主义的力量异常薄弱，甚至失去招架之力。好在"肉"对"灵"取得的胜利还没有彻底蔓延到"野蛮"对"进步"、"欺骗"对"真理"的胜利上。在这个意义上，以下两类文本对于正确理解《启蒙辩证法》从而纠正日趋严重的虚无主义就有了颇为重要的意义。

第一类文本以田辰山的《启蒙运动、辩证法和哈贝马斯》一文为代表。这是一个强调中国传统辩证思维方法作为《启蒙辩证法》解读基础的文本。它会拒斥单向化的逻辑，拒斥极端和偏执，强调共生、平衡，并凸显辩证平衡的维持对于事物之存在的意义。虽然它与霍克海默与阿多诺在《启蒙辩证法》所揭示的西方启蒙的辩证结构在哪些程度和意义上贴切一致，还需要考察，但它更能凸显这种批判性揭示的建设性意义，凸显启蒙过程的复杂性、未终结性并拒斥启蒙过程，凸显处在辩证过程中的我们主观行动的迫切性和重要性。

在这篇文章中，田辰山强调按照中国传统辩证思维方法解读《启蒙辩证法》的重要性。这种解读会给《启蒙辩证法》更高、更积极的评价。在他看来，中国人传统的思维方法与西方的辩证法虽然并不完全一致，但非常类似。传统思维的特点是，认为任何一个事物都不是只由一种单一的成分构成，一切事物都含有尚未显露或显露不够充分的对立成分，因而都是相对的，是处于一种暂时和相对平衡之中的状态。打破平衡就意味着一种绝对化和极端化，一种需要中和、校正和合理化的契机。用这样的视角来看，霍克海默与阿多诺的《启蒙辩证法》因为对启蒙中隐含着的神话、野蛮、迷信、非同一性的被统治、自我悖谬的揭示和阐明，而应比只在这种悖谬处境中寻找仍然存在的希望之乡的哈贝马斯得到高得多的评价："霍克海默和阿多诺对启蒙运动的辩证法分析是顺理成章的。任何事物在一定情况下都可以向对立面转化：好事可以引出坏的结果，坏事可以引出好的结果。"[1]霍克海默与阿多诺的《启蒙辩证法》非常符合中国传统辩证思维的模式："霍克海默和阿多诺对启蒙运动的分析不愧为入木三分。因为你读他们著作，那种对权力和成功的盲目崇拜，人类灵魂被金钱和享乐所驱使的那种癫狂，在'自由'、'个人主义'和'资本主义经济'的名义下滋生的犯罪和社会疾病，会在他们犀利和具有强烈'启蒙'作用的分析之中呼之欲出，淋漓尽致地展现在你的眼前。在

---

① 田辰山：《启蒙运动、辩证法和哈贝马斯》，见金惠敏主编：《差异》第 1 辑，125 页，郑州，河南大学出版社，2003。

我看来，他们书中的许多段落都充满着精彩的辩证法的魅力。"①

相反，哈贝马斯对霍克海默与阿多诺的批评却是："哈贝马斯没有给我们提供任何讲得通的概念和理由来说明启蒙运动不是一个自毁过程，也没有说明启蒙运动的科学为什么不是工具理性。他的反驳文字更多充斥的只是对他们的情绪和态度、他们著作的'奇怪'结构的抱怨；还有就是他对霍克海默和阿多诺二人的思想逻辑未能理解的困惑。他们的辩证法对他来讲只显得是一种自相矛盾的逻辑。其实，哈贝马斯对霍克海默和阿多诺进行的批评，到处使用的都是残缺不全的概念和不通的逻辑。"②说哈贝马斯不理解霍克海默与阿多诺，可能有些夸张。实际上，哈贝马斯是为了凸显自己在前辈耕耘的园地里的发现，才看低自己的前辈的。按照中国的辩证法，启蒙在自我实现的过程中陷入了过度的境地，迫切需要校正与中和，以恢复必要的平衡。而哈贝马斯的工作只不过是在系统与生活世界之间建立平衡，以生活世界及其逻辑中和"系统"中过于极端的逻辑罢了。他在霍克海默与阿多诺开拓的地盘上取得的一点工作进展实在比不上他的前辈的工作业绩。他太看重自己的成绩了；而且，为了凸显自己的成绩，不惜贬低前辈的成绩，这有哗众取宠之嫌。也许是由于哈贝马斯的著作在中国的翻译介绍远远多于阿多诺与霍克海默的，才导致出现了学者们过于重视哈贝马斯的理论成就，而相对忽视了阿多诺的理论成就的后果。这是需要纠偏和校正的。

这就意味着，中国传统辩证法可以为更合理地解读《启蒙辩证法》一

---

① 田辰山：《启蒙运动、辩证法和哈贝马斯》，见金惠敏主编：《差异》第 1 辑，132 页，郑州，河南大学出版社，2003。

② 同上书，133 页。

书注入清新的活力，凭借它，我们可以更容易地体悟到，霍克海默与阿多诺对启蒙的批判只是一种在启蒙陷入极端化境地时拯救启蒙，即通过展示和发现启蒙内在的批判力量，揭示启蒙失去平衡，并陷入野蛮与迷信的内在困境的理论努力。这种理论努力具有提醒、纠正的功能与作用。至少在客观上，这种理论努力是致力于把这种内在的批判力量用于纠正启蒙偏向野蛮、迷信和神话，并把启蒙重新拉回正常轨道，重新使启蒙的进程回到平衡状态。这意味着，启蒙本身就是无法革除因而必然包含着迷信、残酷与野蛮的一种文明化进程，它包含着多种相互冲突和矛盾着的趋向、目标和力量，而绝非它自己声称的那样，是一种谋求真理、正义和光明的纯粹之善行过程。它在谋求自己声称的那一系列美好东西的过程中，隐含着对暴力、野蛮、迷信的塑造与使用，本身就是一种美化自身之善、掩盖自己内在之恶的意识形态。霍克海默与阿多诺通过《启蒙辩证法》向我们清晰地展示了这一点，我们应该感谢他们。但启蒙内在的向善之力也完全可以压制内在的趋恶之力，在启蒙的趋恶之力猖獗之时，启蒙内在的向善之力能够做的，也就是批判、揭穿自身内含的恶行和驱动恶行潜行的那些做法、结构和逻辑。这也是《启蒙辩证法》提醒和告诫我们的。在我看来，《启蒙辩证法》蕴含着很高的哲学智慧，这种智慧的诉说虽然有些悲凉，也无法给人指出光明的出口，但绝对不会丧失智慧的制高点，或像哈贝马斯所说的那样，喻示着启蒙的光明和向善之力已经与自己的反面同流合污了。

在我看来，确切地理解《启蒙辩证法》对启蒙的批判及其正面意义，按照中国的"辩证思维"传统注释《启蒙辩证法》，可以加深对《启蒙辩证法》的正面理解。如上所述，这不仅是应该的，而且是完全可能的。这个断论主要奠基于以下两点之上：一是中国传统辩证法与启蒙辩证法之间具有内在的相似性和一致性，至少存在着使两者建立密切关联的共同点。二是启蒙自身就蕴含着真理与神话、科学与迷信、文明与野蛮的内在冲突，其中的一方无法彻底消除对立于自己的另一方，因而现实状态就是以某种架构使对立方获得平衡。对第二点，我们已经在本文的第一部分做了初步的分析论证，也就是说，它符合霍克海默与阿多诺自己在《启蒙辩证法》中对启蒙的理解。对此，这里就不再展开说明了。而第一点需要做出的论证就不是三言两语便能完成的。本文姑且接受两个假定，其中一个便是上述第一点所包含着的中国传统辩证法与启蒙辩证法的相似性。这种相似性完全可以通过比较来获得。二是朱谦之先生在《中国哲学对欧洲的影响》一书中提出的黑格尔的"《精神现象学》所用的精神辩证法，也和中国古经典《大学》之辩证法完全符合"[①]的论点。按照朱先生的分析，黑格尔《大逻辑学》第一部中的"有""无""生成"三个辩证法的基本范畴，第一个是从巴门尼德而来，第二个是从东方尤其是佛教而来，第三个是从赫拉克利特和东方而来。而《精神现象学》的阶段行程，与《大学》之三纲领、八条目，竟然处处暗合。考虑到《大学》在《精神现象学》之前的德国早就有多个译本出现，即使找不到黑格尔阅读过《大学》和含有《大学》内容的书籍的确证，也完全可以给启蒙辩证法与中国传统辩证法的类比关系增添更多的遐想和论说兴趣。思想史上存在着

---

① 朱谦之：《中国哲学对欧洲的影响》，见《朱谦之文集》第 7 卷，240 页，福州，福建教育出版社，2002。朱先生指出，《精神现象学》中的"对象意识"对应于《大学》的"致知在格物"；"自我意识"对应于"修身"；而"理性意识"则对应于"明明德于天下"。更详细的比较请参见该书 240～242 页。

一流思想家参考、吸收了他人思想而不加注释的大量例子，使得我们更愿意相信朱先生的细心发现和猜想。

这使得我们有更多的底气和兴趣，采用中国传统辩证法思想与启蒙辩证法的类比，来纠正后现代主义逻辑对《启蒙辩证法》的误读。考虑到《启蒙辩证法》对于中国人理解启蒙进程及其前景的巨大影响，对于正在追求启蒙价值、推行现代化的中国来说，就显得更为重要。

第二类文本，是以劳伦斯·E.卡洪的《现代性的困境》和斯蒂芬·埃里克·布隆纳《重申启蒙：论一种积极参与的政治》为代表的文本。这类出自西方文化内部的文本，力图在当代的背景下重新检思《启蒙辩证法》对西方启蒙过程的批判。它们在批评《启蒙辩证法》时立场、角度以及批评的激烈程度各不相同，但如下观点非常值得中国社会关注：首先，《启蒙辩证法》所做出的启蒙自我否定结论，只是针对文化层面的论断，不是涵盖政治、经济等一切社会方面的整体性诊断，或者至少在扩展到其他层面和领域时，需要严格地进行批判性审查。在参考霍克海默与阿多诺对启蒙的反思时，区分文化、心理、社会、政治、经济等不同层面与领域是非常重要的。其次，在政治层面上，《启蒙辩证法》的悲观结论是把一种特殊的，也就是仅仅在德国这个自由主义传统不够发达的国度里出现的现象，当成了自由主义世界里普遍必然出现的现象。因此，它做出的许多结论是需要重新审查，尤其需要严格确定其适用的社会层面、领域和空间。在一些层面、领域，启蒙的进步性还是需要坚持的。而且《启蒙辩证法》中得出的结论，所担心的负面东西正是启蒙本身才可以并能够抑制的。虽然启蒙制造了它们，他启蒙的发展会进一步抑制它们。所以，《启蒙辩证法》的诸多结论是需要严格限定其适用层次和空间的。

就本文的论题来说，第二类文本起辅助性的作用，第一类文本起着更为关键的作用。

在这里所论是《启蒙辩证法》在中国引发的负面效应之例证。就该书可能引发的其他效应的可讨论的空间还很大。该书弘扬的和解精神，回归自然、反思孤傲主体，情感与理性的融合等，既能在中国传统又能在现当代中国的现实之中找到契合点，并对现代中国的相关理论发展起到积极的推动作用。《启蒙辩证法》的中国效应，绝不是只有负面的，更不是只有某一种积极作用。就中国启蒙的未完成状态而言，《启蒙辩证法》的中国效应是一个无限开放着的场域，是一个有待展开的凝聚点。

极致的启蒙还是全理的启蒙

——《启蒙辩证法》展示的两种启蒙观

如果把启蒙视为不遗余力地在一切领域、一切场合、针对一切人贯彻理性，用理性之光照亮世界的每一个角落，遇到任何障碍都无所畏惧、无所担忧地激进贯彻下去，那么，这样的启蒙就可能会陷入一种对一切不合乎理性要求的存在全然否定的极致化境地，并可能引发种种令人担忧的结果。传统的、地方的、特殊的、个性的存在，很可能因此被压制甚至抹杀。拒斥一切形而上学，否定一切形式的同一性，甚至认定启蒙就是恐惧和焦虑的体现，如果启蒙如此贯彻下去必会导致欺骗、灾难和悖谬，就成了极致化启蒙的某种表现。在有的学者看来，《启蒙辩证法》就是这种极致化启蒙的代表，其中对西方启蒙的批判就走向了拒斥一切形而上学、否定任何同一性，并认定启蒙已经变成了彻头彻尾的欺骗，彻底沦为自己的反面了。该书所言的"启蒙在为现实社会服务的过程中，逐步转变成为对大众的彻头彻尾的欺骗"①，似乎可以为这种理解提供支持。《启蒙辩证法》对启蒙的反思真的走到了彻底否定启蒙的地步吗？《启蒙辩证法》对西方启蒙所持的立场是一种不顾一切贯彻启蒙的极致化启蒙，甚至否定自己的悖谬化启蒙吗？还是一种主张启蒙过程存在一定合理边界，自我否定只是自我提升和自我转变的合理启蒙呢？启蒙能有、该有合理的边界吗？启蒙能自我否定成自己的反面吗？启蒙能通过自我否定提升自己吗？这些都是理解《启蒙辩证法》启蒙观的核心问题。

一、启蒙的极致化与合理化

极致的启蒙，就是推至极端的启蒙，包括用新的理性激进地重构一切，并为此完全否定传统与习俗，力图颠覆性地迅速构筑一种崭新的秩序。恩格斯在分析资产阶级启蒙运动时曾指出，按照这种启蒙精神，"以往的一切社会形式和国家形式、一切传统观念，都被当做不合理性的东西扔到垃圾堆里去了；到现在为止，世界所遵循的只是一些成见；过去的一切只值得怜悯和鄙视。只是现在阳光才照射出来。从今以后，迷信、非正义、特权和压迫，必将为永恒的真理、永恒的正义、基于自

---

① ［德］霍克海默、阿多诺：《启蒙辩证法》，渠敬东、曹卫东译，40页，上海，上海人民出版社，2003。

然的平等和不可剥夺的人权所排挤"①。不顾一切、不遗余力地美化未来，与不顾一切、不遗余力地否定过去一同发生。于是，约瑟夫·德·梅斯特所说的"敬畏"，来自高于个体的社会的敬畏，特别是来自传统社会的，便会在这种极致的启蒙中被否定。哈曼所说的存在于语言之中的"传统与惯例"，也就是康德的启蒙力图摆脱的东西，都是理性无法消除的，只能尊重和依存的东西。"习俗、习惯和信念"不全是该消除的"偏见"，而是"构成世界的要素。缺少它们，我们只是空无一物、漫无目的，是没有身份识别的人类。轻率地丢弃它们的人，只能在光明中步履蹒跚，最终发现自己失去了方向，无法行动，更不知道自己身在何处，要去向何处"。弗里德里希·卡尔·冯·莫泽干脆说，这样的启蒙"从哲学开始，以投机和同类相残结束"②。

启蒙如果不惜打破一切现有的秩序，甚至像雅各宾派那样采取消灭阻碍、对手的方式予以推进，就很容易成为极致的启蒙的典型。仅从哲理上说，极致的启蒙也包括用理性激进地质疑一切价值存在，对无法提供理性根基的价值一概加以否定甚至铲除，不惜引发否定崇高价值的价值虚无主义和否定基本价值的价值虚无主义，并导致失去崇高价值规约甚至基本价值规约的工具理性至上的局面，完全按照工具理性的功利主义算计对待一切存在，把价值完全归于权力对于自我的主观有用性，对历史流传下来的崇高价值和基本价值一概加以否定。如此极致的启蒙往往导致种种恶果。当海涅把康德视为"伟大的毁灭者"，认为他的小资产

① 《马克思恩格斯选集》第3卷，392页，北京，人民出版社，2012。
② ［英］安东尼·帕戈登：《启蒙运动为什么依然重要》，王丽慧等译，430页，上海，上海交通大学出版社，2017。

阶级价值观①所体现的荒谬与罗伯斯皮尔的观点有共通之处时，当雅各比忧虑地指出康德和费希特的启蒙哲学必定以虚无主义告终时，大意就是如此。当任何具体、特殊的创造，包括各个民族、国家、地区的传统与特殊性存在，都被推崇普遍性、一般性的理性启蒙原则作为不合理性的消极存在列入应予消除的名单时，就进入了安东尼·帕戈登所反思的启蒙的范围，更是进入了《启蒙辩证法》所反思的启蒙的范围了。安东尼·帕戈登指出，从赫尔德到海涅，从黑格尔到海德格尔，"启蒙运动展现了它的愿景，和接纳它的资产阶级所设想的一样，它是冷酷、呆板、乏味并且精于计算的。它试图抹掉所有人类的差异、英雄精神和欲望。它用礼貌代替激情，用风趣代替智慧。它甚至还更坚决残暴地试图消灭宗教，只留下黑格尔所说的'无法满足的欲望的污点'"②。这正是《启蒙辩证法》所反思批判的极致化启蒙。安东尼·帕戈登在分析这个问题的这一节结束时恰好引证了霍克海默与阿多诺的观点。

"极致的启蒙"是我们对不顾具体历史条件、不顾有无消极后果一概强行推进启蒙的一种称呼，但现在却极少见到这种用法。那么，我们常见的类似说法是"虚假的启蒙"。"极致的启蒙"与"虚假的启蒙"是什么关系呢？

---

① 在《德意志意识形态》中，马克思恩格斯也曾指认康德的小资产阶级软弱性，认为"康德的这个善良意志完全符合于德国市民的软弱、受压迫和贫乏的情况，他们的小眼小孔的利益始终不能发展成为一个阶级的共同的民族的利益，因此他们经常遭到所有其他民族的资产阶级的剥削"。《马克思恩格斯全集》第 3 卷，212 页，北京，人民出版社，1960。

② ［英］安东尼·帕戈登：《启蒙运动为什么依然重要》，王丽慧等译，436 页，上海，上海交通大学出版社，2017。

"虚假的启蒙"是指自以为占据真理，以真理自居，怀疑甚至否定其他的"非真理"，最后贯彻的可能是一种假冒的"真理"的启蒙。在激进贯彻自己的真理时，这种启蒙可能打破基本的价值规范，以及专制、粗暴、极端地对待一切阻碍自己甚至异于自己的存在，并把启蒙的贯彻变成一场粗暴地压制和摧残运动。极致的启蒙在某些条件下会与虚假的启蒙通约起来。一般而言，极致的启蒙的前提还是一种启蒙，只是由于狭隘与偏执，或者操作不当，或者认识有误，或者其他客观缘故，导致了问题的出现。但虚假的启蒙一开始就不是在贯彻启蒙，而是假借启蒙的名义贯彻自己的偏执与自私（如果发动者有足够的水平的话），或者懵懂无知（如果发动者没有足够的水平的话）地把一种低俗、偏私的东西当作"真理"予以奉崇和推行，并招致失败，引发严重的问题。当然，实际的情况更为复杂，某些具体情景下启蒙的极致与虚假可能是很难区分的。如果说极致的启蒙与虚假的启蒙有一个基本的共同点，那就是都不进行自我反思，启蒙的对象只规定为他者，绝不会是自己。

按照施特劳斯的看法，动不动以真理掌握者自居，把启蒙视为对他者的传播和改造，而全然置身事外，以为启蒙的对象都是他者而永远不会是自己的启蒙者所实施的启蒙就是假的启蒙。换句话说，真正的启蒙不仅针对他者，更是首先针对自己。尤其是对于现代背景下的个体来说，由于公共生活必需一种共同体，而共同体内在的复杂性异质性，对于共同体而言的知识和价值都需要超出个体之视界，因而都需要有更大更高的视界和担当。在这个意义上，真正的启蒙就必须不断追问，并与他人广泛交往、探讨。就像刘小枫在分析智者派与苏格拉底启蒙的区别时所说的："智术师派则把生活在共同体中的某种意见当做根本性的好或坏这一问题的解答，从而以为政治的'歧义性'已经彻底解决了（如今无论左派、右派、自由派都如此）。由此带来的结果是两种哲学启蒙的差异：智术师派面向大众公开教授，我们不妨称之为对外的启蒙，苏格拉底则'仅仅面向单个的人'，不妨称之为对内的启蒙。"①对内的启蒙深知政治、共同体是不能撇开和绕过的基础，它深知共同体内部的复杂性，深知自己掌握的知识和价值的有限性，深知声称一种知识和价值是普遍有效所需要的理论证据不易获得并因而高度谨慎，而非把自己的"似是而非"当成普遍有效的"至美佳酿"。在这个意义上，对于真正的启蒙来说，理性与信仰、哲学与宗教、个体与共同体的关系问题永远存在着，需要不断被追问、反思和调整。以个体为标准所取得的至高目标、标准等，都是需要反思的。像亚里士多德那样把个人反思获得的冥思生活当作最高的生活境界的做法，是需要反思和提防的。认定理论静观中的生活是最高的生活，个人理智的完善高于或优先于与他人相关的道德的完善，只有在不向公众公开兜售，仅仅局限于哲人本身的情况下才有一定的合理性。如果向所有人推荐这种生活境界，那就是越过合理边界的极致化启蒙了。

按照这种标准，法国大革命式的启蒙，就极容易滑向极致化的一种启蒙，虽然这不足以改变启蒙的性质和前途，但的确可以提醒人们注意启蒙的合理边界，防止启蒙盲目的扩张。革除习俗权利，用一种新的形而上学重构社会根基的努力，却导致了一场灾难。"启蒙运动原本只是一个智识

---

① 刘小枫：《施特劳斯与启蒙哲学》，见萌萌学术工作室主编：《政治与哲学的共契》，18 页，上海，上海人民出版社，2009。

计划，但是'体系'的摧毁却最终导致了整个社会大厦的坍塌，但却没有说明之所以如此的原因。康德是正确的。法国大革命证明了'形而上学'可以改变人类事务的进程，而这已成为一场灾难。"①

最极致的启蒙，从思想理论上说，就是看透一切真相，把一切真理、价值及其理据都看穿看透的高高在上的态度。也就是讨论尼采时常常谈到的所谓隐微论的那种东西。根据这种逻辑，不宜轻易说出的真相一旦说出来，便会引发严重的幻灭感和无意义感，招致严重的虚无主义。把这种思想理论推广到实践之中，甚至以不够格的"理想"冒充崇高价值并予以激进推广，可能招致严峻的历史虚无主义后果。

在当代中国的背景下，认识不到共同体价值，仅仅推崇个体性，把个人自足视为最高生活目标的人，是一种需要高度提防注意的启蒙。它即使不是极致或虚假的，也起码不是真正的启蒙。知道自己的无知（或者自己的知的不足性）因而不因自己对有限自我的认知而妄自尊大，更不会随便以为自己把握了真理而以此对他者大肆训导和压制，才有可能达到真正的启蒙。即便自己把握到了更高的真理，也不能不分场合地随便说出，并把自己的理论凌驾于共同体之上，这才是更接近真正的启蒙。

二、困囿在极致化与合理化之间的尼采

在《启蒙辩证法》中，霍克海默与阿多诺一方面肯定尼采"是自黑格

---

① ［英］安东尼·帕戈登：《启蒙运动为什么依然重要》，王丽慧等译，422～423页，上海，上海交通大学出版社，2017。

尔以来能够认识到启蒙辩证法的少数思想家之一",另一方面却又认为尼采憎恨弱者,认定"尼采的理论就是弱者有罪",从而使尼采对弱者的憎恨和轻蔑"毫不亚于萨德"①,从而使主张"自然"是一种更崇高、更健康的强力意志的尼采跟主张"自然"是一种千奇百怪的欲望之实现的萨德竟然成了"一丘之貉"。从这种抹杀两者重要区别的立场之中,完全可以推导出相互冲突的(至少)两种"启蒙辩证法"来:走向极致化甚至虚假启蒙的自否式辩证法,以及通过自我反思拯救启蒙推进启蒙的辩证法。深刻影响了《启蒙辩证法》的尼采到底站在哪种启蒙辩证法的立场上呢?

霍克海默、阿多诺解读的尼采富有矛盾,这样的尼采似乎更趋向萨德,甚至希特勒。这除了他们深受当时法西斯主义横行的历史处境的刺激,深受被法西斯主义歪曲了并当作幌子的尼采解释模式的"强横式解释"的影响,尼采思想理论本身的复杂性也是一个重要原因。对待启蒙的态度,尼采的确是处于一种合理化理解与极致性理解的困囿之中,有一定摇摆倾向的。

启蒙的合理限度对于哲学是个敏感而麻烦的问题。在人们的印象里,尼采是一个推崇彻底启蒙的人。"通过其自我反思将启蒙运动彻底化,从一开始就是尼采的筹划的核心。"②彻底化的启蒙还有没有一个合理性界限? 尼采推崇的启蒙有没有走向极致与极端? 特别是在《扎拉图斯特拉如是说》成书后,尼采写作的目标对象已不是普通人,而是未来

---

① 参见[德]霍克海默、阿多诺:《启蒙辩证法》,渠敬东、曹卫东译,45、108 页,上海,上海人民出版社,2003。

② [美]罗伯特·瑞斯艾:《奴隶,主人,暴君:尼采的自由概念》,见哈佛燕京学社编:《启蒙的反思》,269 页,南京,江苏教育出版社,2005。

哲学家后，尼采尤其给人以走向了极致、极端的印象。在很多场合，尼采反对柏拉图式的启蒙，反对那种为了避免苏格拉底的命运让哲学臣服于高贵的谎言之下，保持一个形而上学的崇高世界，以利于民众和当局对既定秩序的维护的做法。尼采试图揭穿一切真相，相信世界本来是非逻辑、非进步、永恒轮回式的，相信身体、肉体、意志、情感相对于精神、理性是根本的，以便解除一切套在人身上的锁链："尼采以彻底启蒙的激情探讨了所有这些以及其他许多主题，以便人类能全部或者至少部分解脱身上的锁链。"①

这是真正的、唯一的尼采吗？

不是的。在《人性的，太人性的》一书中（写于 1876—1877 年），尼采明确了最高启蒙的要求：如果摆脱宗教、迷信，摆脱恐惧，达到一种"解放"，绝不意味着不需要形而上学了。达到最高启蒙之后超越了形而上学，但仍需要形而上学作为初级阶段的基础，并不需要完全否定形而上学。尼采明确指出，在这样一个"无疑非常高级的文化阶段"，在达到了"最高启蒙境界"的阶段，达到最高启蒙者时，"他还必须极为审慎地克服形而上学。这样的话就有必要向后倒退，即他必须理解这类观点的历史合理性和心理合理性，他必须认识到，这类观点极大地促进了人类的发展，如若没有这样一种后退运动，就会失去人类迄今为止的最佳成就"。达到最高启蒙者也需要"到了梯子顶端后向外展望，而不应该执意

① 彼得·皮茨语，参见［德］尼采：《人性的，太人性的》（上卷）编者说明，魏育青译，16 页，上海，华东师范大学出版社，2008。

停留在最上面的这级横木上"①。这个"向外"包括山外有山、不要故步自封，也包括向下看看没达到这一境界的人。就像恩格斯在《反杜林论》中为奉行形而上学思维方式的"初等数学"辩护，认为初等数学与高等数学的关系不是正确与错误的关系，而是初级和高级的关系，因而初等数学、形而上学仍然在一定范围内具有合理性一样，这种启蒙早已超越了形而上学。达到很高水平的最高启蒙者仍然认定形而上学具有合理的适用空间，因而它不能对形而上学一概否定。这跟早先彻底否定形而上学、否定柏拉图主义形成鲜明对比。至此，尼采终于明白，构建了柏拉图主义的柏拉图并不相信这种主义，只是在维持社会生活、面对民众和当局时采取有益的基本立场。持这种立场的依据，不是哲理，而是常识，不是理论，而是生活。"达到最高启蒙境界者能做到的只是摆脱、然后自豪地回顾形而上学。"②因而还应该有合理地对待形而上学（在历史和现实的层面上）的价值与意义。实际上，尼采并不解构一切崇高价值，并不敌视一切弱者，而只是解构本能、意志基础不健康因而假冒的那种崇高，反对的只是冒充强者的弱者，冒充超验的形而上学。尼采并不彻底反对形而上学，只是反对以形而上学为传统崇高价值体系做论证，把形而上学当作传统价值体系的理据。形而上学不能成为崇高价值的理据，不能作为至高的哲学而存在，并不等于形而上学不能成为维持基本生活秩序，不能主导心智不成熟者的思维方式。在这方面，《启蒙辩证法》是明显误解尼采的。《启蒙辩证法》引述的尼采著作，除了 3 次

---

① ［德］尼采：《人性的，太人性的》（上卷），魏育青译，37 页，上海，华东师范大学出版社，2008。

② 同上书，37～38 页。

出自《快乐的科学》，其他 16 次全出自《扎拉图斯特拉如是说》之后的著作：《重估一切价值》2 次，《道德的谱系》4 次，《遗著》7 次，《善与恶的彼岸》1 次，《扎拉图斯特拉如是说》1 次，《尼采瓦格纳事件》1 次。引证次数《扎拉图斯特拉如是说》之前、之后的比例是 3：16。《扎拉图斯特拉如是说》之后写给未来哲学家的书不能以适合于《扎拉图斯特拉如是说》之前书的常人眼光来看，否则便会走偏。

所以，尼采跟（构建柏拉图主义的）柏拉图相比的不同之处在于，柏拉图的受众是普通民众，而尼采后期写作的目标对象是未来哲学家。对于普通人，尼采在成熟后（认识到柏拉图并不信奉柏拉图主义之后）跟柏拉图没有什么根本不同，都认可一种面对不同对象的不同话语的区分性模式，而不是视所有人都一样都应该按最高启蒙者要求而规定的模式。只有对未来哲学家来说，最高的启蒙才是合适的，但即便如此，这些未来哲学家也是要戴上面具跟民众打交道。因为，"每个深邃的心灵都需要一个面具；并且，每个深邃心灵的周围，都有一个面具在不断生长，这是由于人们不断地对他所说的每个词、走的每步路、显露出的每个生命迹象作出错误的，也就是说，肤浅的阐释"①。尼采成熟后也会偶尔戴上面具出现在不同的人面前。他的扎拉图斯特拉也是如此。《启蒙辩证法》没有区分这两种尼采，只是把尼采定位于没有看透柏拉图两套话语分别适用于不同对象的前期，把不够成熟的尼采视为唯一的尼采，没有看到尼采思想的变化和深意。因而，两位作者对尼采的看法是滞留于

① ［德］尼采：《善与恶的彼岸》，梁余晶等译，59 页，北京，光明日报出版社，2007。

尼采前期的。

也就是说，后期的尼采已从极致化启蒙引发的困境和矛盾中摆脱出来，不再认为柏拉图建构柏拉图主义是出于确信有一种形而上学真理存在（而是出于策略），不再认为应该祛除一切的形而上学，甚至不再认为确认为唯一真理的基督教道德之具体信条没有意义，而走向了合理的启蒙。尼采不是极致、彻底、极端启蒙的倡导者，虽然他也时常说些疯言疯语，给人以不顾一切言说真相的哲学家的印象，但他还是明白合理启蒙的界限的。

从总体上看，不考虑具体的场合和具体情境，尼采是困囿在极致性启蒙与合理化启蒙这两者之间的。时而这边，时而疯癫地滑向那边。但从最后达到的认识来看，基本上是坚持在合理化这边的，并对极致化持有谨慎的预防态度。形而上学有合理性，批判基督教只是否定其理据，而不是全面否定具体信条的任何价值意义，不是否定基督教的任何价值，使尼采说出"宁可让人追求虚无，也不能无所追求"的话：当没有更好的价值时，追求理据不能成立的价值，也比没有任何追求更好。所以，否定一种尚不确定是否具有理据的价值，完全取决于在特定历史条件下它的处境，以及在这种处境中，这种价值体系是跟何种其他价值相比。在对比中，才能确定何种价值更积极、更有意义。如果没有其他价值，那即使是缺乏论证理据（即基础不成立因而是虚无）的价值，也是值得追求的。如果都缺乏充足的理据，那应该支持理据更充分一些的那种。当我们质问，能够有一种理据至为充分的价值系统吗？我想，按照尼采的视角主义逻辑，是根本不存在这种可能的。如果据此推论得出，所有的价值体系都同样有效，无所谓优劣好坏，那肯定也是极端误解了尼采的。正如内哈马斯指出的，尼采的视角主义并不意味着相对主义，"视角主义坚持认为的是，一个人自己的观点，是最有益于他自身的观点，但视角主义并没有暗示，这些观点需要有益于其他任何人"①。具有不同强力意志的人分别具有不同的看待世界的视角和立场，各有自己的理据。这是一个权力意志决定的基本事实。尼采肯定这个基本事实绝不意味着每个视角和立场都一样、都具有同样的价值。虽然尼采反对持有一种不偏不倚的视角和立场，反对"总是要求我们考虑一只完全不可思议的眼睛，一只不向任何特定方向转动的眼睛"②，但也绝不是说每一个视角都无所谓高低好坏。尼采判断好坏、价值高低的标准是依赖于一种自然性的健康、强力和伟大。他绝不认为任何论证都是平等的，无所谓好坏优劣。否则，如果推崇相对主义，"那样的话我们会失去一切等级观念、价值观念和判断观念"③。

进一步来说，尼采对传统道德的批判更不能被理解为主张追求与批判对象正相反的那些道德价值，或者说，"尼采并没有倡导这样一种人生，它仅仅由（甚至多半由）我们现在认为是非道德的那些行为构成"。即使尼采自己说过"摆脱一切价值"，"要肯定与相信一切迄今为止被禁止、被鄙视、被诅咒的东西"。④ 尼采自己反而明确地强调过，"我对道

———————

① ［美］亚历山大·内哈马斯：《尼采：生命之为文学》，郝苑译，79 页，杭州，浙江大学出版社，2016。

② 同上书，92 页。

③ ［美］理查德·J. 伯恩斯坦：《根本恶》，王钦、朱康译，144 页，南京，译林出版社，2015。

④ 参见［美］亚历山大·内哈马斯：《尼采：生命之为文学》，郝苑译，225 页，杭州，浙江大学出版社，2016。

德的否定"是否定其前提，否定其作为真理的理由，但"不用说——除非我是一个傻瓜——我不否认，许多被称为不道德的行为应该加以避免和抵制，或许多被称为道德的行为应该加以实施和受到鼓励，然而我认为，当我们鼓励一些行为而避免另一些行为时，我们的理由应该是一些与我们迄今为止所见到的理由不同的理由"①。所以，内哈马斯说得很对，要严格区分尼采所反对的具体内容和这些内容作为道德真理、不可怀疑的价值信仰成立的理由。尼采反对的不是具体内容，而是把它们说成真理、崇高价值的理由或根据。否认它们是真理，跟否定它们有意义是两码事。不是真理，不等于没有意义。

从哲学上说，极力反对传统形而上学的尼采，最后却肯定形而上学在历史上和心理上的合理性，肯定同一性具有的基本价值和意义。当他明白以形而上学为根据的基督教道德没有成立的理据时，他也没有完全否定基督教及其具体道德信条，更没有主张野蛮高于文明，反而明确肯定基督教的虚无意志"但它的确是，而且还仍将是一种意志"，并由此主张"宁可让人追求虚无，也不能无所追求"②。尼采不是极致化启蒙的主张者。

把尼采对传统价值体系的批判性重估解释成世界毫无意义，一切都是没有任何方向的永恒轮回，一切都是毫无意义的相对的杂多，甚至认为这是尼采所谓秘而不宣的"隐微的言辞"，那是把尼采神秘化了，把尼采解释成他一贯反对的"上帝式"的既具有上帝神秘能力，又能看透一切

---

① [德]尼采：《朝霞》，田立年译，139 页，上海，华东师范大学出版社，2007。
② [德]尼采：《论道德的谱系》，周红译，136 页，北京，生活·读书·新知三联书店，1992。

能做到一切的神了。只有从无所不知、无所不能的角度上看，才能得出一切都无所谓的虚无的结论来。可那正是尼采一生坚决反对的。

所以，尼采不是极致化启蒙的主张者，而倒是这种启蒙的反对者。偶尔不顾对象、模仿神谕说出的疯言疯语，还不足以改变尼采是合理性启蒙者的这种形象。他对启蒙的批评是把启蒙自身作为反思批评的对象，而这恰恰是真正启蒙的特征所在。在一个启蒙过度自信的时代，人们对待启蒙持这种态度是很合理的。而他对形而上学的历史合理性与心理合理性的强调，则是他保留启蒙合理边界的明显例证。

在这方面，我们不能受霍克海默、阿多诺的影响，把尼采视为违背了启蒙基本原则，不顾文明的规则而一味赞同暴力，因而把他所主张的"强力意志"视为没有文明约束的自然法则。《启蒙辩证法》对尼采的这种解释是有失偏颇的。

三、启蒙的合理化

《启蒙辩证法》误读了尼采，把主张启蒙存在合理边界的尼采解读成了放弃文明规则、主张弱者有罪的野蛮主张者。由此，启蒙就是回归丛林法则、主张强力意志的自然形态的理论。他们对尼采对启蒙辩证法的理解的解读，就是启蒙理性对赤裸裸的力量以及非道德主义的推崇。为了确立自己的地位和统治，不惜压抑、挤迫、敌视、残害甚至残酷消灭他者的那种"启蒙"，也就是堕落为残害他者、欺骗他者的"启蒙"，而不是内在地扬弃自身并提升的启蒙。他们这样误解尼采，不是开辟出一条新的曲解尼采的思路，而是凸显了尼采的"失误"以及他们自己的合理性；不是跟着尼采走向他们认为的尼采力主的那种极致化立场，而是回归启蒙自我反思、自我批判的合理化立场。他们这样做，或许是受到法西斯主义歪曲尼采的影响吧。当他们批判法西斯主义时，没有划清法西斯主义为了卑鄙目的歪曲的尼采与真实的尼采之间的区别，反而接受了法西斯主义的歪曲利用。作为坚定的反法西斯主义者，他们的这一做法是不够彻底的。他们在尼采阐释的问题上没有反对法西斯主义，反而接受了法西斯主义对尼采的解释，这便上了法西斯的当。其实，他们不应该这样看待尼采，因为尼采实际上跟他们一样，是主张合理化启蒙的。真实的尼采跟他们一样，对启蒙的解释力图与反启蒙区别开来，也与极致化启蒙区别开来，力图展示和回归一种真正的、合理的启蒙。

　　真正合理的启蒙的标志如下。

　　第一，勇于自我反思和自我批判。像马克思在谈到哲学批判意识时所说的，"要对现存的一切进行无情的批判"，而无情的批判首要的含义"即这种批判不怕自己所作的结论"。① 在《启蒙辩证法》中，作者施行的启蒙自我批判中虽然也蕴含着某些过头的、极端的观点，如对希腊早期神话的理性解释，对神明推动和主宰下的奥德修斯的返乡历程就是理性算计的启蒙的认同，这使他们对神明的"信仰"只是一种对神明的工具性利用，而非真诚的信仰。这是明显的现代阐释方式，是深受晚期浪漫派影响的现代性阐释方式，并不符合远古的实情。作为过度的现代性启蒙阐释，它将会造成某些曲解、引发误解，但终归拓展和深化启蒙的过程

―――――――――――

　　① 参见《马克思恩格斯全集》第 1 卷，416 页，北京，人民出版社，1956。

中出现的"不妥"，是启蒙自我反思时对自己的挖苦，是自己揭自己的短处、自己批评自己时的举动，不是自我粉饰、自我蒙骗，因而不至于影响启蒙反思的正面形象和力量，反而能强化自己的正面形象，更能体现自我批判的启蒙精神。

第二，合理的启蒙不是走向极端与偏执，而是力主和解。虽然在推进启蒙的自我反思时出现一些极致化理解，但在最后的目标追求上，《启蒙辩证法》力主和解。如果把和解视为欧洲文化的一种传统，《启蒙辩证法》就没有走向极致化，而是回归和解传统。这是一种温和、合理的立场，不是为否定而否定、为了某个目标不惜牺牲很多正面价值的极端化做法。

形而上学的语言在塑造一种同一性，以便整合所有存在者并为之奠基。启蒙要彻底揭穿它的秘密，是要把世界还原为一个非逻辑、非线性、永恒轮回式的非同一性的世界，让身体、意志、情感相对于精神、理性更具根本性吗？如果是置换一种同一性，把原来归属于理性的统统转归于身体、情感与意志，而且这就是启蒙的主要含义，那么，这种启蒙就是一种极致化的启蒙，简单的启蒙。尼采是主张这样的启蒙吗？霍克海默与阿多诺呢？尼采的解释者们会有不同的看法。但霍克海默与阿多诺推崇的启蒙不是这样的，他们的目标是在同一性之下凸显差异的存在的，在众多他者之间建立一种互不妨碍的和解。推崇和解的启蒙是辩证化的启蒙，这种启蒙可能更为合理。

第三，对于尼采而言，启蒙的彻底化能接受的底线是，彻底的启蒙仅仅是对极少数未来哲学家而言的，而辩证的启蒙才是针对所有人的。把彻底的启蒙推向大众，很可能就会把彻底的启蒙变成极致、极端的启蒙。套用施特劳斯学派的说法，极致的启蒙是尼采隐微的言辞，而辩证的启蒙是尼采显白的言辞。可惜的是，由于《启蒙辩证法》致力于向民众揭示资本主义、法西斯主义的真相，没有注意到尼采言辞的隐微与显白之别，没有注意区分真实的尼采的言辞与法西斯主义歪曲、利用的尼采的言辞之别，没有辩证地看待尼采，因此它把尼采解释成了欺骗民众的极致启蒙者，把尼采针对未来哲学家讲的话误认为是针对民众的。《启蒙辩证法》认为启蒙理性与不道德、虚无相贯通，认为尼采憎恨弱者，认定弱者有罪等。霍克海默与阿多诺在明显的精英主义倾向与力图为之辩护的大众立场之间，存在着某种冲突和矛盾。解除这一矛盾的思路必定是，精英主义倾向意味着他们对大众的潜力抱有很高的期待，足以让大众接受他们的精英主义，让大众能够按照精英主义的要求进行自我改造和提升。在这方面，他们的理论不如尼采清晰。因为尼采明确把人分为三个层次：创造者、解释者兼组织者、大量的执行者。各个层次特别是第一与第三层次，分别具有不同的启蒙水准和要求。在尼采的理论中，不存在对各个层次的人都一样的启蒙要求。如果按照同一个启蒙水准要求所有的人，不区分隐微和显白，仅是因为知识、能力和意志力的不同，启蒙可达的底线就很难确定。主体现实的、历史的差异是无法否定的，至于能否通过努力历史地缩小甚至填平这个差异的鸿沟，是一个诉诸未来不可预知的事件。按照精英主义标准要求民众，认为所有人承受恐惧和焦虑的能力大致相同，因而能接受和理解的启蒙水准也大致相同，那想必肯定会扩大自己理论逻辑中因为素质、能力不同，从而引发的达到何种启蒙水准而产生的张力。《启蒙辩证法》继承了尼采的精英主义路线，却没有接受他把人分为三层次的立场，而是立足于普罗大众的立场探究启蒙的界限问题，这必定会在启蒙与意识形态欺骗、启蒙的彻底性与极端性等方面产生更大的张力和复杂性。合理的启蒙应该是不至于使被启蒙者变成什么也不再信奉的虚无主义者，把启蒙变成一种塑造虚无的力量和手段。如果启蒙引起了一种大面积虚无主义的发生，即使只是价值虚无主义，没有发展到知识、认识论层面的虚无主义，那这样的启蒙也是或者至少有不合理之处。

后现代主义，至少是极端的那种，就是一种"发狂的启蒙"。按照后现代主义的逻辑解读《启蒙辩证法》，启蒙势必就会产生严峻的虚无主义难题，使启蒙进入一个"非理性主义、焦虑和失去希望的时代"。① 其主要表现就是否定普遍规则、义务和一致性的积极意义和必要性价值，按照一种无政府主义的逻辑凸显差异的极致地位。就像利奥塔否定那种"通过启蒙或批判的过程，以确证我们共同的普遍义务，使相互间达成一致"的传统做法，确定差异的绝对地位，把传统严肃的东西都视为一种游戏。② 他把差异（异质性）、多样（多元性）视为形而上学、恐怖、统摄一切的统治与专制，视为应予拒绝和消除的绝对坏的东西。在这种逻辑的支配下，他要求以平面式无政府的差异系统取代严密的系统组织；把绝对的差异视为后现代性的律令——靠它来搅乱等级制、支配和屈从，打破霸权、绝对性和本质主义，甚至消解因果关系，成为无拘无束

---

① 参见[美]罗伯特·皮平：《作为哲学问题的现代主义》，阎嘉译，242、252 页，北京，商务印书馆，2007。

② 参见同上书，256 页。

的自由民。① 这种在 20 世纪和 21 世纪交替之际的思潮非常类似于 19 世纪和 20 世纪交替之际的思潮：无政府主义。对唯一性、独特自我的不顾一切地推崇，不但会严重销蚀公共世界，消解人民对公共世界的责任与义务，更为严重的是，它还会进一步消解人们心中不多的崇高价值追求，不断蚕食人们心中的美好价值世界，不断突破行为的价值底线，使启蒙变成消解公共价值和崇高价值、引发虚无主义、招致荒漠与虚无的手段和中介。虽然从它所针对的问题、引发它出现的社会背景来看它并不是毫无道理的荒谬，但的确是启蒙的极端化表现，是一种打着启蒙的彻底化旗号的启蒙的极端化，是一种会引发诸多严峻后果的极端化启蒙。在中国启蒙问题仍然没有得到合理解决的情况下，这种极端化启蒙是非常值得我们警惕和防范的。

总之，完全消解同一性，完全解构形而上学，把差异无限推广到结构普遍规则、一致性的程度，引发一种什么也不值得信奉的虚无主义局面，是一种对启蒙的极端化理解。尼采对此绝不赞成，阿多诺和霍克海默最后也发现这样不行。马克思主义不需要这种极端化、彻底的启蒙，它需要的是一种合理的、辩证的启蒙。中国也不需要这种极端化、彻底的启蒙，它需要的也是一种合理的、辩证的启蒙。基于一种非完美甚至有诸多缺陷的、难以达到彻底理性水平的主体观，应予主张和施行的应

---

① 关于这种思想的概括性描述，可参阅汪民安为《后现代性的哲学话语——从福柯到赛义德》一书（浙江人民出版社 2000 年版）所写的序《后现代性的谱系》一文。这些描述不免令人想起未经清理的中国无政府主义思潮，不免使人感觉到这一思潮的某种卷土重来。鲍曼曾说，对个性自我的不恰当弘扬在西方已经造成了对公共社会的消解——这种消解反过来构成了威胁自由的更大敌人。

该是一种合理、辩证的启蒙。设想一种毫无杂质的、纯粹理性驱动的启蒙主体，也就是没有了任何自发性。完全由理性自觉性主宰着的实践主体，或者以此为目标不遗余力地予以追求，并以此为基础设想和设计，那是不现实的，并且会导致严重的后果。

我想，霍克海默与阿多诺应该是明白这一点的。但在法西斯主义的严峻形势逼迫下，他们对西方启蒙的解读还是对启蒙做了过多的批判否定，很容易给人以激进启蒙甚至否定启蒙的印象。但如上所述，把《启蒙辩证法》视为极致化启蒙的代表还是不合适的，是没有充足的理由的。

"启蒙辩证法"中的"辩证法"是"启蒙"的修饰语。它成就、支撑着"启蒙"，为"启蒙"服务。正如皮平所指出的："在康德之后的传统里，这种辩证法所包含的不是一种支配并在随后软弱无能的辩证法，而是一种自发性的辩证法或调节，是坚持一种在根本上由其自身活动的主体做出的自我决定，以及使自身与他者达成某种一致。"[①]这种辩证的启蒙首先指向的是指主体的自主性，以及主体的高度自觉，以至于行为的道德、法律、社会合理性都不成问题了。达到这种自觉的主体，与他者也会达成某种和解或者一致性，不会发生冲突、矛盾。"辩证法"在这里具有两种含义：其一，通过自身的不断否定不断地达求自主性的目标，每一次否定都是走向更高的理性反思、调整自身进入更高阶段的中介。其二，走向与他者的和谐共处。通过揭穿自主性的欺骗性而迈入与他者的共处一体之中。

---

①　参见［美］罗伯特·皮平：《作为哲学问题的现代主义》，阎嘉译，248 页，北京，商务印书馆，2007。

"启蒙在为现实社会服务的过程中，逐步转变为对大众的彻头彻尾的欺骗"，这句很容易被解读为是否定启蒙的话，这是因为它毕竟不是在《启蒙辩证法》的结尾所写，而是在第一节结尾处出现的——第一节最后的结论不是该书最后的结论，而是暂时的、有待扬弃和进一步改进的结论。正如《资本论》第一卷的结论并不是马克思研究资本主义的最终结论一样。《启蒙辩证法》对启蒙的结论是："恐惧（Grauen）还依然存在，谎言还在昭然过市，顽固不化。尽管欺骗不允许任何可以揭露它的真理存在，但真理仍旧在竭力反驳的过程中展现出一种否定力量；蒙蔽要想一劳永逸地驱除真理，就必须彻底剥夺掉思考的能力。掌握着自身并发挥着力量的启蒙本身，是有能力突破启蒙的界限的。"①显然，启蒙是可以超越自身的限制，可以把自己当作反思批判的对象，并通过这种自我反思把自己继续推向前进。启蒙本身的批判潜力还没有被开发殆尽，启蒙自身是可以对准自身，并通过自反思、自否定而拓展自身的。启蒙还没有死亡，它仍有前行的力量。如果启蒙仍有继续前行的力量，那这样的启蒙理应就是合理化的启蒙，而不是极端化的启蒙。以启蒙自身为反思对象，恰恰是真正的启蒙的特征，恰恰是合理性启蒙的特点。即便这种启蒙由于法西斯主义强烈刺激下对传统启蒙的批判反思有些猛烈，甚至过头，给人以极端的印象，但《启蒙辩证法》的启蒙反思是标准的以自我为反思对象的真正启蒙。它象征着典型的、真正的启蒙精神。

由此，我们赞同安东尼·帕戈登的如下观点：启蒙主义、世界主

---

① MHGS Band 5 S. 238.［德］霍克海默、阿多诺：《启蒙辩证法》，渠敬东、曹卫东译，233 页，上海，上海人民出版社，2003。

义、经济全球化，还没有实现其应有的样态，仍有尚未发挥的潜力和生命力。虽然有这样那样的问题出现，虽然仍会遭遇这样那样的阻碍，虽然会不时产生极端的、极致化的启蒙，并出现一些令人忧虑的不好结果，但启蒙运动仍旧具有它的潜力和前途。启蒙运动对世界更加包容，有着更高层次的理解，对他者持有更大尊重，所有这些，使"我们不可避免的是启蒙运动缔造的'人的科学'的继承人。就凭这一点，哪怕没有别的原因，启蒙运动都仍然重要"①。

　　在中国，尤其如此。

---

　　① ［英］安东尼·帕戈登：《启蒙运动为什么依然重要》，王丽慧等译，466页，上海，上海交通大学出版社，2017。

参考文献

一、《启蒙辩证法》及其相关研究著作

1. ［德］霍克海默、阿多诺：《启蒙辩证法》，渠敬东、曹卫东译，上海人民出版社 2003 年版。

2. 哈佛燕京学社编：《启蒙的反思》，江苏教育出版社 2005 年版。

3. ［美］詹姆斯·施密特主编：《启蒙运动与现代性》，徐向东、卢华萍译，上海人民出版社 2005 年版。

4. ［德］阿尔布莱希特·维尔默：《论现代和后现代的辩证法——遵循阿多诺的理性批判》，商务印书馆 2003 年版。

5. ［美］马丁·杰伊：《法兰克福学派史》，单世联译，广东人民出版社 1996 年版。

6. 《法兰克福学派论著选辑》，商务印书馆 1998 年版。

7. ［德］罗尔夫·维格豪斯：《法兰克福学派：历史、理论及政治影响》，孟登迎等译，上海人民出版社 2010 年版。

8. ［德］阿多诺：《否定辩证法》，重庆出版社 1993 年版。

9. ［德］阿多诺：《道德哲学的问题》，人民出版社 2007 年版。

10. Max Horkheimer, Gesammelte Schriften Band 5: *Dialektik der Aufklaerung und schriften* 1940-1950, Fischer Verlag, Frankfurt am Main, 1987.

11. Theodor W. Adorno, *Negative Dialektik*, Gesammelte Schriften Band 6, Suhrkamp Taschenbuchen wissenschaft, 1997, S. 192.

12. Harry Kunneman and Hent de Vries(Hg.), Die Aktualitaet der Dialektik der Aufklaerung, Campus Verlag Frankfurt/New York, 1989.

13. Axel Honneth, *Das Andere der Gerechtigkeit*, Suhrkamp Verlag Frankfurt am Main, 2000.

14. Max Horkheimer, Gesammelte Schriften, Band 12, Fischer Verlag Frankfurt am Main, 1985.

15. Max Horkheimer, Gesammelte Schriften, Band 13, Fischer Verlag Frankfurt am Main, 1989.

16. Theodor W. Adorno, *Gesammelte Schriften Band* 10 • 2, *Kulturkritik und Gesellschaft* II, Suhrkamp Verlag Frankfurt am Main, 1977.

17. Max Horkheimer, *Zur Kritikder instrumentellen Vernunft*, Fischer Taschenbuch Verlag, Frankfurt am Main, 1974.

18. Konstantinos Rantis, *Psychoanalyse Uud*, *Dialektik der Aufklärung*, zu Klampen Verlag, 2001.

19. *Was ist Aufklaerung*, Wissenschaftliche Buchgesellschaft Darmstadt 1973.

20. Axel Honneth, *Schwerpunkt: Zur Sozialphilosophie der Arbert*, Deutsche Zeitschrift für Philosophie, 1993(2), S. 237.

21. Martin Jay, *The Dialectical Imagination*, Little, Brown And ompany • Boston • Toronto, 1973.

22. Theodor W. Adorno, *Gesammelte Schriften (Band 3)*, Suhrkamp Verlag Frankfurt am Main, 1970.

23. Gotthard Fuchs(Hrsg), *Lange Irrfahrt—Grosse Heimkehr*, Verlag Josef Knecht Frankfurt am Main, 1994.

24. Arnold Künzli, *Aufklärung und Dialektik: Politische Philosophie von Hobbes bis Adorno*, Verlag Rombach Freiburg, 1971.

25. Enno Rudolph, *Odyssee des Individuums*, J. B. Metzlersche Verlagsbuchhandlung, 1991.

26. Stefano Cochetti, *Mythos und "Dialektik der Aufklärung"*, Hain Verlag, 1985.

27. Willem van Reijen, *Vierzig Jahre Flaschenpost: "Dialektik der Aufklärung" 1947 bis 1987*, Fischer Verlag Frankfurt am Main, 1987.

28. Gangl, Manfred and Raulet, Gérard(Hrsg), *Jenseits instrumenteller Vernunft. Kritische Studien zur Dialektik der Aufklärung*, Europäischer Verlag der Wissenschaften Frankfurt am Main, 1998.

29. Werner Schneiders, *Die wahre Aufklärung*, Verlag Karl Alber 1974.

30. Wolfgang Mederer, *Romantik als Aufklärung der Aufklärung?* Verlag Peter Lang, 1987.

31. Karl Heiz B0hrer(Hrsg)，*Mythos und Moderne*，Suhrkamp Verlag Frankfurt am Main，1983.

二、马克思恩格斯经典著作

1. 《马克思恩格斯全集》第 44 卷，人民出版社 2001 年版。

2. 《马克思恩格斯全集》第 4 卷，人民出版社 1958 年版。

3. 《马克思恩格斯全集》第 2 卷，人民出版社 1957 年版。

4. 《马克思恩格斯全集》第 30 卷，人民出版社 1995 年版。

5. 《马克思恩格斯全集》第 1 卷，人民出版社 1956 年版。

6. 《马克思恩格斯全集》第 31 卷，人民出版社 1998 年版。

7. 《马克思恩格斯全集》第 26 卷，人民出版社 1975 年版。

8. 《马克思恩格斯全集》第 20 卷，人民出版社 1971 年版。

9. 《马克思恩格斯选集》第 1—4 卷，人民出版社 1995 年版。

三、其他相关著作

1. [美]杰弗里·C. 亚历山大：《社会学的理论逻辑》，商务印书馆 2008 年版。

2. [加拿大]查尔斯·泰勒：《黑格尔》，张国清、朱进东译，译林出版社 2002 年版。

3. [美]芬伯格：《技术批判理论》，北京大学出版社 2005 年版。

4. 萧功秦：《与政治浪漫主义告别》，湖北教育出版社 2001 年版。

5. [德]卡尔·施密特：《政治的浪漫派》，上海人民出版社 2004 年版。

6. [法]安托瓦纳·贡巴尼翁：《反现代派》，生活·读书·新知三联书店 2009 年版。

7. [德]扬-维尔纳·米勒：《另一个国度》，新星出版社 2008 年版。

8. 孙凤城编：《德国浪漫主义作品选》，人民文学出版社 1997 年版。

9. 余纪元：《〈理想国〉讲演录》，中国人民大学出版社 2009 年版。

10. ［德］康德：《道德形而上学原理》，上海人民出版社 1986 年版。

12. ［英］特里·伊格尔顿：《历史中的政治、哲学与爱欲》，中国社会科学出版社 1999 年版。

13. ［德］韦尔施：《我们的后现代的现代》，商务印书馆 2004 年版。

14. ［德］彼得·毕尔格，《主体的退隐》，南京大学出版社 2004 年版。

15. ［德］埃利亚斯·卡内提：《群众与权力》，中央编译出版社 2003 年版。

16. ［挪威］拉斯·史文德森：《恐惧的哲学》，北京大学出版社 2010 年版。

17. 孙志文：《现代人的焦虑和希望》，生活·读书·新知三联书店 1994 年版。

18. ［德］谢林：《对人类自由的本质及其相关对象的哲学研究》，邓安庆译，商务印书馆 2008 年版。

19. ［美］约纳斯：《诺斯替宗教》，上海三联书店 2006 年版。

20. ［德］海德格尔：《存在与时间》，生活·读书·新知三联书店 2006 年版。

21. ［奥地利］《弗洛伊德后期著作选》，上海译文出版社 1986 年版。

22. ［奥地利］《弗洛伊德文集》第 6 卷，长春出版社 2004 年版。

23. ［奥地利］《弗洛伊德文集》第 4 卷，长春出版社 2004 年版。

24. ［美］保罗·蒂利希：《存在的勇气》，贵州人民出版社 1988 年版。

25. 张新樟：《诺斯、政治与治疗——诺斯替主义的当代诠释》，浙江大学出版社 2008 年版。

26. 孙周兴：《后哲学的哲学问题》，商务印书馆 2009 年版。

27. ［英］吉登斯：《现代性与自我认同》，生活·读书·新知三联书店 2005 年版。

28. ［美］J. G. 阿拉普拉：《作为焦虑和平静的宗教》，华夏出版社 2000 年版。

29. ［德］弗兰克：《浪漫派的将来之神——新神话学讲稿》，华东师范大学出版社 2011 年版。

30. ［德］卡西尔：《人论》，上海译文出版社 1985 年版。

31. ［丹麦］扎哈维：《主体性与自身性》，上海译文出版社 2008 年版。

32. ［法］笛卡尔：《谈谈方法》，商务印书馆 2000 年版。

33. ［法］科耶夫：《黑格尔导读》，译林出版社 2005 年版。

34. ［德］尼采：《偶像的黄昏》，华东师范大学出版社 2007 年版。

35. ［德］尼采：《瞧，这个人》，团结出版社 2006 年版。

36. ［德］尼采：《悲剧的诞生》，三联书店 1986 年版。

37. ［德］尼采：《扎拉图斯特拉如是说》，华东师范大学出版社 2009 年版。

38. ［德］尼采：《扎拉图斯特拉如是说》，中华书局 2013 年版。

39. ［德］尼采：《善与恶的彼岸》，光明日报出版社 2007 年版。

40. ［德］尼采：《论道德的谱系》，商务印书馆 1992 年版。

41. ［德］尼采：《重估一切价值》，华东师范大学出版社 2013 年版。

42. ［德］尼采：《人性的，太人性的》，华东师范大学出版社 2008 年版。

43. ［德］尼采：《偶像的黄昏》，华东师范大学出版社 2007 年版。

44. ［德］尼采：《尼采论善恶》，团结出版社 2006 年版。

45. ［德］尼采：《朝霞》，华东师范大学出版社 2007 年版。

46. ［德］尼采：《快乐的科学》，华东师范大学出版社 2007 年版。

47. ［美］朗佩特：《尼采的使命》，华夏出版社 2009 年版。

48. ［澳］张钊贻：《鲁迅：中国"温和"的尼采》，北京大学出版社 2011 年版。

49. ［美］凯伦·L. 卡尔：《虚无主义的平庸化：20 世纪对无意义感的回应》，社会科学文献出版社 2016 年版。

50. ［德］安内马丽·彼珀：《动物与超人之维》，华夏出版社 2001 年版。

51. ［德］吴增定：《〈敌基督者〉讲稿》，生活·读书·新知三联书店 2012 年版。

52. ［德］施特格迈尔：《尼采引论》，华夏出版社 2016 年版。

53. ［美］亚历山大·内哈马斯：《尼采：生命之为文学》，浙江大学出版社 2016 年版。

54. ［法］乔治·巴塔耶：《文学与恶》，北京燕山出版社 2006 年版。

55. ［美］保罗·纽曼：《恐怖》，上海人民出版社 2005 年版。

56. ［法］福柯：《疯癫与文明》，生活·读书·新知三联书店 1999 年版。

57. ［德］萨弗兰斯基：《尼采思想传记》，华东师范大学出版社 2007 年版。

58. 刘小枫编：《夜颂中的革命和宗教：诺瓦利斯选集卷一》，华夏出版社 2007 年版。

59. ［美］安东尼·朗：《心灵与自我的希腊模式》，北京大学出版社 2015 年版。

60. ［古希腊］荷马：《奥德赛》，译林出版社 2003 年版。

61. 陈中梅：《荷马的启示 从命运观到认识论》，北京大学出版社 2009 年版。

62. ［英］加斯帕·格里芬：《荷马史诗中的生与死》，北京大学出版社 2015 年版。

63. ［法］让-皮埃尔·韦尔南、皮埃尔·维达尔-纳凯：《古希腊神话与悲剧》，华东师范大学出版社 2016 年版。

64. ［美］皮平：《作为哲学问题的现代主义——论对欧洲高雅文化的不满》，商务印书馆 2007 年版。

65. ［美］伯纳德特：《弓弦与竖琴——从柏拉图解读〈奥德赛〉》，华夏出版社 2003 年版。

66. ［澳］安德鲁·文森特：《现代政治意识形态》，江苏人民出版社 2005 年版。

67. ［斯洛文尼亚］齐泽克、阿多诺等：《图绘意识形态》，南京大学出版社 2002 年版。

68. ［斯洛文尼亚］斯拉沃热·齐泽克：《幻想的瘟疫》，江苏人民出版社，2006 年版。

69. ［德］海德格尔：《尼采》，商务印书馆 2002 年版。

70. ［法］乔治·索雷尔：《进步的幻象》，上海人民出版社 2003 年版。

71. ［英］齐格蒙·鲍曼：《立法者与阐释者：论现代性、后现代性与知识分子》，上海人民出版社 2001 年版。

72. ［德］康德：《判断力批判》，人民出版社 2002 年版。

73. 赵广明：《尼采的启示》，社会科学文献出版社 2012 年版。

74. ［美］丽贝卡·S. 皮里：《尼采在二十一世纪的影响》，黑龙江教育出版社 2015 年版。

75. ［美］理查德·J. 伯恩斯坦：《根本恶》，译林出版社 2015 年版。

76. ［法］皮埃尔·维达尔-纳杰：《荷马的世界》，中国人民大学出版社 2007 年版。

77. 陈康：《论希腊哲学》，商务印书馆 1995 年版。

78. ［德］康德：《逻辑学讲义》，商务印书馆 1991 年版。

79. ［德］A. 施密特：《现代和柏拉图》，上海书店 2009 年版。

80. ［法］德勒兹：《尼采与哲学》，社会科学文献出版社 2001 年版。

81. 李欣、钟锦：《康德辩证法新释》，同济大学出版社 2009 年版。

82. 张庆熊主编：《现象学方法与马克思主义文选》，上海三联书店 2014 年版。

83. ［法］莫里斯·梅洛-庞蒂：《辩证法的历险》，上海译文出版社 2009 年版。

84. ［德］汉娜·阿伦特：《马克思与西方政治思想传统》，江苏人民出版社 2007 年版。

85. ［德］康德：《历史理性批判文集》，商务印书馆 1990 年版。

86. 渠敬东：《缺席与断裂》，上海人民出版社 1999 年版。

87. ［德］汉娜·阿伦特：《人的条件》，上海人民出版社 1999 年版。

88. ［加］查尔斯·泰勒：《自我的根源》，译林出版社 2001 年版。

89. ［加］查尔斯·泰勒：《黑格尔》，译林出版社 2002 年版。

90. ［斯洛文尼亚］齐泽克：《意识形态的崇高客体》，中央编译出版社 2001 年版。

91. [德]哈贝马斯：《在事实与规范之间》，生活·读书·新知三联书店 2003 年版。

92. [德]弗兰克：《理解的界限》，华夏出版社 2003 年版。

93. [德]哈贝马斯：《现代性的哲学话语》，译林出版社 2004 年版。

94. [德]伽达默尔：《科学时代的理性》，国际文化出版公司 1988 年版。

95. 朱谦之：《中国哲学对欧洲的影响》，见《朱谦之文集》第七卷，福建教育出版社 2002 年版。

96. [英]安东尼·帕戈登：《启蒙运动为什么依然重要》，王丽慧等译，上海交通大学出版社 2017 年版。

97. [加]黛博拉·库克编：《阿多诺：关键概念》，重庆大学出版社 2017 年版。

98. [德]列奥·施特劳斯：《古典政治理性主义的重生》，华夏出版社 2011 年版。

99. [德]列奥·施特劳斯：《自然权利与历史》，生活·读书·新知三联书店 2003 年版。

100. [德]列奥·施特劳斯：《关于马基雅维里的思考》，译林出版社 2003 年版。

101. 刘森林：《辩证法的社会空间》，吉林人民出版社 2005 年版。

102. 刘森林：《实践的逻辑》，社会科学文献出版社 2009 年版。

103. Karl Heinz Bohrer, *Die Kritik der Romantik*, Suhrkamp Verlag, Frankfurt am Main, 1989.

104. Dieter Henrich, *Selbstverhaeltnisse*, philipp Reclam jun. Stuttgart, 1982.

105. Rolf Sannwald, *Marx und die Antike*, Polygraphischer Verlag

A. G. Zürich，1957.

106. Hans Jonas，*Gnosis*，*Die Botschaft des fremden Gottes*，Verlag der Weltrelig ionen im Insel Verlag Frankfurt am Main und Leip-zig，2008.

107. Sigm. Freud，*Gesammelte Werke*，*XIV*，Werke aus den Jahren 1925-1931，FischerVerlag Frankfurt am Main，1999.

108. Hermann Lang und Hermann Faller，*Das Phänomen Angst*，Su-hrkamp Verlag Frankfurt am Main，1996.

109. Friedrich Nietzsche，*Sämtliche Werke*，KSA Bänden 6，Deutscer Taschenbuch Verlag，1999.

110. Friedrich Nietzsche，*Sämtliche Werke*，KSA Bänden 4，Deutscer Taschenbuch Verlag，1999.

111. Friedrich Nietzsche，*Umwertung aller Werte Band*1-2，Deutscer Taschenbuch Verlag，1969.

112. Karen L. Carr，*The Banalization of Nihilism*，State University of New York Press，1992.

113. Erzsébet Rózsa，"Versöhnlichkeit"als Europäisches Prinzip，Zu Hegels Versöhnungskonzeption in der Berliner Zeit，in：Michael Quante and Erzsébet Rózsa，（Hrsg.），*Vermittlung und Versöhnung*，LIT Verlag Münster，2001.

114. Wolfdietrich Schmied-Kowarzik，*Die Dialektik der gesellschaftli-chen Praxis：zur Genesis und Kernstrukur der Marxschen Theo-rie*，Verlag Karl Alber GmbH Freiburg/Muenchen，1981，S. 87.

115. Manfred Frank，*Friedrich scheiermacher Dialektik*，"Einleitung des Herausgebers"，Suhrkamp Verlag Frankfurt am Main，2001.

116. Jürgen Hüllen，*Entfremdung und Versoehnung als Grundstruktur der Anthropogie*，Verlag Karl Alber GmbH Freiburg/München.

117. Leonard P. Wessell，Jr，*Karl Marx Romantic Irony*，*and the Proletariat*，Louisiana State University Press，1979.

四、论文

1. 陈恕林：《启蒙运动与德国浪漫派》，载《外国文学评论》2001 年第 1 期。

2. ［美］P. 墨菲：《浪漫派的现代主义与古希腊城邦（上）》，载《国外社会科学》1996 年第 5 期。

3. 博克：《镜中的阿多诺》，载《现代哲学》2005 年第 3 期。

4. 刘森林：《物化通向虚无吗？马克思与尼采的不同之路》，载《哲学动态》2014 年第 6 期。《新华文摘》2014 年第 22 期、《中国社会科学文摘》2014 年第 10 期亦有转载。

5. 刘小枫：《智术师与民主启蒙》，见《世明文丛》第 6 辑《觉醒之途》，巴蜀书社 2010 年版。

6. 刘小枫：《施特劳斯与启蒙哲学》，见萌萌学术工作室主编：《政治与哲学的共契》，上海人民出版社 2009 年版。

7. 汪希达博士论文：《历史的命运与希望：马克思与尼采的历史观》，2015 年，藏中山大学图书馆。

8. 孙玉良：《尼采对〈启蒙辩证法〉的影响》，载《社会科学研究》2007 年第 6 期。

9. 方向红：《理性自身的启蒙——阿多诺"祛魅"观重构》，载《江苏社会科学》2000 年第 4 期。

10. 张光芒：《从"启蒙辩证法"到"欲望辩证法"——90 年代以来中国文学与文化转型的哲学脉络》，载《江海学刊》2005 年第 2 期。

11. 田辰山：《启蒙运动、辩证法和哈贝马斯》，见金惠敏主编：《差异》第一辑，河南大学出版社 2003 年版。

12. Peter Tews，Foucanlt und die Dialektik der Aufklärung，In：Harry Kunneman/Hent de Vries（Hg.）：*Die Akualität der Dialektik der Aufklärung*，Campus Verlag Frankfurt/New York，1989.

13. Sophokles，König Ödipus，Das Scheitern des Aufklärers an der alten Religion.，In：Jochen Schmidt（Hrsg），*Aufklärung und GegenAufklärung in der euiropäischen Literatur*，*Ohilosophie und Politik on der Antike bis zur Gegenwart*，Wissenschaftliche Buchgesellschaft，Darmstadt，1989.

14. Wolfdietrich Schmied-Kowarzik：*Zur Dialektik geschichtlicher Praxis*，2007 年 10 月 17 日中山大学马克思主义哲学与中国现代化研究所演讲稿。

图书在版编目（CIP）数据

焦虑的启蒙：以《启蒙辩证法》为核心的启蒙反思/刘森林著. —北京：北京师范大学出版社，2021.12
　　（走进哲学丛书）
　　ISBN 978-7-303-27285-3

　　Ⅰ.①焦…　Ⅱ.①刘…　Ⅲ.①辩证法-研究　Ⅳ.①B015

中国版本图书馆 CIP 数据核字（2021）第 193482 号

营　销　中　心　电　话	010-58805385
北 京 师 范 大 学 出 版 社主题出版与重大项目策划部	http://xueda.bnup.com

JIAOLV DE QIMENG

出版发行：北京师范大学出版社　www.bnup.com
　　　　　北京市西城区新街口外大街 12-3 号
　　　　　邮政编码：100088
印　　刷：鸿博昊天科技有限公司
经　　销：全国新华书店
开　　本：787 mm×1 092 mm　1/16
印　　张：26
字　　数：297 千字
版　　次：2021 年 12 月第 1 版
印　　次：2021 年 12 月第 1 次印刷
定　　价：108.00 元

策划编辑：饶　涛　祁传华	责任编辑：林山水
美术编辑：王齐云	装帧设计：王齐云
责任校对：张亚丽	责任印制：赵　龙